Heinz Prüller
UNSERE CHAMPIONS

Heinz Prüller

UNSERE CHAMPIONS

1900-2003

BUCHVERLAG

Bibliografische Information Der Deutschen Bibliothek
Die Deutsche Bibliothek verzeichnet diese Publikation in der
Deutschen Nationalbibliografie; detaillierte Daten
sind im Internet unter http://dnb.ddb.de abrufbar.

Bildrechte:
Cover: Markus Kucera (2), Krone/Tomschi (1), News (1)
Innenteil: Schijatschky (21), ATP/Arthur Thill (16), ATP (1), Ernst Kainerstorfer (22), Gartner privat (4), Prüller privat (6), Archiv (4), Manuela Eder (1), ATP/T. Larkin (5), ATP München (4), ATP Isemann (1), ATP Melzer (1), ATP Reck (7), Marko privat (1), Quester privat (5), Wendlinger privat (2), Werkfotos Audi (3), Werkfotos Chrysler (2), Toyota (3), Ratzenberger privat (8), Mercedes (7), Wurz privat (1), ATP Beil (2), Lauda privat (1), Markus Kucera (7), Sündhofer (9), Streimelweger (7), McLaren (3), Ferrari (1), Votava (13), Kaliba (1), Rinker (1), Schröpfer (1), Bimashofer (1), ABC (1), Automobilclub de Monaco (1), Hans Stix (2), Renault (1), Stuck privat (4), Prinzessin Helga zu Schaumburg-Lippe (4), Prof. Helmut Krackowizer (8), Familie Köchert (5), Günther Wiesinger (1), Hruby Zeltweg (7), Autovisie (1).
Es konnten nicht alle Urheber und deren Rechtsnachfolger recherchiert werden. Im Falle geltend zu machender Urheberrechte ersucht der Verlag um Kontaktaufnahme.

© 2003 by Heinz Prüller
Alle Rechte vorbehalten.

Niederösterreichisches Pressehaus
Druck- und Verlagsgesellschaft mbH
NP BUCHVERLAG
St. Pölten – Wien – Linz

www.np-buch.at
verlag@np-buch.at

Gestaltung: Valentin Demetz-Wille, verlagsbüro wien
Gesamtherstellung:
Niederösterreichisches Pressehaus
Druck- und Verlagsgesellschaft mbH
A-3100 St. Pölten, Gutenbergstraße 12

ISBN 3-85326-180-9

Inhalt

UNSERE WELT VON GESTERN
Auf den Spuren unserer vergessenen Helden: die ersten Österreicher im Grand-Prix-Sport — 6

BEAUTY AND THE PRINCE
Prinz Max zu Schaumburg-Lippe, Schlossherr und Star vieler Langstreckenrennen auf BMW — 21

DER ERSTE GROSSE HERO
Rupert Hollaus war unser erster Weltmeister und hatte ein Schicksal wie Rindt: Tod in Monza — 27

DER RASENDE JUWELIER
Gotfrid Köcherts späte, aufregende Karriere: Mille-Miglia-Sensation und Rindt-Ziehvater — 37

EWIGES IDOL JOCHEN RINDT
Auch 33 Jahre nach Monza unvergessen: „Weil er schneller war als Senna und Schumacher." — 45

„DER DOKTOR", DER ALLES KANN
Helmut Marko: am vielseitigsten von allen. Le Mans-Sieger, Hotelier, Super-Manager — 85

ÜBERFLIEGER, ABENTEURER
Die vielen Cockpit-Karrieren des Niki Lauda. Aber der Schluss bleibt noch lange offen ... — 99

ER WAR AM WEG ZUM GIPFEL
Die unvollendete Karriere des Helmut Koinigg. Ohne Geld in die Formel I, schuldloses Ende — 147

QUASTL, UNSER MARATHON-MAN
Die vielen Streiche des Dieter Quester: Langzeit-Poleposition in der „Formel Fun" — 155

DER HARTE WEG IN DIE FORMEL I
Am Beispiel von „Rübezahl" Harald Ertl: Wie werde ich Grand-Prix-Pilot – gegen alle Wetten? — 163

200 MILLIONEN EURO PRO JAHR
... aber mit Holz statt mit Autos: Hans Binder. Die zweite Karriere des ersten Formel-I-Tirolers — 173

LE MANS WAR SEIN SCHICKSAL
Ingenieur-Pilot Jo Gartner stand kurz vor dem Durchbruch zur großen Porsche-Karriere — 181

GENIESS DEIN LEBEN, GERHARD
Warum Berger nach 20 Jahren Rennsport den Rat von Barry Sheene befolgt und Auszeit nimmt — 191

KARL: WAS WÄRE GEWESEN, WENN
... der Unfall von Monte Carlo nicht passiert wäre? Wendlinger war so schnell wie Schumi — 225

REQUIEM FÜR ROLAND, THE RAT
Ratzenberger, seine japanischen Abenteuer und seine tragische Nähe zu Ayrton Senna — 247

ALEX WURZ, DER DRITTE MANN
Vom Schatten zurück ins Licht: Wurz und seine realistischen Träume vom Comeback — 259

Der erste österreichische Rennfahrer in Monte Carlo: C. D. de Sterlich (links) auf Maserati 26 B im Premierenrennen 1929. Rechts: Rudolf Caracciola im zwei Tonnen schweren Mercedes SSK, der Dritter wurde. De Sterlich hielt 16 Runden lang tapfer mit, dann schied er aus. Sieger wurde der geheimnisumwitterte Pseudonym-Fahrer und Geheimagent „Williams", der später in einem KZ ums Leben kam.

UNSERE WELT VON GESTERN

Auf den Spuren unserer vergessenen Helden: die ersten Österreicher im Grand-Prix-Sport

Gerhard Berger, sehr elegant im Smoking, war leicht verwirrt. Der bürgerliche Tiroler hatte beim grandiosen Galaempfang von Dr. Otto von Habsburg (90) im Schloss Schönbrunn zwischen geballter Prominenz seinen aristokratischen Formel-I-Kumpel Andreas Nikolaus Ritter von Lauda aus den Augen verloren.

„Dreimal bin ich schon auf ein rotes Kappl zugesteuert, aber dann jedes Mal vor einem Bischof oder Kardinal gestanden – aber es war nie der Niki ..."

Die zwei lebenden österreichischen Jahrhundert-Rennfahrer waren unter den Blaublütigen und Promis, die der Sohn von Österreichs letztem Kaiser zu seinem 90. Geburtstag geladen hatte – neben dem schwedischen Königspaar, dem spanischen Thronfolger, den Staatspräsidenten der Slowakei und Estlands, den Premierministern von Bulgarien und Mazedonien, Valéry Giscard d'Estaing, österreichischen Spitzenpolitikern und kirchlichen Würdenträgern.

Gottesdienst im Stephansdom, Empfang in der Hofburg, Galadiner in der Orangerie von Schönbrunn – und an diesem 20. November 2002 natürlich Kaiserwetter. Wien war für einen Tag wieder Monarchie. Kein Wunder, dass unser dreifacher Weltmeister von ein paar Fürsten und Prinzen gefragt wurde: „Herr Lauda, fahren Sie eigentlich noch?"

Der Kaisersohn lächelte geschmeidig.

„Der Chef", wie Dr. Otto von Habsburg nicht nur im Europaparlament, sondern auch von seiner großen Familie genannt wird, hat auch viel Bezug zum Auto: „Ich war vor rund 15 Jahren Vorstandsvorsitzender von Bugatti", verriet er mir, „und ich habe den Herrn Bugatti noch persönlich gekannt." Den „Zauberer von Molsheim", dessen blaublütige Autos heute fast alle im berühmten

Schlumpf-Museum im Elsass stehen. Und ein Habsburger ist einmal recht erfolgreich Bergrennen gefahren.

„Monaco", erinnert sich Dr. Habsburg, „war nach 1945 der erste Staat, der mir einen Pass gegeben hat." Kein Zufall, dass der Kaisersohn schon 2000 beim klassischen Grand Prix von Monte Carlo neben Rainier III. in der Fürstenloge saß. Und auch kein Zufall, dass er im August 2002 beim Grand Prix auf dem Hungaroring war, um die Siegerehrung vorzunehmen – sein 21. Enkelkind wurde am gleichen Wochenende in Budapest getauft.

Alle waren sehr aufgeregt. „Glaubst du, darf ich mit eurem Kaiser ein Fernseh-Interview machen?", fragte mich Kai Ebel, der Boxenreporter von RTL. „Und wie spreche ich ihn korrekt an? Hoher Herr? Kaiserliche Hoheit?"

„Nix da", beharrte ein zweifacher Doktor, der zugehört hatte. „Der Adel ist abgeschafft. Herr Dr. Habsburg genügt. Ein ganz einfacher Doktor."

Oben: adeliger Rennfahrer, edles Auto: Graf Prinz von Zsolnay mit seinem Gräf & Stift beim Schwabenbergrennen in Ungarn 1929.
Unten: als der Semmering-Bergpreis der große Klassiker war: 1926 gewann Rudolf Caracciola mit dem Mercedes-Grand-Prix-Wagen von 1914.

Kai Ebel war fassungslos: „Was – dann ist er ja weniger als du?" Bernie Ecclestone – kein Doktor – hatte den österreichischen Kaisersohn eingeladen, auf dem Hungaroring die Siegerehrung vorzunehmen. Das tat aber dann der neue ungarische Sportminister, Dr. Habsburg akzeptierte das mit Stil, gab dem Zweitplatzierten den Pokal: Michael Schumacher.

„Aber eigentlich", gesteht der große Herr aus der Habsburg-Dynastie, „bewundere ich Ralf

Der allererste Grand-Prix-Sieger der Geschichte kam aus der Donaumonarchie: Ferenc Szisz gewann am 26./27. Juni 1906 auf Renault 90 CV den Grand Prix von Frankreich in Le Mans mit 30 Minuten Vorsprung – und mit vom Teer geröteten Augen.

Schumacher fast noch mehr. Weil er sieben Jahre jünger ist. Und ich weiß, wie schwer es ist, sich gegen einen großen Bruder durchzusetzen ..."

Bei seinem Geburtstagsfest war Dr. Habsburg bis Mitternacht topfit, dann schwang er sich mit den Worten: „Und jetzt mit Schwung und jugendlicher Energie", die Kaiserin zur Seite, in den Fond einer Stretch-Limousine. Und ich dachte, erlaubte ich mir zu bemerken, der Schumacher hat eine so tolle Kondition.

Was Dr. Habsburg während des Krieges für Österreich getan hat, wissen Historiker. Vor allem die alliierten Bombenangriffe – durch die im Hamburger Feuersturm die Eltern von Jochen Rindt getötet wurden – auf Wien hinauszuzögern, dank seiner guten Beziehungen zum US-Präsidenten Roosevelt.

Seine politischen Visionen waren stets bekannt: Nach dem „Reich, in dem die Sonne nicht untergeht", ein vereintes Europa. Dr. Habsburg, 2000 beim Monaco-Grand-Prix, als er als Überraschungsgast neben Rainier III. in der Fürstenloge saß: „Ich möchte schon sehr bitten, dass Österreich in der Osteuropa-Politik wieder eine führende Rolle spielt ..."

Dr. Habsburg dachte auch im PS-Lärm vermutlich an die versunkene österreichisch-ungarische Donaumonarchie. Vielleicht auch an Ferenc Szisz: 1906 in Le Mans Sieger im allerersten Grand Prix der Geschichte, der erste – und einzige – Grand-Prix-Sieger der österreichisch-ungarischen Doppelmonarchie. Szisz, ursprünglich Eisenbahningenieur und Rennmechaniker der Rennfahrerbrüder Marcel und Louis Renault, war mitfahrender Mechaniker beim großen

Renault-Triumph im historischen Rennen Paris – Wien 1902. Nachdem Marcel bei Paris – Madrid tödlich verunglückt war und Louis schockiert den Rennsport aufgab, setzte sich Szisz selbst ans Lenkrad – und gewann. Wie sehr ihn die Donaumonarchie gefeiert hat, weiß man nicht.

Ein Unfall beendete seine Karriere. Als er 1914 bei einem Rennen ausstieg, um ein Rad zu wechseln, wurde er von einem Konkurrenten gerammt: komplizierter Armbruch.

Szisz kehrte nach Ungarn zurück, lebte in einem kleinen Dorf namens Tiszaszentrime von seiner Renault-Pension bis ins Jahr 1970, wo er 97-jährig starb. Ein biblisches Alter, besonders für einen Grand-Prix-Sieger der gefährlichen ersten Jahre.

1970 – das Jahr, in dem Jochen Rindt Weltmeister wurde und ums Leben kam. Da fuhren auch schon Niki Lauda, Dr. Helmut Marko, Dieter Quester usw. Autorennen!

Wäre es historisch und politisch korrekt, heute zu sagen: Szisz, unser erster Grand-Prix-Sieger? Oder war es, davor oder danach, ein ganz anderer?

War Sir Edmund Hillary – 1953 – wirklich der erste Mensch auf dem Mount Everest? Oder hatte schon vor ihm George Mallory den höchsten Berg der Welt bezwungen?

Jochen Rindt war, überhaupt kein Zweifel, der erste österreichische Formel-I-Pilot, weil es die Formel I (und damit die offizielle WM) erst seit 1950 gibt.

Ewige Faszination Monte Carlo: als bereits Österreicher mitfuhren. Das Startfoto 1935 Nr. 4 zeigt den späteren Sieger Luigi Fagioli auf Mercedes.

Aber wer war vor Jochen auf dem Weg zum „Mount Everest" des Autorennsports, wie hießen die Himmelstürmer?

Lernen wir Geschichte, wie Bruno Kreisky immer gesagt hat.

Unser erster Monaco-Sieger war Otto Hieronimus – vor 100 Jahren, genau genommen; lange vor den galanten Handküssen von Niki Lauda für Gracia Patricia 1975 und 1976 in der Fürstenloge. Er gewann 1902 das damals klassische, aber gefürchtete Bergrennen Nizza – La Turbie, den Vorläufer des heutigen GP von Monaco, mit einem 60 PS starken Mercedes.

Und die Mercedes heißen Mercedes, weil der damalige österreichische Generalkonsul in Nizza, Jelinek, eine bildschöne Tochter mit langen schwarzen Haaren hatte – sie hieß Mercedes. Als der Papa bei Daimler-Benz in Stuttgart eine größere Flotte von Autos bestellte, war seine Bedingung: Die Wagen müssten Mercedes sein.

Mercedes Jelinek ist jung gestorben, mit knapp 40, aber ihre

Altösterreicher Alfred Neubauer als Rennfahrer (Monza 1924) sowie als Erfinder der Boxensignale und Stallregie. Der Befehl des Mercedes-Rennleiters am Nürburgring 1935 an Manfred von Brauchitsch lautete: „1,10 Minuten Vorsprung auf Nuvolari, fahr langsamer!"

Schwester habe ich vor zwei Jahren bei einer 100-Jahr-Feier von Mercedes im Wiener Technischen Museum getroffen: Andrée Mercedes Jelinek. „Ich schau mir alle Autorennen im Fernsehen an", gestand sie mir, „und mein Liebling ist Mika Hakkinen" –, inzwischen ja als Doppelweltmeister zurückgetreten.

Zurück zu unserem Pionier. Otto Hieronimus war kein Pseudonym: Geboren in Köln, Lehrling bei Benz, früh nach Wien übersiedelt, bekam er die Lizenz Nummer 1 des ÖAC, war Rennfahrer und Konstrukteur, fuhr für die Marken Spitz, Laurent & Klemen, Gräf & Stift, Gaggenau usw., baute sogar Flugmotoren und brachte es bis zum technischen Direktor der Steyr-Werke.

Vor allem war Hieronimus der große Star der Semmering-Bergrennen, im ersten Viertel des 20. Jahrhunderts glanzvoller Mittelpunkt des Motorsports – und der internationalen Highsociety. In einem Gemischtwarenladen in Schottwien erzählt Hans Stix, die Legende vom Semmering, heute noch die unglaublichsten Geschichten:

„Wie wir Buben alle aufgeregt zusammengerannt sind, als wir hörten: Die Josephine Baker ist am Semmering – die Schwarze mit dem Bananenkostüm. Und heute noch kommen amerikanische TV-Reporter und fragen: ‚Mr. Stix, wo ist damals in den 20er-Jahren Ernest Hemingway abgestiegen?'"

Zwei Generationen Stuck, beide mit österreichischem Pass: Der legendäre „Bergkönig" und sein Sohn Hans-Joachim, genannt „Striezel", mit Mama Christa.

An Hieronimus kann sich Stix noch genau erinnern: „A liaba Bua." Und eigentlich seiner Zeit weit voraus. Aber der richtige Grand Prix von Monaco kam für Hieronimus um sieben Jahre zu spät: 1922 verunglückte er beim Bergrennen von Graz auf die Ries tödlich.

Im gleichen Jahr, in dem im königlichen Park von Monza bei Mailand, der Sommerresidenz von Umberto dem II., eine unglaubliche Rennstrecke eröffnet wurde. Das Autodrom von Monza, halb Steilwandkurve, halb Straßenkurs.

Zum ersten Großen Preis von Italien hatte auch Fritz Kuhn mit einem Austro-Daimler genannt: ein Deutscher aus Heidelberg, nach Wien übersiedelt, Rennfahrer mit österreichischer Lizenz.

Eine tragische Premiere: Kuhn verunglückte im Training tödlich – im gleichen Monza-Autodrom, das 1954 unserem ersten Motorrad-Weltmeister Rupert Hollaus und 1970 Jochen Rindt zum Schicksal wurde. Hollaus verunglückte in der zweiten Lesmo-Kurvo, Rindt in der Parabolica. Monza hat für Österreich schon fatal begonnen.

Blinklichter aus einer vergangenen Zeit. Aber an die versunkene Donaumonarchie erinnern heute außer Ferenc Szisz noch zwei Namen: Bill Vukovich und Otto Merz.

Als am 28. September 1914 in Sarajevo die tödlichen Schüsse fielen, die den Ersten Weltkrieg auslösten, fuhr im Auto hinter dem Thronfolger Franz Ferdinand ein Grand-Prix-Sieger: Otto Merz.

Das ist etwa so, als hätte am 22. November 1963 beim Attentat von Dallas ein amerikanischer Indianapolis-Champion, etwa Mario Andretti oder A. J. Foyd, den Wagen hinter John F. Kennedy und seiner Frau Jackie gelenkt. Und verzweifelt versucht, das Leben seines Präsidenten zu retten. Unvorstellbar, aber historische Wahrheit.

Was mir der Altösterreicher und spätere geniale Mercedes-Rennleiter Alfred Neubauer einmal in den 70er-Jahren verraten hatte, haben inzwischen Automobil-Historiker von Weltruf (Martin Pfundner und Richard von Frankenberg) bestätigt. Für ein paar Minuten hatte Otto Merz seine Hand am Puls der Weltgeschichte.

Otto Merz war Chauffeur des großen Mercedes des Grafen Waldeck, der unmittelbar hinter dem Gräf & Stift von Erzherzog Franz Ferdinand und Herzogin Sophie folgte. Dieser Wagen, um den jetzt, fast 90 Jahre später, ein Rechtsstreit entbrannte, ob er der Familie Harrach oder der Republik gehört, war im Besitz des Grafen Harrach.

Beim ersten Bombenwurf von Cabrinovic wurden zwei Insassen seines Autos verletzt, beim zweiten Attentat am Nachmittag wurden Franz Ferdinand und Sophie durch Revolverschüsse von Gavrilo Princip getötet.

Merz war ein bärenstarker Athlet, der sofort reagierte. Er trug den sterbenden Thronfolger ins nächste Haus und bettete ihn auf einer Treppenstufe – oder er brachte ihn in die Wohnung von Feldzeugmeister Oskar Potiorek, dem Landeschef, und bettete ihn aufs Sofa. Da gehen die Augenzeugenberichte auseinander. Doch dem Erzherzog war nicht mehr zu helfen.

Otto Merz, Rennfahrer-Augenzeuge der welthistorischen Ereignisse, überstellte später noch einen extra gebauten, großen Mercedes für Kaiser Wilhelm II. ins Exil nach Holland, kehrte wieder zum Rennsport zurück, gewann mit 38 den Großen Preis von Deutschland auf dem Nürburgring – und verunglückte am 21. Mai 1931 beim Avus-Rennen in Berlin im strömenden Regen mit einem SSKL. Mit Otto Merz starb ein großes Stück Geschichte, nicht nur des Autorennsports.

Was aber hat Bill Vukovich – auf dem Weg zum sensationellen Hattrick-Triumph beim 500-Meilen-Rennen von Indianapolis 1953 verunglückt – mit unserer Donaumonarchie zu tun? Als die Formel I 1999 erstmals in Indy auftrat, bat ein älterer Emigrant aus Ex-Jugoslawien um eine Boxenkarte: „Ich bin der Bruder von Bill Vukovich. Unsere Familie stammt aus Bukovar. Unser richtiger Name ist eigentlich Vukmirovich, aber das konnten die Amis nicht aussprechen ..."

1929 wurde ein atemberaubendes, neues Kapitel aufgeschlagen: erster klassischer Grand Prix von Monte Carlo – zum ersten Mal dreht sich das berühmte Autoroulette an der Côte d'Azur.

Ich habe im dicken, 20 Kilo schweren „goldenen Buch" über diesen Märchen-Grand-Prix nachgeforscht. Am Start stand auch ein Österreicher! Startnummer 26: C. D. De Sterlich (Autriche) mit einem Maserati 26B.

Das Morgentraining um 5:30 Uhr (!) geht im strömenden Regen unter, wird deshalb auch von den meisten Stars im „Hotel de Paris" verschlafen. Qualifying nach heutigem Schema gibt es keines. Die Startaufstellung entsteht zufällig, gelost, bunt zusammengewürfelt, als am 19. April, Punkt 13:30 Uhr, das Feld aus Abenteurern, Aristokraten, Profis und Playboys auf die 100 Runden geschickt wird.

De Sterlich startet aus der vierten Reihe, neben dem berühmten René Dreyfus. Schräg links: der große Rudolf Caracciola, dreifacher Europameister in den 30er-Jahren. In der zweiten Reihe: der sagenumwitterte Pseudonym-Rennfahrer „Williams" auf Bugatti, ein späterer Geheimagent im Zweiten Weltkrieg, der von der Gestapo verhaftet wurde, zweimal aus einem KZ entkam und wenige Wochen vor Kriegsende 1945 ums Leben kam, und ein gewisser „Philippe" – hinter diesem Namen versteckt sich der Baron Rothschild.

De Sterlich kommt als Vierter aus der ersten Runde zurück, verteidigt rundenlang seine Position gegen „Phillipe" und Caracciola – dann hat er unten am

Hafenkai einen Defekt. Die ersten 16 Österreicher-Runden im Grand-Prix-Sport sind zu Ende, so tapfer De Sterlich auch versucht, seinen Maserati an die Box zu schieben.

Monte Carlo 1930: diesmal in der Nennliste sogar zwei Österreicher: Hans Stuck, „Bergkönig", Vater des populären „Striezel", auf Austro-Daimler mit 3,5 Litern, 6 Zylindern und 200 PS bei 5500 U/min. Das Auto, mit dem Stuck in Europa alle Bergrennen gewinnt, aber keinen Grand Prix.

Dazu ein gewisser Emil Frankl auf Steyr, der die geforderten 2000 Franc Nenngeld zwar ordnungsgemäß nach Monaco überwiesen, dann aber abgesagt hat. „Womit Monsieur Frankl", steht im Protokoll des „Automobilclub de Monaco", „seine 2000 Franc Einschreibgebühr verliert." Relativ wenig Geld, gemessen am Vermögen, das die Monaco-Sieger schon damals verdienen: 100.000 Franc für den Sieg, 40.000 für Platz 2.

Mit Frankl erklärt noch ein zweiter Pilot forfait: der einzige gemeldete Engländer, Malcom Campbell – der berühmte Weltrekord-Jäger, schnellster Mensch der Welt auf der Erde und im Wasser, mit seinem „Blue Bird".

Frankl stirbt vier Jahre später, beim Eifelrennen 1934 auf dem Nürburgring mit einem Bugatti.

Hans Stuck aber führt 1930 sensationell 31 Runden lang, bis zum Bremsdefekt. 1931 fehlt Stuck, dafür kommt der dritte „Autrichien", Bernhard Ackerl.

Der typisch wienerische Name täuscht nicht. Zwei heute längst verwischte Spuren: ein begüterter Mann aus der Steiermark oder ein noch reicherer

Familienidylle in Loden: Familie Stuck auf Spaziergang in Grainau. Der hoffnungsvolle „Striezel" schon auf dem Weg nach Kitzbühel.

Fleischhauer vom Matzleinsdorfer Platz in Wien-Margareten, wo später das Hochhaus gebaut wurde. „Und daneben", erinnern sich manche, „war immer ein Zirkus."

Das Menü mit Suppe, Schnitzel und Nachspeise im „Gasthaus Ackerl" kostet nur einen Schilling. Trotzdem genug, um sich einen Bugatti 37A, 1,5 Liter, leisten zu können. Ackerl, Startnummer 16, hat in der zweiten Startreihe prominente Nachbarn: Caracciola und „Williams", ist aber im Klassement nicht zu finden, nur in der Liste der „Abandons", ausgefallen in der 55. Runde.

Stuck indes kommt noch zweimal zurück nach Monte Carlo, als Werkspilot der Auto Union, wird mit der „Heckschleuder" 1936 Dritter und 1937 Vierter – aber dann hat Österreich bei diesem Märchen-Grand-Prix in der Operetten-Kulisse 30 Jahre Pause – bis Jochen Rindt.

Dafür noch ein unerwarteter Lorbeerkranz für Austro-Daimler: Ein gewisser Herr Liefeld gewinnt 1930 den „Großen Preis von Lwow" (Lemberg), damals in Galizien in Polen, heute in der Ukraine – und tragisch berühmt geworden durch 85 Tote bei der Flugshow im Sommer 2002 ...

Aber was ist aus dem Rennfahrer De Sterlich geworden, Österreichs wahrscheinlich erstem echtem Grand-Prix-Piloten? 70 Jahre später versuche ich, alte Fäden zu knüpfen. Im Telefonbuch stehen einige wenige Sterlichs – alle irgendwie miteinander verwandt: „Wir waren eine große Familie". Ein Gartengestalter, ein Drogist. Hauptzweig in Wr. Neustadt. „Aber es gibt auch andere Linien."

Eine geborene Sterlich, Frau Dr. Erna in der Hinterbrühl, ihre Cousine Ernestine, pensionierte Oberlehrerin, nach Bayern verheiratet. Die älteren Damen sind am Telefon alle reizend und hilfsbereit.

Endlich die erste Spur: „Mein Bruder ist viel Auto gefahren, damals sogar zur Weltausstellung." – Aber auch nach Monte Carlo, gnädige Frau? – „Schon möglich – er war ein sehr verwegener, draufgängerischer junger Mann."

Jener Sterlich, der es sein könnte, wohnte zuletzt in der Kirchengasse in Wien-Mariahilf. Nur: Er hieß Bruno. War C. D. ein Pseudonym?

Meine letzte Hoffnung: der Schweizer Automobil-Historiker Adiano Cimarosti. „Sterlich? Den Namen hab ich schon gehört, noch vage in Erinnerung – er wurde teilweise auch als Italiener angeboten." War er ein Triestiner? Ein Südtiroler? Oder – freistilringerartig – ein Österreicher, wenn schon zu viele Italiener auf der Startliste standen?

Im „Goldenen Buch" des Monaco-Grand-Prix steht jedenfalls „C. D. De Sterlich, Autriche".

Aber wir werden nie die endgültige Wahrheit kennen, wer wirklich der erste

Österreicher war, der in einem Grand Prix gestartet ist: Sterlich 1929 in Monte Carlo oder Rindt 1964 in Zeltweg? Mallory oder Hillary auf dem Mount Everest der Formel I?

Und Ferenc Szisz aus der versunkenen Donaumonarchie? 1986, also noch in der Ära des Eisernen Vorhangs und Kalten Krieges, erfüllt sich Bernie Ecclestone einen lang gehegten Traum: Erster Grand Prix im Ostblock, ursprünglich geplant auf dem Roten Platz in Moskau, wirklich stattgefunden aber auf dem Hungaroring bei Budapest.

Eine Gedenktafel wird enthüllt, TV-Kameras surren, der damalige Superstar Alain Prost (in kurzer Hose) und Ostblock-Funktionäre stehen stramm

Der sagenhafte Heckmotor-Rennwagen der Auto Union, gebaut von Prof. Ferry Porsche, gefahren von Hans Stuck und Tazio Nuvolari.

Habtacht: Gedenkfeier im Kommunistenstil – wie eine Beerdigung. Szisz war, wie gesagt, 16 Jahre zuvor gestorben.

1970, als auf dem neu gebauten Österreich-Ring die moderne Zeit begann. Rekapitulieren wir: 1964 hat Österreich auf der rumpeligen Zeltweger Flugplatzpiste seinen ersten Formel I-WM-Lauf, danach von 1970 bis 1987 pausenlos auf dem Österreich-Ring, damals schnellste und modernste Rennstrecke der Welt –, und seit 1997 auf dem umgebauten A1-Ring, der jetzt nach Besitzerwechsel auf Red-Bull-Ring umgetauft wurde. Mit der, wie wir alle fürchten müssen, letzten Zielflagge am 18. Mai 2003, mit dem 25. Grand Prix – ein Jubiläum mit Wehmut, wie jeder Formel-I-Fan weiß. Aber wer kennt die Phantom-Rennen auf den Phantom-Strecken, die es fast gegeben hätte?

In den 70er-Jahren geistert die Idee eines exklusiven Grand Prix durch Velden am Wörther See, als „Monte Carlo der Alpen", scheitert aber schon an der ersten Hürde: den Gehsteigen.

Später entpuppt sich ein „Stadt-Grand-Prix durch Wien" als Aprilscherz. Aber wer weiß heute noch, dass ein „Großer Preis von Wien" wirklich schon einmal im Kalender stand? Historisches Datum: 14. Juni 1931 – die große Zeit unseres Fußball-Wunderteams.

Alexander Graf van der Straten, der damalige Präsident des ÖAC (Österreichischer Automobilclub), hatte den verwegenen Plan bei den Sportbehörden in Paris durchgesetzt. Die AIACR (wie die FIA damals hieß) gab grünes Licht, setzte das Rennen mitten durch Wien, über die Ringstraße, auf den offiziellen Sportkalender.

Martin Pfundner, der große österreichische Motorsport-Pionier, kann das jederzeit beweisen: Er war jahrelang Vizepräsident der Sportkommission CSI der FIA – ein österreichischer Max Mosley.

Alles jubelte, nur leider zu früh. Die Gemeinde Wien zog nur wenige Monate vor dem Renntermin die Genehmigung zurück – womit alle Träume platzten. Ohne Fernsehen, ohne Grand-Prix-Tourismus war eine so kurzfristige Absage damals noch möglich – heute undenkbar.

Was für ein Grand Prix wäre das geworden? Nach heutigen Maßstäben: Start vor der Oper, Fahrerlager am Heldenplatz, die Boxen vorm Parlament, Media-Center im Rathaus, Bernie Ecclestones exklusiver „Paddock-Club" (VIP-Tickets bis 10.000 Dollar) im Burg- oder Volksgarten, Schikanen vor der Votivkirche und Urania, Fürst Radetzky würde gütig runterschauen – Siegerehrung im Sacher –, und nachher fahren alle mit Fiakern zum Heurigen nach Grinzing.

Auch in den 60er-Jahren noch Tradition für Formel-I-Piloten auf Wien-Besuch. Unvergesslich, wie nach den Rennen in Tulln-Langenlebarn Francois Ceverts Freundin Christina auf dem Heurigen-Holztisch Kasatschok tanzte. Oder wie Jochen Rindt die Weltmeister Jack Brabham und Denny Hulme an den Händen nahm und die Arme ausbreitete: „When you have seen this, you have seen all Vienna ..."

Nicht nur in Wien. Alfred Neubauer, der legendäre Mercedes-Rennleiter, der Boxenstrategie und Signaltafeln erfunden hat, war in seinen letzten Lebensjahren oft in Lunz am See auf Österreich-Urlaub, und sein großer Gegenspieler in der Sportwagen-WM, Jaguar-Rennleiter Lofty England, erlebte seine Pensionsjahre in Salzburg.

Es war die Zeit, als zwei Pioniere den österreichischen Motorsport nach dem Krieg neu aufbauten: Martin Pfundner, aus der berühmten Glockengießer-Dynastie, mit direktem Draht zur Formel I –, und ÖASC-Präsident Willi Löwinger, der Sohn eines Kammerdieners, mit seinen Flugplatzrennen.

Pfundner zahlte den Stars schon ordentliche Startgelder, Löwinger verlangte noch Nenngeld. Und geriet beim Gaisberg-Rennen sogar in Kollisionsgefahr mit dem weltberühmten Dirigenten, Hobbypiloten und superschnellen Sportwagenfahrer Herbert von Karajan.

Kurz vorm Start des EM-Laufes kommt ein aufgeregter Gendarm zum Zigarre paffenden Löwinger gerannt: „Herr Präsident, der Herr von Karajan hat sich mit seinem neu gekauften Porsche RSK in die Startaufstellung geschmuggelt. Noch dazu ohne Kennzeichen!"

„Vertreiben Sie ihn", befiehlt Löwinger barsch. – „Das trau ich mich nicht", sagt der Gendarm kleinlaut. Worauf Löwinger zur Tat schreitet: „Herr von Karajan, ich muss Sie ersuchen, sich zu entfernen. Sie stören unsere Veranstaltung." Wortlos dreht Karajan um und braust ab.

Später, zum Salzburgring-Eröffnungsrennen, schickt der Weltstar einen Sekretär mit einem Original-Schreiben, Briefkopf „Maestro von Karajan, Salzburger Festspiele", zu Löwinger: „Würden Sie bitte dem Überbringer zehn Boxenkarten, zehn Freikarten und zehn Ehrenkarten ausfolgen."

Löwinger, nicht mundfaul, schreibt dem Maestro zurück: „Selbstverständlich – im Tausch gegen 30 Festspiel-Karten."

Schön, wenn man sich die köstlichen alten Storys merken kann. Denn heute sind viele Spuren unserer Rennfahrer verweht. Die Oberste Nationale Sportkommission (OSK) hat alte Lizenzanträge grundsätzlich nur rückwirkend bis 1957 archiviert: im Keller in der Schanzstraße. Bis ein Wasserrohrbruch 1981 die Container überflutete und auch diese wertvollen Dokumente versaute.

„Gerade den patschnassen Lizenzantrag von Jochen Rindt haben wir noch retten und zu Hause auf der Zentralheizung trocknen können – sonst wäre auch der für ewig verloren gewesen." Die TV-Dokumentationen seiner Heldentaten existieren zum Glück noch alle. Auf Video und in den Herzen von Millionen Fans.

Der Rennfahrerprinz und die Schönheitskönigin: Prinz Max und Prinzessin Helga 1954 beim Concours d´Élégance Automobile in Cannes. Sicher dabei waren auch Aga Khan und die Begum.

BEAUTY AND THE PRINCE

Prinz Max zu Schaumburg-Lippe, Schlossherr und Star vieler Langstreckenrennen auf BMW

Österreich hat mehr Motorsport-Tradition, als viele glauben: nicht nur das „goldene Dutzend", die Serie unserer 12 Grand-Prix-Fahrer von Jochen Rindt bis (vorläufig) Alexander Wurz. Aber wer weiß wirklich, dass Österreich schon in den 30er-Jahren einen schnellen, guten, renommierten Piloten hatte, der an der Weltspitze mitgemischt hat – in einer anderen Zeit, einer anderen Welt?

Max, Prinz zu Schaumburg-Lippe, der Schlossprinz aus Pfaffstätt in Oberösterreich, an der Grenze zu Salzburg, wenige Kilometer vom jetzt wieder großartig aufgeblühten KTM-Werk in Mattighofen, wozu man Heinz Kinigadner gratulieren muss.

„Kini" war zweifacher Weltmeister im Motocross. Der Schlossherr nicht ganz.

„Ich als 8facher Grand-Prix-Sieger ...", hat Prinz Max oft stolz erzählt. Die acht Grand-Prix-Siege findet man zwar in der Statistik nur schwer, weil 1938/39 viele Rennen Grand Prix genannt wurden – die Formel-I-WM gibt es ja erst seit 1950.

Aber seine Erfolge in den klassischen Langstrecken-Rennen mit dem werkunterstützten BMW 328 – 135 PS, 210 km/h Spitze – sind amtlich und werden von BMW heute noch gern bestätigt.

Schaumburg-Lippe ist beteiligt am vierfachen BMW-Triumph bei der Mille

Prinz Max zu Schaumburg-Lippe
Geboren am 28. 03. 1898 in Wels, gestorben am 04. 02. 1974 in Salzburg.
Der adelige Herrenfahrer von Schloss Pfaffstätt beeindruckte 1938-39 in vielen Langstreckenrennen auf BMW.

Miglia, dem Tausend-Meilen-Rennen Brescia – Rom – Brescia auf offenen Straßen. Er gewinnt den Königspokal beim 24-Stunden-Rennen auf der klassischen Ardennenstrecke von Spa, erringt auch einen Klassensieg in Le Mans.

Und er beeindruckt – wenn ich mir die historischen Ergebnislisten ansehe – offenbar überall, auch in Nordafrika, durch Speed und Fairness. Ein Werkspilot, Abenteurer oder Herrenfahrer?

Schaumburg-Lippe ist wohl ein bisschen von allem. Er hat schon seinen Platz in der Ehrengalerie der österreichischen Autorennfahrer, der Schlossprinz aus Pfaffstätt, auch ohne Formel I.

Ich habe geglaubt, seine Spuren sind längst verloren, habe sie aber wieder gefunden: in einer renommierten Altersresidenz in Salzburg, einem gemütlichen Appartement in Bayern, einem Sommersitz der legendären Begum, die mit dem Ismaelitengott Aga Khan verheiratet war, in Monte Carlo – und eben auf Schloss Pfaffstätt.

Das sind die vier Adressen von Prinzessin Helga Claire Lee zu Schaumburg-Lippe, geborene Rodenburg, einer außergewöhnlichen Lady: der Witwe des rennfahrenden Prinzen. Ihre Vorfahren waren seinerzeit mit der historischen „Mayflower" nach Amerika gekommen, daher auch das Lee als zweiter Vorname wie bei der amerikanischen Abfahrtsläuferin Kirsten Lee Clark – und anderen. Aber wer hat so viel geschichtlichen Background?

„Mein Vater", erzählt mir Prinzessin Helga, als ich sie zum ersten Mal besuche, „war Admiral bei der US-Marine." Und sie selbst: amerikanische Schönheitskönigin.

Wie haben Sie Prinz Max kennen gelernt, Prinzessin?, muss ich natürlich fragen.

„Auf einer großen Hochzeit in Berlin, und das war fabelhaft. Auf einmal sehe ich da den Maxl stehen. Es war noch ein anderer Prinz bei ihm, aber der hat mich nicht interessiert. Ich war sofort verliebt in meinen Maxl ..." Die Fotos von den rauschenden Festen beeindrucken noch heute.

Die Traumehe nach der Traumhochzeit am 09. Mai 1933 in Bad Homburg blieb kinderlos. „Das war eigentlich ein Glück. Weil mein Mann immer sagte: ,Wenn wir Kinder haben, musst du zu Hause bleiben bei den Kleinen', aber dann müsste er sich womöglich eine Freundin nehmen. Und das wollte ich auch wieder nicht."

Prinzessin Helga, unverändert lebensfroh und agil, mit fabelhaftem Gedächtnis, kann die Zeit mühelos um sieben Jahrzehnte zurückdrehen – es ist auch für mich eine faszinierende Zeitreise.

„Ich bin bei allen Rennen dabei, selbst bei den 24-Stunden-Rennen" – den Marathonschlachten ohne Boxenfunk. „Ich geb ihm in der Nacht, wenn er an die Box kommt, immer heimlich Zeichen, wie er im Rennen liegt, weil er das sonst nicht hätte wissen können."

Ein Einzelkämpfer im Mannschaftsbewerb der Sportwagenrennen.

Wer waren Ihre Freunde damals unter den Rennfahrern?

„Max hat sie alle gekannt. Rudolf Caracciola war natürlich ein noch besserer Fahrer als mein Mann. Aber Caracciola fiel auf der Berliner Avus einmal aus – und da hat mein Mann gewonnen. Entweder den 1. oder 3. Preis."

Richtig begonnen hat alles bei Mercedes unter dem dicken Rennleiter Alfred Neubauer. „Ein ganz fabelhafter Manager", vergleicht Prinzessin Helga. Die Geschichte weiß, dass Neubauer damals von seinen Fahrern zehn Prozent der Geldpreise kassiert hat. „Sollte man heute auch wieder einführen ...", scherzt der aktuelle Mercedes-Sportchef Norbert Haug, als ich ihn darauf anspreche.

„Aber Max ist auch Adler gefahren und BMW – das letzte Rennen war Le Mans," erinnert sich Prinzessin Helga.

Hat sich Neubauer damals nicht überlegt, Prinz Max in die berühmte Mercedes-Mannschaft aufzunehmen, zumindest als Ersatz- oder Nachwuchsfahrer zu Caracciola, Manfred von Brauchitsch, Hermann Lang, Dick Seaman?

Ein Lächeln huscht über Prinzessin Helgas Gesicht: „Wissen Sie, ich war ja auch verheiratet mit ihm. Und ich wollte nicht, dass er mir zu mutig wird. Das, glaube ich heute, war meine Schuld: dass ich das verhindert habe – damit ihm nichts passiert."

Wie groß war eigentlich der Ehrgeiz des Herrenfahrers, ein Auto-Rennchampion zu werden?

„Ich glaube, er war schon ziemlich ehrgeizig. Ein Widder – und die gehen mit dem Kopf durch die Wand ..."

Und zwar damals noch ohne Sturzhelm, mit Schirmmütze, Stoff- oder Staubkappe, auf Sandstraßen, ohne Leitplanken, mit Bäumen und Mauern neben der Strecke – aber mit sehr viel Herz.

Prinzessin Helga öffnet nach Jahrzehnten ihre Fotogalerie für mich, die Familienalben mit den alten, noch nicht vergilbten Rennfotos: Prinz Max mit den Heroen von seinerzeit, mit Fürst Metternich, den späteren Präsidenten des Automobil-Weltverbandes und den Giganten von damals. Fotos, Reportagen, Dokumente aus einer romantischen Zeit des Renn-

Aus dem Dunkel der Zeit: Prinz Max zu Schaumburg-Lippe mit dem weißen BMW setzt gleich zum Überholen an. „Ich als achtfacher Grand-Prix-Sieger ...", sagte er über seine erfolgreichen Langstreckenrennen vor dem Zweiten Weltkrieg, besonders die Mille Miglia.

sports. Und Briefe von Rennteams, Veranstaltern oder der Zubehör-Industrie, in denen Österreichs erster wirklich erfolgreicher Rennfahrer korrekt mit „Durchlaucht" angesprochen wird.

Trotzdem frage ich: War Seine Durchlaucht ein Rennfahrer-Macho? Prinzessin Helga: „Er war ein Kamerad für alle. Das ist viel mehr als ein Macho. Und ein fairer Rennfahrer, der sogar noch Platz gemacht hat, wenn ein anderer schneller war."

Aber die 30er-Jahre hatten eben einen anderen Stil, auch im Grand-Prix-Sport. Und Prinz Max zu Schaumburg-Lippe – auch wenn er 1938/39 gezwungenermaßen für Deutschland fuhr – war nicht das einzige „blaue Blut" im großen Motorsport, phasenweise fuhren fast nur Adelige.

Was das Adelslexikon „Gotha" ahnen lässt, bestätigt mir Prinzessin Helga in allen Details und vielen Facetten: den direkten Konnex zum Russischen Zarenhof. Fast alle Romanows waren ja mit deutschen Frauen verheiratet, auch der berühmte Zar Nikolaus – mit unserem Rennfahrer von Schloss Pfaffstätt direkt verwandt. Dort entdecke ich auch viele historische Porträts und Bilder.

Was hätte Prinz Max wohl alles erzählen können: über das alte St. Petersburg, den Panzerkreuzer Aurora und Jekaterinenburg, über den Sturm auf den Winterpalast, die Abdankung von Zar Nikolaus, den geheimnisumwitterten Mönch Rasputin, der ein Kind der Zarenfamilie, einen Bluter, geheilt hat, nach aktueller Geschichtsforschung aber ein deutscher Agent gewesen sein soll? Wie war das wirklich mit dem Zarewitsch? Und vielleicht hätte Prinz Max auch gewusst, was aus der letzten Zarentochter Anastasia wirklich geworden ist? Prinzessin Helga: „Der Maxl hat mir immer gesagt: ‚Vieles, das man hört, stimmt vielleicht – aber manches stimmt vielleicht nicht'..." Und vielleicht hätte man sogar den „Zarewitsch" neu texten müssen.

Nach dem Krieg fuhr Schaumburg-Lippe keine Autorennen mehr. Er lebte mit seiner Prinzessin als Schlossherr in Pfaffstätt, mit Gemälden der Hocharistokratie und guten Freunden wie Aga Khan und der Begum, die später für Prinzessin Helga ein Appartement in Monte Carlo arrangiert hat.

Herrenfahrer unter sich: Prinz Max am Lenkrad; Zweiter von rechts – der einflussreiche italienische Graf Lurani.

Bis in die 70er-Jahre sah man Prinz Max als Salzburger Motorsport-Funktionär noch gelegentlich am Salzburg-Ring: trotz Armschleife kein Gschaftlhuber, sondern immer korrekt, ein Herr mit Noblesse, der gern Erfahrung weitergegeben und die Zukunft mitgestaltet hätte.

„Der Prinz", erinnert sich der Zigarren paffende ÖASC-Präsident Willi Löwinger, „wollte bei meinem Club gern Ehrenpräsident werden. Aber das habe ich sofort abgelehnt. Ich kann doch keinen zweiten brauchen, der auch was zu reden haben will ..."

Löwinger hat sogar den Briefwechsel von damals aufgehoben. So schrieb ihm Prinz Max mit Vorfreude auf die Generalversammlung, was er alles helfen könnte, und später, als er vom vorverlegten Termin erfuhr: „Das wird unserer Freundschaft keinen Abbruch tun."

Also wohl ein typisch österreichisches Missverständis, oder?

Am 04. Februar 1974 – also schon in Laudas erstem Ferrari-Jahr – ist Prinz Max von Schaumburg-Lippe gestorben. Und Prinzessin Helga: Verfolgt sie heute noch, in bewundernswertem Alter, weiterhin Autorennen im Fernsehen?

„Eigentlich nicht mehr mit dieser Freude, weil es zu sehr ums Geld geht. Früher ging es noch um die Ehre. Und das war ein großer Unterschied."

Kennen Sie die heutigen Rennfahrer?

„Kaum, den Schumi hab ich in Monte Carlo getroffen, da war ein Fest für ihn. Aber die anderen jungen Rennfahrer kenn ich leider weniger."

Dafür hat sie zauberhafte Kinderbücher geschrieben und illustriert, mit Titeln wie: „Prinzessin Elgi und die fliegende Untertasse." Und in Bayern steht immer noch ihr Auto aus den 50er-Jahren in der Garage.

Der Besuch der alten Dame. Ich erinnere mich an ein Gespräch mit der legendären Elly Beinhorn – der Witwe des Vorkriegs-Superstars Bernd Rosemeyer – in München. Sie erzählte von einem beinharten Duell zwischen Bernd und Rudolf Caracciola in Bern: „Sie machten einander Vorwürfe: Jeder fühlte sich vom anderen behindert. Am Abend, vor der Preisverleihung im Hotel, sind Bernd und Caracciola im Aufzug wieder aufeinander getroffen. Sie haben gestritten. Mir war das peinlich." – „Wie haben denn die beiden gestritten", fragte ich Elly Beinhorn. „Ich glaube", erinnerte sie sich, „die waren per Sie."

Auf die heutige Zeit umgelegt: Als würde Michael Schumacher mit erhobenem Zeigefinger drohen: „Herr Montoya, ich warne Sie zum letzten Mal: Passen Sie beim Start auf." Und Montoya würde lässig antworten: „Aber ich bitt Sie, Herr Schumacher, regen Sie sich doch nicht auf ..."

Wie hätte wohl Prinz Max – mit Verbeugung – argumentiert?

War für viele der beste Regenfahrer aller Zeiten: Rupert Hollaus (122) vor seinem Stallgefährten Werner Haas. Ein echtes Fotodokument: Man beachte die Vollverkleidung der NSU.

DER ERSTE GROSSE HERO

Rupert Hollaus war unser erster Weltmeister und hatte ein Schicksal wie Rindt: Tod in Monza

Sommer 1954. Österreich wird Dritter bei der Fußball-WM in der Schweiz, Deutschland Weltmeister durch den historischen 3:2-Sieg über Ungarn in Bern, Ray Sugar Robinson, der abgetretene Boxkünstler, kehrt als Sieger in den Boxring zurück, alles redet vom Comeback der Silberpfeile in Reims – Erster Juan Manuel Fangio, Zweiter Karl Kling. Im Motocross, einer damals neuen Sportart, ist die Nummer 1 der Engländer Leslie Archer, und im Speedway sind Fritz Dirtl und Josef Kamper, oft vor 60.000 Zuschauern, die Lieblinge des Stadionpublikums. Und natürlich auch der Radiohörer und Wochenschau-Fans.

Edi Finger im Originalton:

„In großer Fahrt saust er in die Kurve, dreht den Gashebel ganz durch, wird etwas aus der Bahn getragen, streift den Rasen, um Gottes willen, er kommt ins Schleudern, aber er zwingt die Maschine mit einem Schenkeldruck wieder auf die Bahn und fährt dieses tolle Rennen zu Ende. Der Held des Tages ist der rasende Burgenländer Josef Kamper, den wir hier in Führung sehen. Pfeilschnell zwitschert er durch die Gerade und stürzt sich tollkühn in die nächste Kurve. Er kann an diesem Tag zahlreiche Rennen gewinnen."

Rupert Hollaus
Geboren am 04. 09. 1931 in Traisen, gestorben am 11. 09. 1954 in Monza. Vom Mechaniker zum NSU-Werkfahrer und ersten österreichischen Weltmeister im Motorsport - eine Traumkarriere noch vor dem TV-Zeitalter und dem Staatsvertrag.

1954, neun Jahre nach Kriegsende, ein Jahr vor dem lang ersehnten Staatsvertrag, als Leopold Figl vom Balkon des Belvedere sein jubelndes „Österreich ist frei!" in die Menge rief – ich stand damals als Kind natürlich auch vorm Belvedere. 1954 ist aber vor allem der Sommer des Rupert Hollaus. Vom Kfz-Mechaniker zum Weltmeister! Eine Traumkarriere, im Stillen realisiert, von manchen kaum bemerkt, von vielen gar nicht begriffen – noch kein Fernsehen, nur wenig in den Zeitungen.

Der damals 23-jährige Rupert Hollaus eilt mit der 125er NSU von Sieg zu Sieg, bis er als bereits feststehender Weltmeister am 11. September 1954 im Samstagtraining von Monza tödlich verunglückt. In Österreich herrscht Staatstrauer.

Was weiß man heute noch von ihm, Österreichs erstem und immer noch einzigem Motorrad-Straßenweltmeister? Eine kurze, aber eine der steilsten Karrieren im Motorsport. Die Bilder sind unscharf geworden, seine Triumphe in der Statistik verblasst. Aber gerade deswegen: Was für ein Mensch war er, Rupert Hollaus?

„Sein Charakter: Solid, einfach, hat sich überhaupt nicht um seinen Titel oder sonst was gekümmert, sondern blieb der einfache Mann – und war trotzdem Weltmeister", schilderte ihn mir sein väterlicher Freund, Rennfahrergegner und großer Mentor Alex Mayer, ein Autohändler aus St. Pölten.

Der Heimatort von Rupert Hollaus ist Traisen im Alpenvorland. 7000 Einwohner, ein gewaltiges, fast heroisches Denkmal auf dem Hauptplatz.

Die Lorbeerkränze von damals, im Gegensatz zur Champagnerspritzerei von heute, sind längst verwelkt, die Siege vergilben langsam in der Statistik. Wie lebendig ist noch die Erinnerung?, fragte ich ein Vierteljahrhundert nach dem Schicksalsjahr, also 1979, für eine Fernsehdokumentation zum 25. Jahrestag von Triumph und Tragik.

Was sagt Ihnen heute der Name Rupert Hollaus?

Ein Komet am Rennfahrerhimmel: ein sehr jugendlicher Hollaus 1950 als Sieger in Stockerau.

„Ein guter Motorradrennfahrer, der Beste in seiner Klasse." – " Der einzige österreichische Weltmeister." – „Dass er in Monza tödlich verunglückt ist. Im Training, genau wie, weiß ich nicht. Ich war damals noch nicht auf der Welt." – „Dass er Mechaniker war, wie der Vater und der Bruder." Vater Hollaus, der nach der Tragödie mit 500.000 Schilling von der Rennfahrerversicherung die Werkstatt in Traisen aufgebaut hat, ist 1974 gestorben. Die Mutter musste nach einer Augenoperation ins Spital. Das Elternhaus wurde im Sommer 1979 – drei Wochen vor meinem Besuch in Traisen – durch einen Lkw-Unfall beschädigt. Die vielen Pokale hatte damals schon der Bruder.

Und der erinnert sich an Ruperts vielleicht größtes Rennen: „Mein Bruder hat 1954 das Rennen auf der Insel Man bestritten, die berühmte Tourist Trophy, er ist damals gegen einen sehr starken Gegner gefahren – Carlo Ubbiali. Und er hat bei sehr schlechten Straßenverhältnissen, teilweise regennass, teilweise trocken, gewonnen. Rupert wurde damals auch als der beste Rennfahrer der ganzen TT-Woche ausgezeichnet."

Es war ein Sieg beim allerersten Start auf der Insel Man, was nie vorher und – meines Wissens – auch nie nachher erreicht wurde. „Stimmt", bekräftigte der Bruder, „weder vor noch nach Rupert Hollaus."

„Rupert Hollaus fahren zu sehen", beschreiben Motorrad-Heldenbücher der „Roaring Fifties" den Fahrstil des jungen Niederösterreichers euphorisch, „heißt, die Kunst des rasenden Sports auf zwei Rädern in Vollendung zu erleben."

Entdeckt hat Hollaus der um 13 Jahre ältere, 12fache Staatsmeister Alex Mayer aus St. Pölten.

Bitte, einen Blick in den Rückspiegel, ersuchte ich 1979 seinen „zweiten Vater".

„Rupert war für mich in den ersten Jahren der treueste Mechaniker, treueste Mitfahrer bei den vielen österreichischen und europäischen Rennen und ist dadurch Schritt für Schritt in die Materie des Motorradrennfahrens hineingewachsen."

Also doch eine Traumkarriere – vom Mechaniker zum Rennfahrer?

„Er ist immer mitgefahren als mein Mechaniker. Und da es ja bei ausländischen Rennen ohne Mitfahrer, ohne Beifahrer gar nicht möglich ist, das alles allein zu schaffen, war er mein Mechaniker."

Und wann haben Sie ihn dann selber aufs Motorrad gesetzt?

„Ich hatte ja einige Motorräder, meist sehr schnelle, und dann hat er's mit meinen Motorrädern zuerst einmal in Österreich probiert, bei Staatsmeisterschaftsläufen, die wir alle absolvieren mussten – und sofort eine ganz besonders gute Figur gemacht."

Wochenschau-Ausschnitte von damals, der Kommentar im leicht singenden, ein bisschen nach Schönbrunner-Deutsch klingenden Ton: „In Krems fand ein internationales Motorrad- und Autorennen statt. Bei den Solomaschinen gab es spannende Duelle zwischen dem Schweizer Luigi Taveri und dem Österreicher Rupert Hollaus. Hollaus war auch der Held der Veranstaltung. Er siegte in vier Rennen." Das soll ihm heute einer nachmachen.

„Er hat sofort Talent bewiesen. Der hat zuerst nur die Motorräder vorm Rennen warm fahren dürfen und war dabei auf den Geschmack gekommen, sofort begeistert – den konnte man nicht bremsen."

Ein Geheimnis des Rupert Hollaus: „Er ist in Österreich sehr viele Rennen gefahren. Wir hatten bei uns vielleicht 50 Prozent der Rennstrecken auf Sand – da hat er das richtige Fahren gelernt. Und ein guter Sandbahn- oder Sandstraßenrennfahrer kann auch auf nassen Pisten gut fahren. Denn das Wegrutschen auf Sand ist so ähnlich wie im Nassen. Das hat er besonders gut begriffen – und entsprechend gut auswerten können."

Hören wir hinein in Rennreportagen von damals:
„Die Strecke ist schwer und gefährlich. Besonders in der Nordkurve, wo die Asphaltstrecke plötzlich aufhört, gab es schwere Stürze."

Von modernen Rennstrecken wie Le Castellet – flach, mit großen Sturzräumen – konnte die Rupert-Hollaus-Generation nicht einmal noch träumen. So sahen in den 50er-Jahren die Grand-Prix-Strecken aus: Hockenheim: noch keine Schikanen, aber viele Bäume, von Fangzäunen noch keine Rede. Oder der Nürburgring: uneben, Belagwechsel und der bei Regen gefährliche, glitschige Asphalt.

Es gab noch keine Sponsoren, keine Werbeaufkleber auf Overall und Maschine, keine Vollvisierhelme und keine japanischen Rennmaschinen. Und auch noch nicht den oft lebensrettenden Rückenschutz, den „Dainese" in den 70er-Jahren erfunden hat – 25 Jahre später wurde das Jubiläum mit einer Party in Monte Carlo gefeiert. Später entdeckten auch die Skirennläufer, als erster Kristian Ghedina, diesen Schutz, der zeitweise auch als Aerodynamik-Hilfe galt – heute fahren längst Hermann Maier und alle Stars des „weißen Zirkus" mit dem breiten Rückenkeil unterm hautengen Abfahrts-Overall.

Zurück in die Roaring Fifties. Nach aufsehenerregenden Erfolgen mit der 250er Moto Guzzi – mit Spezialgabel und Königswellenmotor – wird Rupert Hollaus Werksfahrer bei NSU. Wie mir sein Bruder verrät: Mit der atemberaubenden Jahresgage von 200.000 Mark – damals bereits eine Million Schilling!

Seine Raketen hat man noch lange in Museen bewundern können: Die 125-ccm-Rennfox mit 18 PS, 11.000 U/min, 6 Gängen, Spitze 180 km/h. Aber wie ist er zu NSU gekommen?

Rupert fährt schon im Sommer 1953 für NSU einige Proberennen. Alex Mayer: „Nachdem er mit meiner Mondial in Parma, in Dubergen, in Assen usw. überall gewonnen hat, ist man auf ihn natürlich aufmerksam geworden. Und nach den Proberennen wird er im Herbst 1953 für 1954 von NSU engagiert."

Das damalige NSU-Quartett ist eine der größten Rennmannschaften aller Zeiten: Rupert Hollaus, Werner Haas, Hans Baltisberger, der Sohn eines Arztes, und der legendäre H. P. Müller, der sich schon vorm Zweiten Weltkrieg als Pilot der Auto-Union-Rennwagen einen tollen Namen gemacht hat – u. a. Sieger im Großen Preis von Frankreich 1938.

„Hollaus hat sich in diesem Team besonders in Regenrennen durchgesetzt, aber auch andere Rennen mit Abstand gewonnen, sodass er die absolute Nummer 1 bei NSU wurde", erinnert sich Mayer.

Hollaus also der einzige Ausländer im weltberühmten NSU-Team, aber bald der schnellste. Aus der damaligen Zeit ein Interview, das ich in verstaubten deutschen Archiven finde – der Ton ist ziemlich gönnerhaft.

„Rupert Hollaus ist ja Österreicher, aber er ist im deutschen NSU-Stall, im weltbekannten deutschen NSU-Stall, und ich bedaure, Rupert Hollaus, dass Sie nicht die Chance haben, auch deutscher Meister werden zu können. Natürlich fahren Sie mit, aber ihre österreichische Staatsangehörigkeit lässt ja leider die Möglichkeit einer deutschen Meisterschaft nicht zu, nicht?"

Hollaus, nicht unlogisch: „Nein, man muss deutscher Staatsbürger sein, um bei der deutschen Meisterschaft mitmachen zu können."

Reporter, bestens informiert: „Aber Sie fahren, glaub ich, erstmalig auf diesem Kurs?"

Hollaus: „Nein, ich fahr heuer schon das vierte Mal auf dieser Strecke."

Reporter, nachstoßend: „Sehen Sie, ich wollte das nur noch einmal von Ihnen hören, Rupert Hollaus, und was sagen Sie zu diesem Kurs, im Gegensatz zu Werner Haas?"

Holllaus: „Er ist ganz gut, ist aber ein schwieriger Kurs."

Belgrad 1953: Hollaus fuhr auch in der 350er-Klasse.

Reporter, gönnerhaft: „Ein schwieriger Kurs. Na, ein Weltmeister kann auf einem solchen Kurs ja zeigen, dass er ein wahrer Weltmeister ist, stimmt's?"
Holllaus (lächelnd): „Ich weiß net ..."

Sympathischer Bursch. Aber was hat Hollaus, den Rennfahrer, so gut gemacht? Fragen wir nochmals Alex Mayer.
„Was ihn ausgezeichnet hat? Na, seine Fahrweise, die einmalig war. Seine Fähigkeit, auf nassen Pisten absolut sicher zu fahren und den anderen zu zeigen, wer der Beste ist." Paradebeispiel: Der Große Preis der Schweiz 1954 auf der berühmten Bremgartenstrecke von Bern, das sensationellste Regenrennen, das Hollaus je gefahren ist:

Die Strecke ist 7,5 Kilometer lang (!) und Hollaus hat sie auf seiner faszinierenden Siegesfahrt alle überrundet – das war noch nie da.

Der kurze, triumphale Sommer des Rupert Hollaus – was wir nach 1954 im Motorradsport nie mehr wieder erleben sollten. Was für ein Fahrer, was für Rennen, was für eine Begeisterung. Noch einmal: die gute, alte Wochenschau:

„435.000 Zuschauer beim sechsten Lauf zur Motorradweltmeisterschaft auf der Solitude bei Stuttgart!" Das klingt heroisch, unglaublich, fast unwiederholbar. „Während sich die deutschen Beiwagengespanne noch duellieren, ist Hollaus bereits Weltmeister in der 125er-Klasse – Nachfolger von Nello Pagani, Ruffo, Carlo Ubbiali, Cecil Sandford, Werner Haas, aber überlegener als sie alle."

Siege überall: Tourist Trophy auf der Insel Man, Assen in Holland, auf der Bremgartenstrecke in Bern – und auf der Solitude krönt sich Hollaus bereits zum Weltmeister: Er hat 32 WM-Punkte ...

... doppelt so viele wie der Nächste, Ubbiali, die ganze Saison über erreichen wird. In der 125er-Klasse bleibt Hollaus unbesiegt, auch auf der Solitude. Nur bei den 250er-Kubaturen muss er laut Stallorder Haas gewinnen lassen.

Im Originalton der Wochenschau: „Start der 250er. Sofort setzen sich Haas und der neue Weltmeister Hollaus an die Spitze. Rad an Rad drehen

Bevor das Fernsehen kam: Rupert Hollaus beim Radiointerview.

Haas und Hollaus ihre Runden. Ihr Vorsprung vergrößert sich ständig. Mit 136,2 km/h stellen sie einen neuen Klassenrekord auf. Gemeinsam gehen die beiden NSU-Fahrer durchs Ziel. Sieger: Weltmeister Werner Haas".

Und der war weit mehr als nur ein Teamkollege, vor allem keiner, mit dem man wegen Stallorder oder Sonstigem streiten muss. Beweis: Der letzter Gruß von Werner Haas an Rupert Hollaus – auf dem Friedhof von Traisen. Ein Sturzhelm auf dem Grabstein.

„Den Helm hat Haas, nachdem mein Bruder verunglückt war, selbst gemacht, auch die Inschrift, und wir haben ihm dann das Denkmal gesetzt und auch den Helm mit der Inschrift draufgesetzt – weil sie so gute Stallkameraden waren und sich auch verstanden haben wie Brüder."

Auch den Flugschein wollten sie noch zusammen machen, in Bern – aber dazu ist es für Rupert nicht mehr gekommen. Werner Haas hat den Flugschein geschafft und ist dann mit einem selbst gefertigten Flieger mit VW-Motor verunglückt. Er hatte schon eine Runde geflogen, wollte noch eine zweite drehen – und ist dabei abgestürzt.

Auch das Leben von Rupert Hollaus erlischt auf dem Höhepunkt – wie 16 Jahre später bei Jochen Rindt. Auch in Monza, auch als Weltmeister des Jahres.

In Traisen hatte man böse Ahnungen: „Vorher haben wir am 4. September noch zusammen Geburtstag gefeiert – und Namenstag haben wir auch den gleichen", erinnert sich ein Freund. „Ich sag ihm noch: ‚Rupertl, es kann passieren ... Pass auf, dass dir nur ja nichts zustößt!' Aber er wehrt ab: ‚Na, na, mach dir keine Sorgen, ich fahr eh so gut.' Ein paar Tage später ist er dann zurückgekommen – als Toter."

NSU – die berühmteste Motorrad-Rennmannschaft aller Zeiten. H. P. Müller (142), Hollaus (169) und Haas (167) im Formationsflug auf dem Schottenring 1954.

Für den Todessturz in der zweiten Lesmo-Kurve gibt es keine Augenzeugen, aber Anschuldigungen: unfaire Tricks, verhängnisvolle taktische Manöver der Italiener.

Alex Mayer, noch viele Jahre danach erschüttert:
„Rupert war ja schon Weltmeister, musste aber im Freitagtraining feststellen, dass Carlo Ubbiali um drei Sekunden schneller war als er – das konnte er nicht hinnehmen. Das war wahrscheinlich auch irregulär. Die Italiener machten das damals öfter. Sie fuhren im Training – was zwar nicht erlaubt, aber auch nicht direkt verboten, auf jeden Fall aber unsportlich ist – mit einer stärkeren Maschine, damit sie die beste Trainingszeit zugeschrieben bekommen – also Poleposition."

Als Ubbialis Sensationszeit über den Lautsprecher kam, trampelte das ganze Autodrom vor Begeisterung. Hollaus konnte das nicht glauben: „Das gibt's doch nicht, ich bin der Weltmeister, ich habe das ganze Jahr Bestzeiten gefahren – das ist unmöglich."

Nur darum setzte sich Hollaus nochmals auf seine Maschine, brauste erneut los und versuchte wahrscheinlich, die zweite Lesmo-Kurve nochmals anders zu fahren, auf einer anderen Linie, damit sie noch schneller geht. Und gerade in dieser Kurve sind zwei tiefe Bodenwellen – die sich Vater Hollaus und Mayer später ganz genau anschauten.

„Ihn fahren zu sehen, hieß, die Kunst des rasenden Sports auf zwei Rädern in Vollendung zu erleben": Hollaus mit der stromlinienförmig verkleideten NSU.

„Da sahen wir im Asphalt einen tiefen Kratzer vom Fußraster. Wir vermuten, dass die ohnehin stark gefederte Maschine in Schräglage noch mehr durchgefedert hat, sodass der innere Fußraster den Kratzer machte." Darauf stürzte Hollaus von der Maschine.

Weil Rupert nie zuvor (!) in einem Rennen aus dem Sattel gepurzelt war, hatte er im Gegensatz zu seinen Rivalen keinerlei Sturzroutine. Und ein besonderes medizinisches Handicap, von dem keiner wusste: Im Krankenhaus wurde festgestellt, dass Hollaus – was ganz selten vorkommt – eine außergewöhnlich dünne Schädeldecke hatte. „Wäre er beim Skifahren oder mit dem Fahrrad gestürzt, hätte es ihm genauso das Leben gekostet", sagten die italienischen Ärzte – auch kein Trost.

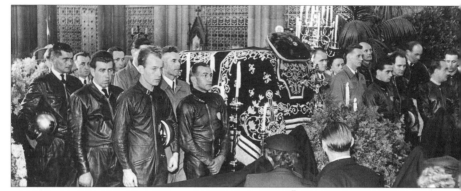

Ein Schicksal wie Jochen Rindt: Auch Hollaus verunglückte in Monza. In Österreich herrschte Nationaltrauer. Rennfahrerkameraden sagten ihm in der Votivkirche Lebewohl.

Österreich weinte. In Wien gab es eine große Trauerfeier in der Votivkirche, in Traisen fast ein Staatsbegräbnis. Als der große österreichische Motorradpionier Prof. Helmut Krackowizer 2002 im 80. Lebensjahr starb, schickte John Surtees einen alten Lorbeerkranz, im Stil von seinerzeit, nach Salzburg. Mit der Trauerschleife: „Du hast jetzt die Ziellinie erreicht."

Hollaus, der viel zu rasch verglühte Komet, hätte noch so viel Zeit gehabt.

Aus dem „Rupert-Hollaus-Gedächtnisrennen" auf dem Autobahndreieck Salzburg-Liefering wurde später der klassische WM-Lauf auf dem Salzburgring. Zehn Jahre vergingen, bis wieder ein Österreicher einen Motorrad-Grand-Prix gewann: Bert Schneider, ein gelernter Pflasterer aus Wien-Favoriten, 1964 in Spa – wo später auch Edi Stöllinger siegte. Und Werner Nenning in Zeltweg. Und später, bei den Seitenwagen, Klaus Klaffenböck.

Als jüngster Weltmeister der Geschichte ist Rupert Hollaus längst von Johnny Cecotto abgelöst, später auch von Capirossi, Rossi usw. unterboten worden – aber ein Titel ist ihm bei den Experten geblieben: Der beste Regenfahrer, den es im Motorradsport je gegeben hat.

Rupert Hollaus: Stationen seiner Karriere

1953: Motorrad-WM 125 ccm: 3. Montjuich auf NSU. WM-9. 125 ccm, WM-15. 250 ccm.

1954: Motorrad-WM (alles auf NSU): 3. Reims 250 ccm, 1. Tourist Trophy Isle of Man 125 ccm, 2. Isle of Man 250 ccm, 1. Belfast 125 ccm, 1. Assen 125 ccm, 1. Assen 250 ccm, 1. Solitude 125 ccm, 2. Solitude 250 ccm, 1. Bern 250 ccm. - Weltmeister 125 ccm, WM-2. 250 ccm. Tödlich verunglückt in Monza.

„Ein Super-Fangio under cover": Gotfrid Köchert bei seinem Sensations-Debut bei der Mille-Miglia 1956 in den Dolomiten. Startnummer 432 bedeutete: Startzeit für den Porsche war 04.32 Uhr früh.

DER RASENDE JUWELIER

Gotfrid Köcherts späte, aufregende Karriere: Mille-Miglia-Sensation und Rindt-Ziehvater

Wenn „Gentleman-Pilot" jemals der richtige Ausdruck für einen österreichischen Rennfahrer war, dann für ihn: Gotfrid Köchert aus der Dynastie der k.u.k. Hofjuwelenlieferanten mit zwei noblen Adressen: Neuer Markt in Wien, das elegante Haus beim Donnerbrunnen, das 1873 Theophil Hansen für seinen Urgroßvater gebaut hat, und der Traumbesitz in Altmünster am Traunsee.

Dort, auf dem schönsten Flecken des Salzkammerguts, haben Jochen Rindt und ich 1965 unser ersters Buch „Einer von ihnen: Jochen Rindt" geschrieben (danke, Gotfrid). Dort erlebte Wasserski-Fan Rindt seine letzten Sommerferien. Und dort steht heute noch der Pokal, den Herrenfahrer Köchert 1957 bei der Mille Miglia gewonnen hat – der letzten Auflage des mörderischen 1000-Meilen-Rennens Brescia – Rom – Brescia auf offenen Straßen.

Den „rasenden Juwelier" hat man ihn genannt, den „unbekannten Piloten mit jahrzehntelanger Erfahrung." Wer war Gotfried Köchert wirklich? Ein weißhaariger, freundlicher Herr, sensibler Lebenskünstler und Philosoph mit vielen Interessen und Ambitionen. Und einer leisen Stimme, meist von PS-Gebrüll übertönt. Heute ist es bei vielen umgekehrt.

Gotfrid Köchert
Geboren am 22. 03. 1918 in Wien, gestorben am 06. 11. 1986 in Altmünster.
Der noble Herr brachte Österreich nach dem Krieg auf die Weltlandkarte des großen Automobilrennsports, vor allem der Langstrecken-Klassiker.

„Ich glaub, er wäre gern Formel I gefahren, wenn er früher mit dem Rennfahren angefangen hätte – natürlich ohne Krieg", sagt heute sein Sohn Wolfgang, Juwelier in sechster Generation. „Und wir haben immer Opi zu ihm gesagt." Andererseits hat auch Fangio erst 38-jährig mit der Formel I angefangen und mit 46 aufgehört ...

Gotfrid, geboren 1918, wurde von der Familie nach Amerika geschickt, studierte 1936–1938 im College in Florida und ruderte im College-Achter. Als Nr. 1, weil der Kleinste unter lauter Riesen. Er überlegte, in den USA zu bleiben, kam aber vor Kriegsausbruch zurück. Als kommender Rennfahrer.

„1939 war ich von Alfred Neubauer zu einem Mercedes-Nachwuchskurs auf dem Nürburgring eingeladen", erzählte mir Köchert einmal. „Die Grand-Prix-Mannschaft sollte ergänzt werden. Doch wenige Wochen später brach der Weltkrieg aus ..." Die schnellen Wagen faszinierten ihn früh, aber der Krieg stoppte seine Karriere. Die Lorbeerkränze kamen daher erst spät – das war aber umso erstaunlicher.

Gentlemen-Piloten unter sich: Gotfrid Köchert (links) und der deutsche Nachkriegsstar Wolfgang Graf Berghe von Trips (Zweiter von rechts) bei fröhlicher Diskussion auf dem Nürburgring.

„Ich bin in Amerika ein paar Autorennen gefahren", schwindelt Köchert den Sportbehörden vor – tatsächlich ist die Mille Miglia am 28./29. April 1956 sein allererstes Rennen.

Er bekommt die OSK-Lizenz, holt aus Stuttgart einen Porsche ab, düst damit direkt nach Italien, klebt seine Startnummer 432 auf und los geht's.

Mit Minutenstart.

Die Mille Miglia 1956, gewonnen von Eugenio Castellotti auf Ferrari, ist ein mörderisches Regenrennen auf glatter, gefährlicher Straße, bei nur acht Grad.

Groß ist die Überraschung, als Köchert am Wendepunkt Rom als Vierter ankommt, hinter den drei Osca-Boliden, noch vor dem berühmten Villoresi.

„Coecher", wie ihn die Italiener aussprechen, halten alle für ein Pseudonym.

„Wahrscheinlich ein Super-Fangio under cover ..." Von allen Porsche-Piloten fährt Köchert am längsten: 1240 km, fast bis Florenz, dann ist im Vorort Calluzzo die Kupplung k. o., und der Sensationspilot kann nicht mehr schalten, nicht einmal mit Zwischengas – und freut sich auf ein heißes Bad im Grand Hotel.

An 10. Stelle ausgeschieden, aber die Motorsportwelt horcht auf. „Hervorragende Fahrt mit dem Spyder. Gratuliere herzlich", meldet Richard von Frankenberg in seinem Kontrollbericht mit allen Etappenzeiten.

Es kommt noch besser:

Einen Monat später (27. Mai) wird auf dem Nürburgring zum ersten Mal bei einem Autorennen nach dem Krieg – zwei Jahre nach dem Motorradtriumph von Rupert Hollaus – zur Siegerehrung die österreichische Bundeshymne gespielt. Dabei gilt Köcherts Gegner, der US-Sportwagenchampion Bill Buff, natürlich „Buffalo Bill" genannt, als unschlagbar.

Aber Köcherts Rennmechaniker, der großartige Joschi Borka, der sich später um Jochen Rindt kümmerte, hatte eine geniale Idee: Er baut in Köcherts Heck Bremslichter ein, zieht das Kabel aber nicht übers Bremspedal, sondern über einen Schalter im Cockpit. Köchert kann vor jeder Kurve, wenn ihm „Buffalo Bill" zu nahe kommt, den Schalter anknipsen, worauf seine Bremslichter aufflammen. Der Amerikaner muss glauben, Köchert bremst, tut das gleiche – und der „rasende Juwelier" gewinnt jedes Mal 20 bis 30 Meter Vorsprung.

So gewinnt Köchert den Sportwagen-Grand-Prix auf dem Nürburgring.

Mir ist die Bremslichter-Story vom Nürburgring 1956 eingefallen, als im Formel-1-Zirkus nach den lebensgefährlichen Auffahrunfällen von Villeneuve/Ralf Schumacher 2001 in Melbourne die heißen Diskussionen entflammten: Bremslichter für mehr Sicherheit!

Rennwagen sind Biester. 300 km/h heißt rund 90 Meter in der Sekunde, 9 Meter in einer Zehntelsekunde. Höllisch aufpassen, wenn der Vordermann bremst!

Als ich Ferraris „Superhirn" Ross Brawn fast ein halbes Jahrhundert später – nach den mörderischen Auffahrunfällen von Ralf Schumacher mit Villeneuve und Barrichello in Melbourne – die geheime Köchert-Story von damals verriet, zeigte er mir sein Grinsen: Andere hatten auch schon an den Schalter-Trick gedacht, vor allem die FIA: „Wir schreiben bei den Bremsen Druckventile vor – 20 bis 30 bar", beschloss die technische Kommission für diesen Fall.

Sportwagen-Gentlemanpilot Köchert und Borka waren der Formel I um ein halbes Jahrhunder voraus ...

Zu den damaligen Grand-Prix-Stars, die auch Sportwagenrennen fuhren, stieß Köchert am Nürburgring. 1. Fangio, 2. Moss, 3. Behra heißt das Formel-1-Ergebnis. Seidel gewinnt die GT-Klasse, Hans Herrmann vor Moss bei den Rennsportwagen, Köchert bei den Seriensportwagen. Jetzt lässt ihn die Droge Rennsport nimmer los.

Vor allem nicht die Mille Miglia. 1957 startet Köchert mit einem 2-Liter-Ferrari Testa Rossa. Historisches Datum: 11./12. Mai. Ein schicksalhaftes Rennen. Der Wiener bekommt die Startnummer 458 zugeteilt, startet also Punkt 4:58 Uhr, noch bevor der Morgen graut.

Die damaligen Ferrari-Superstars liefern einander beinharte Positionskämpfe: der verwegene spanische Marquis Alfonso de Portago, der weißhaarige Römer Piero Taruffi, auch Erfinder des Weltrekordautos „Doppelzigarre", und der Deutsche Aristokrat Taffy von Trips.

De Portago, der Prototyp des stets unrasierten „Latin Lovers", hatte gerade stürmische Romanzen mit den Hollywoodstars Lana Turner, Linda Christian und anderen Damen. Er gewann 1000-Dollar-Wetten, ob er sich wohl traut, unter Brücken hindurchzufliegen, war Reiter-Champion, Polospieler, Olympiavierter 1956 im Zweierbob – der größte Abenteurer der Renngeschichte.

Taruffi wiederum hatte seiner Frau geschworen: „Nur noch dieses eine Rennen. Lass

Der legendäre Le Mans-Start: die Rennsportwagen schräg aufgestellt, die Piloten müssen sprinten. Köchert gegen die Jungen.

mich gewinnen und dann hör ich sofort auf." Trips wusste davon – und blieb fair. Aber de Portago verunglückte kurz vorm Ziel wegen Reifenplatzers und riss 13 Menschen, darunter seinen Beifahrer Ricky Nelson, mit in den Tod. Fotos zeigen heute noch den Köchert-Ferrari vor dem Portago-Unglückswagen, und Ferrari gab später den Behörden die Schuld an der Katastrophe: Die unseligen Katzenaugen in der Straßenmitte hätten den Ferrari-Reifen beschädigt.

Der Papst und das Parlament griffen in die damaligen Debatten ein. Das Rennen war völlig überschattet.

Taruffi mit dem 3,8-Liter-Ferrari gewann in 10 Stunden, 27 Minuten und 47 Sekunden vor Trips, Gendebien, Scarlatti und Maglioli, der eine Wiener Handballerin geheiratet hatte. Köchert mit dem 2-Liter-Auto brauchte nur 11:49,02 – wurde sensationeller Zehnter im Gesamtklassement und Klassenzweiter.

Nach diesem Todesrennen hielt Taruffi sein Versprechen, stieg nie wieder ins Rennauto. Die Mille Miglia wurde verboten, findet nur noch als Oldtimer-Rallye statt – und der Köchert-Ferrari wurde im Frühjahr 2001 bei einer Auktion in Kensington versteigert: um angeblich eine Million Pfund.

Dramatische Fußnote: Der Opel-Kadett, mit dem Köchert, seine Frau und der treue Mechaniker Joschi Borka den Ferrari aus Italien abschleppen wollten, überschlug sich in die Wiese und brannte aus. „Mein Pass ist weg", jammerte Borka, „wie komm ich jetzt nach Hause?"

Eigentlich war Köchert für einen Privatfahrer zu gut, zu schnell. Porsche-Rennleiter Huschke von Hanstein bot ihm einen Profivertrag an, aber Köchert hatte ja seine Geschäftsverpflichtungen – er war ja immer Amateur. Aber gefahren ist er stets wie ein Profi.

Auch beim 1000-km-Rennen auf dem Nürburgring. Köchert und Erwin Bauer lösen sich am Steuer ab. Platz 6 im Training, Rang 10 nach der klassischen 44-Runden-Distanz. Aber Bauer sieht die Zielflagge nicht oder weiß nicht, dass er schon abgewinkt ist, fährt unnötig eine Runde zuviel – und verunglückt. Mehr Glück hatten Schumacher & Co beim GP von Brasilien 2002, als jemand dem berühmten Fußballer Pele die Zielflagge in die Hand drückte, der aber verabsäumte, die Fahrer abzuwinken – weil er wie ein Outwachler in die falsche Richtung schaute.

Autorennen sind immer am Limit.

Im Gaisberg-Training crasht Köchert mit 120 km/h, in Zeltweg touchiert er beim Porsche-Duell Trips/Hill in der letzten Runde die Strohballen, demoliert dabei seine Lenkung – aber in Aspern gewinnt er trotz offenem Tankdeckel die große Sportwagenklasse vor den Ferrari-Piloten Cortese und Munaron. „Mr. Silberpfeil" Alfred Neubauer hat das Rennen gestartet, und Bundeskanzler Raab gratuliert.

Als 1954 zum ersten Mal nach dem Krieg wieder die österreichische Bundeshymne gespielt wurde: Gotfrid Köchert als Sieger auf dem Nürburgring – dank einem Trick mit den Bremsen.

Auch Enzo Ferrari ist begeistert. Er offeriert Köchert – immerhin bereits 38 – einen Werksvertrag für die Langstreckenrennen. Köchert ist unschlüssig, immerhin hat Ferrari berühmte Asse unter Vertrag wie die (damaligen) Le-Mans-Rekordsieger Gendebien/Hill.

Das Schicksal klärt die Frage. Beim 24-Stunden-Rennen von Le Mans 1957 hält sich Köchert drei Stunden lang in der Spitzengruppe, bis ihn ein winziger Defekt in der Box festnagelt: Eine Sicherung der Benzinpumpe ist durchgebrannt. Gotfrid regt sich maßlos auf und erleidet den ersten Herzinfarkt.

„Als ich nach Monaten das Spital verließ, war mir klar: Große Sachen kann ich nimmer machen ..."

Er sattelt auf den nervenschonenden Segelsport um und wird 1960 bei den Olympischen Spielen in Rom in der größten Yachtklasse (5,5 Meter) gegen 19 Boote Siebenter.

Aber ganz ohne PS geht's nicht. Köchert fährt noch einen Porsche RS 1961 am Rossfeld, einen GTO 1962 auf dem Nürburgring – und 1964 das Bergrennen in Crans-Montana. Nacher ist die Strecke gesperrt, damit die Teilnehmer wieder runterrollen können. Tragischerweise kommt Köchert ein Journalistenauto entgegen – Frontalzusammenstoß.

Viel ungerechte Tragik um einen Mann, der selbst mit einem Bein im Himmel zu sein scheint. Am 6. November 1986 stirbt Gotfrid Köchert – erst 68-jährig – auf seinem wunderschönen Privatbesitz in Altmünster am Traunsee durch Herzschlag nach dem Abendessen, im Kreis seiner Familie.

„Das war sein Stil. Immer sehr intensiv gelebt, dann schnell und klar abgetreten. Aber leider Gottes natürlich viel zu früh", sagt Wolfgang Köchert – sein einziger Sohn neben vier Töchtern: Christiane, Bibiane (deren Tochter Samantha Mathis zum Film ging und neben Harrison Ford der Star in „Broken Arrow" war), Alexandra und Marie.

Fünf Kinder, viermal verheiratet. Mit Gusti Huber, Traudl Bayer, Irene Köchert und Charlotte („Lotti"), die ihn während der ganzen Rennzeit begleitete.

Der elegante, leise sprechende, oft philosophierende Gotfrid Köchert – ein Ladykiller? „Nein", bestreitet sein Sohn Wolfgang, „er hat sich nur immer verantwortlich gefühlt und deshalb auch immer gleich geheiratet." Da möge sich Nelson Piquet (sechs Kinder mit fünf Frauen) ein Beispiel nehmen.

Gotfrid Köchert: Stationen seiner Karriere

1956: Mille Miglia auf Porsche Spyder. 1000 km Nürburgring: gewinnt auf Porsche Spyder den Großen Preis von Deutschland.
1957: Mille Miglia auf Ferrari Testarossa: 10. gesamt und Zweiter in der 2-Liter-Klasse. 1000-km-Rennen Nürburgring : 10. gesamt, Copilot Erwin Bauer nach der Zieleinfahrt verunglückt. 24 Stunden von Le Mans: Herzinfarkt.
1958: Wien – Aspern: 1. Platz, große Sportwagenklasse auf Ferrari 250 TR. – Gaisbergrennen: Trainingsunfall. Zeltweg: In letzter Runde bei einem Ausweichmanöver die Strohballen touchiert.
1959/60: Segeln: Olympiateilnehmer 1960 in Rom, 7. Platz.
1961: 1000 km Nürburgring auf Ferrari GTO 3 Liter, 320 PS, 950 kg: Rossfeld auf Porsche RS 61.
1964: Bergrennen Crans-Montana: unverschuldeter Zusammenstoß auf gesperrter Strecke.

Unvergessene Bilder: Jochen Rindt mit seiner finnischen Ehefrau Nina in den Boxen. Typisch für die damalige Zeit waren Stoppuhr und breitkrempige Hüte. In der Mitte: Maria-Helena Fittipaldi.

EWIGES IDOL JOCHEN RINDT

Auch 33 Jahre nach Monza unvergessen: „Weil er schneller war als Senna und Schumacher."

„Jochen Rindt's last day: Monza, September 5th", entdeckte ich als sensationelle Ankündigung in einem englischen Formel-I-Magazin – zu lesen in der nächsten Nummer. Was ich dann wirklich fand, war die fast wörtliche Wiedergabe eines Kapitels aus meinem 1970 geschriebenen englischen Rindt-Buch „The Story of a World Champion".

Natürlich stellte ich den „Autor" zur Rede, aber der grinste nur schief: „Ihr Buch ist über 30 Jahre alt. Also hab ich mir gedacht, der Autor ist längst gestorben."

Skurril, beweist aber zweierlei. Erstens, wie sich die Sitten und die Ethik rund um die Formel I verändert haben. Zweitens, viel wichtiger: Welchen Heldenstatus Jochen noch heute hat – mehr als drei Jahrzehnte nach seinem schicksalhaften Tod.

„Das schnellste menschliche Wesen, das der liebe Gott jemals geschaffen hat, um Rennfahrer zu werden", sagt mir Frank Williams – trotz Schumacher und Senna. Und Niki Lauda, auch er voll Respekt: „Jochen war der Erste, der Pionier, der uns gezeigt hat, wie es geht – und wir alle folgten in seinem Windschatten."

Jochen Rindt
Geboren am 18. 04. 1942 in Mainz, gestorben am 05. 09. 1970 in Monza. Unser erster Automobil-Weltmeister, mit dem alles anfing. Das Bild des Helden, der von der Technik erschlagen wurde, wird in unseren Herzen immer lebendig bleiben.

Für mich war er immer unser erster Astronaut, der erste Österreicher, der in bislang unbekannte Dimensionen vorstieß. Österreicher oder Deutscher? Auf die oft gestellte Frage eine klare Antwort. Jochens Vater Karl war Deutscher, seine Mutter Ilse Grazerin, sie bekam schon 1932 zur Matura einen offenen BMW 328, wollte auch unbedingt Rallyes fahren – aber ihre Pläne scheiterten am strikten Nein des Großvaters. Später kam das Geld aus der „Gewürzmühle Klein & Rindt" (seit 1948) in Mainz, die Jochen einmal übernehmen hätte sollen; ein Halbbruder von ihm studierte in Braunschweig Maschinenbau. Jochen ging zwar auf die Hochschule für Welthandel in Wien, „aber nur ein einziges Mal: zum Einschreiben. Dann nie mehr wieder ..."

Die erste Tragik seines kurzen, schicksalhaften Lebens: Jochen wurde schon mit 15 Monaten Vollwaise, verlor Vater und Mutter beim Bombenangriff 1943 auf Hamburg in einem schrecklichen Feuersturm, der 42.000 Menschen das Leben kostete. Vater Rindt hatte die Familie nach Bad Ischl evakuiert, neben der Kaiservilla ein Haus gemietet. Für einen Tag fuhren Jochens Eltern zurück nach Hamburg, weil eine Filiale ihrer Gewürzmühle bombenbeschädigt wurde.

„Sie gerieten in einen Fliegeralarm und mussten in den Luftschutzkeller, sind aber in plötzlicher Panik aus dem Keller gestürzt und zum benachbarten Park gelaufen. Das Chlorophyll hätte gegen die Phosphorbomben Schutz geboten. Aber wenige Schritte vor dem Park ging eine Bombe nieder", hat Jochens Großmutter ihrem Enkel später erzählt. „Im Luftschutzkeller platzte ein Wasserrohr. Dadurch haben alle anderen den Angriff überlebt."

25 Jahre später stand ich in einer Nürburgring-Box neben Jochen, als ein Deutscher auf ihn zukam. „Herr Rindt, ich war der beste Freund Ihres Vaters. Bei Kriegsausbruch hatten wir vereinbart: Sollten wir Kinder haben und einem von uns etwas zustoßen, kümmert sich der andere um dessen Kinder."

Plötzlich war ein Schatten in Jochens Gesicht. „Dann hätten also Sie sich um mich kümmern müssen", sagte er leise, ohne Vorwurf, aber enttäuscht.

Er wuchs bei den Großeltern in Graz auf. Der Opa, Dr. Martinowitz, war ein sehr bekannter Rechtsanwalt, die Oma verwöhnte ihn mit viel Liebe und Geschenken. Jochen bekam als Erster der ganzen Schule eine Eishockeyausrüstung, war schon als Jugendlicher in Graz als „der Rennfahrer" bekannt.

Ruckerlberggürtel 16 – wo erst 1995 eine Gedenktafel montiert wurde – war Rindts erste Adresse, die Rolf-Markl-Villa in Wien-Hietzing die zweite. Aus Paris zog Jochen mit Nina später weg, „weil das Telefonieren schwierig und auf dem Flughafen nie ein Parkplatz frei ist." Les Muids am Genfer See sollte die endgültige Adresse sein. „Das internationale Flair", sagte mir Jochen, „wird mir einmal abgehen, wenn ich nimmer so viel reise ..."

Karl-Jochen Rindt, wie er wirklich hieß, hatte immer einen deutschen Pass, aber immer die österreichische Lizenz. Die Deutschen wählten ihn nie zum Sportler des Jahres, „weil er für Österreich fährt", die Österreicher nie, „weil er ja Deutscher ist." Jochen hat's verschmerzt.

Die vielleicht außergewöhnlichste Karriere, die je ein österreichischer Sportler erlebte, hat in der Perspektive der 60er-Jahre etwa so begonnen: Abenteuerlust, Erlebnisgier treibt Rindt als 19-Jährigen ans Lenkrad schneller Tourenwagen. Nach einer stürmischen, risikoreichen Saison im Formel-Junior-Rennwagen (1963) ist sich die Fachwelt einig: „Wenn er am Leben bleibt, wird er Weltklasse." Als Außenseiter kämpft er 1964 in der Formel II gegen die Fabrikrennställe an, fasst im Rennsportparadies England Fuß. Als erster Österreicher erhält er einen Werksvertrag für die klassische Formel I. Rückschläge im veralteten Cooper lassen ihn unbeirrt. In einem Ferrari erzwingt er 1965 nach unfassbarer Aufholjagd die erste Sternstunde seiner Karriere: Triumph im 24-Stunden-Rennen von Le Mans. 1966 pilotiert er den PS-schwachen, übergewichtigen Cooper-Maserati nach zwei Dritteln der Saison auf den zweiten Platz. Experten bescheinigen ihm, dem „Phänomen Jochen Rindt", die Qualifikation zum Weltmeister. Berühmte Asse – Leitsterne auf seinem Weg nach oben – sind bald seine Rivalen. Er sagt als Erster offen: „Es gibt keine Freundschaft zwischen Rennfahrern." Und er sagt auch: „Manchmal ist die Angst bei mir."

So stand es im Klappentext unseres ersten gemeinsamen Buches: „Einer von ihnen: Jochen Rindt." Mit schwarz-grünem Cover und einem Vorwort von John Surtees. Das liegt Ewigkeiten zurück. Und eine Zeitreise macht immer noch traurig.

Der Mythos Jochen Rindt, das Bild des mutigen Helden, der von der Technik getötet wurde, ist in der Erinnerung von Millionen lebendig geblieben. Nicht nur in Österreich, sondern überall auf der Welt, auch jetzt noch, mehr als drei Jahrzehnte danach.

Jochen Rindt, das war der Ayrton Senna von damals, der Schnellste und Beste seiner Zeit. Ich habe ihn über seine ganze Karriere begleitet, als Freund und Reporter: Die stürmischen Anfänge, die ersten Sternstunden und Abenteuer. Le Mans, Indianapolis, bis zur großen Siegesserie, um die er so lange gekämpft hat. 50 Rennen (!) bis zum ersten Sieg – aber darauf hat er cool gewartet:

„Es geht nicht darum, einen Grand Prix zu gewinnen, es geht darum, dass ich Weltmeister werde", sagte mir Jochen 1969 in einem unserer vielen Fernseh-Interviews. „Einen Grand Prix zu gewinnen, ist mir zwar auch noch nie geglückt, aber das sollte nicht so ein Problem sein," war seine Überzeugung.

Und irgendwann um die Jahreswende 1969/70, leise und vertraulich, etwas trotzig, beim Heurigen: „Ich möchte nächstes Jahr Weltmeister werden und der größte Name im Motor-Business. Dann verdien ich Millionen … wenn ich keine Brezn

Traumhochzeit in der ältesten Kirche Helsinkis: Jochen und Nina 1967.
Rechts: Das Haus am Genfer See, das Jochen selbst entworfen, in dem er aber nie gewohnt hat.

reiß." Die Verharmlosung seiner Unfallangst mit dem defektanfälligen Lotus ...
Watkins Glen 1969 war sein erster GP-Sieg, Monte Carlo 1970 sein zweiter.
Bilder, die einen nicht loslassen: Das verschwitzte Gesicht, die struppige Frisur, das Wetterleuchten in den Augen – wie bei Hermann Maier nach seinem gigantischen Comeback-Triumph in Kitzbühel. Nur ohne Träne.

Jochen nach der spannendsten Aufholjagd der Formel-I-Geschichte: „Ich hab mir noch nie gedacht, dass ein Autorennen spannend sein kann. Aber das wurde so richtig spannend. Das war eine 50:50-Chance, dass ich Jack Brabham noch erwisch oder dass ich ihn eben nicht erwisch und ich muss sagen, ich war selbst sehr aufgeregt."

Jochen hatte einen sehr schlechten Startplatz, lag anfangs nur an 8./9. Stelle, hatte auch Bremsschwierigkeiten. „Ab der 30. Runde hat's dann besser funktioniert und ich hab angefangen aufzuholen. Gewonnen! Ich kann's selbst nicht glauben."

Seine letzte Runde, die schnellste im Rennen, war 2,3 Sekunden besser als im Training. Und mit dem Preisgeld gambelte er die halbe Nacht mit Bernie Ecclestone im Casino.

Als Jochen Rindt knapp vier Monate später nach Monza kommt, ist er nach Punkten fast schon uneinholbar. Er schwebt total im Hoch, ist aber manchmal auch nachdenklich.

„Ich hatte diesen Sommer auch Glück. Meine Siegesserie fängt an, mich zu beunruhigen."

Rindt hat seinen Lotus-Chef Colin Chapman ersucht, den Lotus 72 – das erste Rennauto mit innen liegenden Bremsscheiben und dünnen, noch dazu hohlen Bremswellen – stärker zu bauen. Hat ihm sogar angeboten, für eine gewisse Zeit Gewicht abzunehmen. „Schreib ruhig in den Vertrag hinein: Ich verpflichte mich, so und so viele Kilos abzuhungern, wenn du die Bremswellen und Radaufhängungen um so viel stärker baust – damit du kein Gewichtshandicap mit dem Auto hast."

Samstag, 5. September 1970, 14:20 Uhr:

Im Abschlusstraining bricht die rechte vordere Bremswelle beim Anbremsen der Parabolica.

Die Bilder des Unfalls, aufgenommen von einem englischen Kameramann, habe ich in meiner Rindt-Dokumentation 1995 zum ersten Mal gezeigt. Der Kameramann war nach dem Monza-Unglück Weltumsegler geworden, aber ich wusste immer, wo ich ihn und seine Filme finden konnte.

Die Apokalypse von Monza: Die Rettungsmaßnahmen leider Gottes total unzulänglich, kein Hubschrauber, nur ein Feldlazarett, und der Rettungswagen steckt hilflos im Stau Richtung Mailand.

Jochen Rindt verblutet.

Heute hätte er einen solchen Unfall mit absoluter Sicherheit überlebt. Aber 1970 gab es noch keine Karbonfiber-Chassis, die einen Anprall bis zu 400 km/h aushalten, und auch nicht die heutigen totalen Sicherheitsmaßnahmen mit Videoüberwachung, Safety Cars und Medical Cars, mit einem Medical Center mit Intensivstation und mit Rettungshubschraubern. Es war nicht einmal Mittelalter, sondern finsterste Steinzeit.

„Ohne Hubschrauber würde heute kein Training mehr beginnen", sagt Formel-I-Arzt Prof. Sid Watkins, Lebensretter so vieler Piloten, immer wieder.

„Aber damals wollte niemand die Hubschrauber, sie wären zu teuer und es wären ohnehin die Krankenhäuser in der Nähe ... Heute total inakzeptabel."

Jochen Rindt ist 28 Jahre alt geworden.

„He was a special person, a lovely guy, he was a special lovely guy!"

Nicht nur für Bernie Ecclestone ein besonders netter Kerl, sondern der Beste von damals, viel besser als alle anderen.

Max Mosley, der FIA-Präsident: „Ich glaub, er hatte ein Riesentalent, ein Riesennaturtalent. Es gibt viele Leute in der Formel I, die haben Mut, oft Riesenmut, aber nur wenige haben die Kombination von Charakter und Talent, um es auch noch ganz an die Spitze zu bringen. Aber der Jochen hatte beides, der war auch als Person sehr nett." Stimmt, aber nicht zu allen.

Für Jackie Oliver war er „arrogant, ohne jede Toleranz, wenn er jemanden für einen Idioten hielt. Aber für seine Freunde tat er alles." Da ist viel Wahres dran.

Frank Williams war immer Jochens Nummer-1-Fan: „Aber ich hab mich nie getraut, mit ihm zu verhandeln, weil er ein so viel besserer Business-Mann war als ich."

Rindt war der Wegbereiter einer der größten Sensationen der österreichischen Motorsportgeschichte: unserer unvorhersehbar gewesenen Entwicklung zur Formel-I-Nation.

Niki Lauda, wie gut habt ihr euch gekannt?

„Nicht so gut eigentlich, obwohl ich ihn immer verehrt hab als den großen Formel-I-Piloten, der immer mein Vorbild war. Persönlich hab ich ihn ein paar Mal getroffen." Das erste Mal bei einer Demonstration von Art Arfons Weltrekordauto „Blue Flame" auf dem Asperner Flugplatz.

„Da hat er mich unter den Zuschauern erkannt, ist zu mir gekommen. Ich war ganz stolz darauf, dass gerade ich als Anfänger vom Jochen Rindt die Hand geschüttelt krieg. Er hat mich auch gefragt, wie es mit meiner Rennfahrerkarriere ausschaut, und das war irgendwie nett von ihm."

War Jochen für dich ein Vorbild, Niki?

„Insofern, als er eine irrsinnige Autokontrolle hatte, irrsinnig schnell war vom Talent her und wirklich zur damaligen Zeit einer der Besten der Welt."

Und Gerhard Berger gesteht: „Ich hatte nie ein Vorbild, aber Idole natürlich schon. Rindt war immer einer, der das Rennfahren einfach verkörpert, allein der Gesichtsausdruck – das war einfach ein Rennfahrer. Und ein ganz schneller noch dazu. Die Erinnerungen an ihn wecken schon was Besonderes."

Jochen war eine starke Persönlichkeit, wusste immer genau, was er wollte. Er hat seine Persönlichkeit so weit entwickelt, dass er sich für viele Menschen, die mit dem Rennsport nichts zu tun hatten, charismatisch darstellen konnte – auch darin sind sich seine Nachfolger einig.

Für mich war er immer „der erste Österreicher am Mond", der „erste Austronaut" in einer Welt, die uns bis dahin ja völlig fremd gewesen war.

Ohne ihn hätte es in Österreich niemals zwei Rennstrecken gegeben. Der Grand Prix in Zeltweg wurde durch ihn initiiert, dann wurde eine zweite Rennstrecke gebaut: der Salzburgring. „Das war alles er", applaudiert Lauda heute noch, „denn Rindt hatte die Grundregeln für die Formel I in Österreich geschaffen."

Die österreichische Erbfolge in der Formel I hat das Ausland schon immer fasziniert. Ich glaube, dass es Lauda und Berger ein bissl leichter hatten. Weil es vorher den Jochen gegeben hatte – oder nicht?

Die Formel I von seinerzeit: keine Leitplanken, keine Rettungshubschrauber, keine Feuerlöscher, keine Karbonfiber-Chassis – und noch kein Sicherheitsdenken. Der hohe Preis, der damals dafür gezahlt wurde: zwei bis drei tödlich verunglückte Grand-Prix-Fahrer pro Jahr.

„Einmal leichter, einmal schwerer. Wenn man aus einem Land kommt, das schon einmal einen berühmten Rennfahrer hatte, anfangs vielleicht ein bissl leichter. Aber dann kommt einmal der Punkt, wo du verglichen wirst und dadurch vielleicht da und dort auch einen Nachteil hast."

Der Mann, der mit Herz und Talent zu seinen Siegen gekommen ist; ohne Intrigen, ohne Lobbying, ohne Stallorder. Aber immer mit totalem Einsatz.

Lauda: „Ich kann mich erinnern, wie er einmal auf der Motocross-Strecke in Großhöflein mit einem Mini eine Demonstrationsrunde gefahren ist – und sich dort überschlagen hat. Das war aber auch typisch für ihn, weil er immer an die Grenze gegangen ist. Was immer er getan hat – voll ans Limit."

Ich kann's bezeugen: viele Sportwagen-Runden auf dem heißen Sitz neben Jochen, Skifahren am Arlberg, viel action bei den „fliegenden Azteken", den Todesspringern, Swimmingpool-Abenteuer mit Bernie Ecclestone in Acapulco – gegen Ferien mit Jochen verblasst das heutige „Adrenalin-Programm" der McLaren-Piloten zum Kinderprogramm.

Karl Jochen Rindt, geboren in Mainz, ist bei den Großeltern in Graz aufgewachsen. Als Erbe der Gewürzmühle „Klein und Rindt".

Helmut Marko, ein Schulfreund, von dem wir noch sehr viel hören werden, erinnert sich an die häufigen Schulwechsel, die ersten Abenteuer mit frisierten Mopeds, die ersten Autos – noch ohne Führerschein.

„Er war wirklich intensiv und den ganzen Tag auf Skiern. Dann war ihm eines Tages langweilig und so kam er auf die Idee: Rund um die Hornbahn ein Skijöring zu veranstalten. Das heißt, wir haben uns hinten ans Auto angehängt, wer vorn langsam war, wurde sofort ausgewechselt. Und alles auf Zeit, mit Stoppuhr. Irgendwie kam uns

Im Gleichschritt Richtung WM-Titel: Die großen Rivalen Rindt und Stewart.

aber, weil's geschneit hat, ein Schneepflug entgegen, der plötzlich bis zur Vorderachse in unserem Auto drinsteckte. Das war aber auch noch kein Problem, das Auto wurde notdürftig ausgebeult – und die ganze Sache ging weiter." So haben damals Grand-Prix-Karrieren begonnen.

1961 machten Rindt und Marko so eine Art Vor-Maturareise zum Nürburgring.

„Da erinner ich mich noch genau: Die Anreise, die vielen Kurven in Adenau, dann kamen wir todmüde nach 14 Stunden am Nürburgring an, suchten uns eine Stelle, von der wir im Nachhinein herausfanden, dass es der „Schwalbenschwanz" war – und fielen dort in einen todesähnlichen Schlaf. Erst die Ferrari-Motorengeräusche am nächsten Morgen haben uns aufgeweckt."

Da war der Moment, in dem Jochen sagte: „Das mach ich auch!"

Der Initialzündpunkt, der bei ihm ausgelöst hat: Er will in den internationalen Motorsport.

Die damaligen Ferrari-Piloten waren Graf Trips und Phil Hill, gegen die schon Gotfrid Köchert gefahren war. Das Maturageschenk: ein Simca-Montlhery. Und dann ging's los:

Rennfahrerkurs, Rallyes, Bergrennen in Österreich und Südtirol, von der Großmutter gesponsert.

Die Abenteuer in Italien, Formel Junior im Team von Curd Barry ... bis mich englische Rennfahrer neulich erinnerten: „Heute vor fast 40 Jahren ist Jochen aus unserem Appartement zu seinem großen Pfingst-Wochenende aufgebrochen."

Im Formel-II-Rennen von Mallory Park wird er sensationeller Dritter. Und tags darauf steht er beim Rennen in Crystal Palace in der ersten Startreihe. „Ein Loner", bemerkte Jackie Stewart, „auch ein angehender Superstar", über Jochen. „Einer, der keine Hilfe nötig hat und auch nicht will, dass jemand glaubt, er brauche Hilfe." Und Graham Hill fragt leicht pikiert: „Was will dieser Boy bei uns in der ersten Startreihe?"

Eine Stunde später weiß er es: Rindt schlägt den berühmten Hill in einem atemberaubenden Duell, und tags darauf steht in englischen Zeitungen riesengroß: „Unbekannter Australier bezwingt Hill." Austria leuchtete damals noch nicht auf dem großen Rennsport-Globus.

Für Abergläubische: Rindt hatte sehr oft die Glücksnummer 21. Mit 21 gewann er sein erstes Formel-Junior-Rennen in Cesenatico, mit 21 sein erstes Formel-II-Rennen in Crystal Palace, mit 21 die 24 Stunden von Le Mans.

Er war längst reif für sein Formel-I-Debüt 1964 in Zeltweg. Im Brabham-BRM des englischen Renngentleman Rob Walker, davor und danach Teamchef von Stirling Moss, Jo Siffert, Joakim Bonnier usw. Ehe Walker, ein Urururenkel des legendären Johnny Walker kurz vorm Österreich-Grand-Prix 2002 starb, sagte er mir noch, was er von Jochen hielt: „Je mehr Erfolg er hatte, umso liebenswerter ist er als Mensch geworden." Normal ist es eher umgekehrt.

Schauplatz der Rindt-Premiere ist die bucklige Flughafenpiste von Zeltweg. Die Formel I damals: 1,5 Liter Hubraum und Reifen, die vier Rennen halten – Jim Clark gewinnt einmal sogar vier Grand Prix hintereinander mit denselben vier Reifen.

In Zeltweg verpatzt. Clark macht den Start, später beklagen sich viele Stars über die Piste: Eine Serie von Ausfällen, fast alle müssen an die Box, aber Jochen kämpft unerschrocken und kommt in einem wahren Teufelsritt bis auf den 5. Platz nach vorn. Dann bricht seine Lenkung.

John Cooper, der legendäre Teamchef und Pionier der kleinen Heckmotor-Renner, sieht zwei Unfälle seines Fahrers Phil Hill. Der Ferrari-Weltmeister von 1961 zerstört am Zeltweg-Wochenende zwei Cooper, einer brennt völlig aus. Bei Cooper brennt der Hut.

Am Saisonende wird John Cooper seinen Fahrer austauschen. Der neue Mann für 1965: Jochen Rindt. Das interessiert auch das Fernsehen.

Freunde und Wegbegleiter: Jochen Rindt mit Heinz Prüller – eines von hunderten Interviews.

„Sind Sie eigentlich der einzige Debütant in der Formel-I-Klasse, Herr Rindt?"

„Nein, da ist noch der zweite „fliegende Schotte", wie man in England sagt: Jackie Stewart. Er und ich sind die einzigen Debütanten und die zwei, die es am schnellsten geschafft haben. Binnen zwei, drei Jahren aus dem Nichts in die Formel I gekommen."

„Was ist das Schwierigere: Das Lenken auf einem Kurs oder das Schalten?", fragt Dr. Kurt Jeschko.

Rindt: „Das Schwierigste ist das Bremsen! Vom Bremsen hängt es am meisten ab. Das Schalten kommt dann im Lauf der Jahre, wird derartig zur Routine – und übrigens glaub ich, dass es in fünf, sechs Jahren sowieso nur noch Automatik gibt." In unseren Straßenautos ja – in der Formel I kam sie erst ein bissl später.

Ein Österreicher als Werksfahrer in der Formel I: ein Aufbruch in eine neue Welt für uns alle.

Rindt wird Vierter am Nürburgring, seine ersten WM-Punkte, und Sechster in Watkins Glen. Nicht schlecht fürs erste Jahr, neben einem so renommierten Teamkollegen wie Bruce McLaren.

„Wir sind uns als Teamkollegen nicht näher gekommen, aber das wollten wir, glaub ich, beide nicht. Dein Teamkollege, dein größter Feind. Weil er der Erste ist, an dem du gemessen wirst." Was mir Rindt 1965 sagte, gilt noch heute in der Formel I.

Reich wird Jochen anfangs nicht: 2000 Pfund ist sein Cooper-Jahresgehalt 1965, verdoppelt 1966 auf 4000 Pfund, nochmals verdoppelt 1966 auf 8000 Pfund, dazu gibt es drei oder fünf Pfund von der Reifen-, Öl- oder Zündkerzenfirma für einen Stockerlplatz. Fairerweise muss ich dazusagen: Das Pfund war damals auch rund 5 Euro wert.

Unbezahlbar dafür Jochens Sternstunde 1965: Sein Sieg im traditionsreichen 24-Stunden-Rennen von Le Mans, für viele das größte Rennen der Welt. Ich mach aus Le Mans meine erste Radioreportage und frag Jochen: „Willst mich nicht begleiten?" Er hat kein Auto, will lieber zur Großmutter nach Graz oder zu Köchert zum Traunsee. Im letzten Moment klappt ein Vertrag mit dem North American Racing Team von Luigi Chinetti.

„Ein privater Ferrari 250 LM. Ich bin schon am Flugplatz – Servas, bis morgen in der Box". Typisch Jochen. Und viele glauben: Mit einem solchen Auto kann er nicht einmal einen Blumentopf gewinnen. Und mit einem solchen Copiloten: Masten Gregory. Ein bebrillter Ami mit tiefer Stimme, hat den Kriegsnamen „Catastrophy-Masten" oder „Crash me, Gregory", weil er schon fünf oder sechs Mal nach Bremsdefekten aus fahrenden Autos gesprungen ist – auch dann, wenn es gar nicht notwendig war ... Zermürbende Defekte werfen den Rindt/Gregory-Ferrari am Samstagabend hoffnungslos zurück. Als ich Jochen in der Box treffe, ist er bereits umgezogen und will nur noch weg. „Keine Chance mehr, zu gewinnen!" Worauf ihn Gregory wie ein Medizinmann beschwört: „Spinnst du? No chance to lose. Keine Gefahr mehr, das Rennen zu verlieren." Worauf die beiden einen Pakt schließen: „Ab jetzt nur noch Vollgas! Entweder bricht das Auto endgültig auseinander – oder wir kommen durch und gewinnen."

So beginnt – Samstag um 19 Uhr, drei Stunden nach dem Start – der 21-Stunden-Grand Prix von Le Mans. Rindt/Gregory entfesseln eine sensationelle Aufholjagd, überleben die Werks-Ferraris, bei denen die Scheibenbremsen k. o. gehen, überholen Wagen um Wagen. Und widersetzen sich sogar den ängstlichen Ferrari-Boxenbefehlen, dass die Privat-Ferraris sich nicht mehr gegenseitig überholen dürfen – damit sie nicht auch noch ausfallen.

Was ist die schwierigste Phase des 24-Stunden-Rennens?, frage ich Jochen, und er sagt: „Wenn die Nacht in den grauen Morgen übergeht." Genau die Zeit, in der Rindt den Ferrari zum ersten Mal auf Platz 1 nach vorn peitscht. Durch ein Wunder hält der Ferrari, aber den letzten Turn will Gregory fahren: „Jochen, bitte lass mir die Zielflagge. Du bist jung, du wirst noch so oft Le Mans gewinnen. Ich nicht mehr ..."

Als Gregory um 16 Uhr die Zielflagge kassiert, sagt Jochen müde, aber happy, fast tonlos in mein Radiomikro: „Er ist durch." Und ein paar Oberscheite anaylsieren: „Seht ihr, das ist die richtige Taktik, Le Mans zu gewinnen: zurückhaltend am Samstag, und in der Nacht auf Ankommen fahren." Wir schreiben eine Ansichtskarte nach Wien: „Liebe Grüße vom 3-Stunden-Rennen von Le Mans. Sind 21 Stunden länger aufgeblieben ..."

Erst lange nachher wissen wir, welch Glück es war, dass nicht Rindt, sondern Gregory die letzten Runden fuhr: Das Getriebe war schon arg malträtiert – und ging in der Auslaufrunde endgültig k. o. Jochen: „Ich hätte sicher bis zum Schluss Vollgas gegeben – und wer weiß ..."

Fünf Jahre später war Gregory wieder in Le Mans: für die Dreharbeiten zum berühmten Film mit Steve McQueen, als ihn die Schock-News erreichten: Jochen in Monza verunglückt. In Le Mans hatte Rindt, wie bei fast allen seinen großen Triumphen, die Startnummer 21, in Monza 22 – um eins zu viel.

In der Formel I fehlt Rindt lange Zeit das richtige Auto, aber in der Formel II ist er der absolute König, auch wenn Jacky Ickx meint: „Rindt als König nur der

Formel II zu bezeichnen, hieße ihn zu beleidigen." Jedenfalls gewinnt er total 29 Rennen, mehr als jeder andere, gegen praktisch die gleiche Konkurrenz wie in der Formel I, nur mit gleichwertigem Material.

Anfangs mit seinem eigenen, für 280.000 Schilling gekauften Brabham, dann für das Team des anglo-amerikanischen Geheimagenten Roy Winkelman, der seine CIA-Abfertigung in ein großes Geldtransporter-Unternehmen gesteckt hat, und schließlich mit dem Rindt-Ecclestone-Team-Lotus-Wagen, bei dem ihm sein Freund Bernie hilft.

Er gewinnt einfach überall. In der Windschattenschlacht von Reims, bei der drei, vier Autos nebeneinander über die Ziellinie rasen, im Unfallrennen von Snetterton, wo Rindt nach einer bösen Karambolage anderer aussteigt, um einem verunglückten Piloten zu helfen – er wird später vom Team scharf gerügt: „Es darf während des Rennens kein Stehenbleiben geben."

Jochen Rindt, der Mann, mit dem in Österreich alles begonnen hat, vernetzt Österreich mit der großen Welt des Motorsports. Einmal, beim Frühstück im Café Dommayer, fasziniert ihn eine kurze Zeitungsnotiz: 60.000 Besucher bei einer Briefmarken-Ausstellung. Die Registrierkassa in seinem Hirn springt sofort an: „Wieviel, glaubst, du, kämen dann erst, wenn ich eine Rennwagenausstellung mach?"

Das ist die Geburtsstunde der Rindt-Show. Jochen bringt Stars von Juan Manuel Fangio bis zum Silberpfeil-Rennleiter Alfred Neubauer nach Wien, er schult Streckenposten, leitet Nachwuchskurse – als Vorbild für alle.

Der ganze österreichische Motorsport in seinen Spuren und in seinem Windschatten.

Und immer wieder Rennen, Rennen, Rennen, bis zu 50 im Jahr. An einem einzigen Nachmittag in Innsbruck-Kranebitten fährt er vier Rennen – und natürlich gewinnt er alle. Er fährt immer und überall: Formel I, Formel II, Tourenwagen, Prototypen, Le Mans, Indianapolis, wo wir mit drei Grand-Prix-Piloten, in ein kleines Mietauto gepfercht, gemeinsam zur Strecke fahren, die mehr Todesopfer gefordert hat als jede andere Arena: in den „Nudeltopf für Bleifußpiloten", das legendäre Oval, am 30. Mai 1967.

„Was ist das eigentlich für ein Tag, dieser Memorial Day?" fragt mich Jochen kurz vorm Start. Er steht in der letzten der elf Dreierreihen, neben Graham Hill und einem Indianer namens Al Miller.

„Das amerikanische Allerseelen", antworte ich ihm, „aber es ist mehr ein Heldengedenktag." Jochen schaut plötzlich ernst und nachdenklich, dann sagt er leise, fast zynisch: „Günstiger Tag heute."

An Indy, sagt er ganz offen, interessiert ihn nur das Geld. „Wenn du nicht gewinnst, ist die Prozession mit Tempo 300 viel zu gefährlich – und sinnlos." Nach 121 der 200 Runden verlässt Rindt die Front: Motorschaden. Aber er war um rund 12.000 Dollar reicher geworden.

Kein großes Geschäft war die Feuerzeug-Party am Nürburgring. Jemand vergatterte alle 30 Formel-I-Piloten zu einem Mannschaftsfoto, plötzlich hatte jeder ein Feuerzeug in der Hand – und schon wurde fürs Reklamefoto eifrig geknipst. Geld bekam keiner, nur Jackie Stewart brüllte zum Spaß als Erster: „Wo ist mein Agent?" Dafür hatte er später Zeit genug, mit Jochen zu wetten, ob die bildhübsche Filmschauspielerin, heutige Ärztin Marianne Koch, unter der Sommerbluse einen BH trage oder nicht. Das war lang, sehr lang vor den Boxenludern von heute.

Die Rennfahrer der Sixties hatten noch Zeit für Partys wie im Sporting Club in Monza – noch ohne Sponsoren und daher auch ohne Anwesenheitspflicht. Aber alle amüsierten sich. Am meisten bei Graham Hills jährlicher Londoner Grand-Prix-Party in seinem Haus in Mill Hill. Einmal im Jahr durfte auch Grahams Bub länger aufbleiben – der spätere Weltmeister Damon Hill.

„Es waren lustige Feste von Daddy Graham, Jochen war immer dabei, ich hab ihn mir gemerkt: wegen seines komplett unenglischen Namens und seiner immer sehr attraktiven Begleitung."

Das war, als Rennfahrer noch Freunde waren und einander nicht hassen mussten.

„Stimmt", bestätigt mir Jackie Stewart heute, „damals war alles noch viel freundschaftlicher. Wir sind zusammen gereist, haben zusammen gewohnt, zusammen sind wir Rennen gefahren, haben gesportelt und geblödelt. Was soll der heutige Schwachsinn, Rennfahrer dürfen zu ihrem Gegner nicht mehr freundlich sein?" Für Stewart unbegreiflich.

In der Regenhölle von Spa 1966 führt Rindt zum ersten Mal in einem Grand Prix nach einer katastrophalen ersten Runde mit neun Unfällen, als das ganze Feld in der Burneville-Kurve mit 300 km/h in eine plötzliche Regenwand hineinrast. Auch Rindt dreht sich neun Mal (!), aber als die Cooper-Maserati-Schnauze wieder nach vorn zeigt, gibt er unvermindert Gas. Nur wegen eines defekten Differenzials muss er kurz vor Schluss John Surtees (Ferrrari) vorbeilassen.

Eine gefährliche Zeit: Rennfahren ohne Leitplanken, ohne Sicherheitsgurt, aber auch ohne das große Geld. Rindt fährt großartige Rennen, führt oft, ist nach Brands Hatch sogar WM-Zweiter und da gratuliert auch „Zeit im Bild". Daraufhin Rindt: „Danke vielmals, aber so gut war's leider nicht ..." Kein „bullshitter", wie die Engländer sagen, keiner, der Ausreden sucht. Auch das macht ihn so populär. Immerhin wird Rindt 1966 mit dem schwergewichtigen Cooper-Maserati WM-Dritter. 1967 reicht es nur noch zu zwei vierten Plätzen. Beim letzten Rennen geht der Motor k. o., worauf Jochen mitleidlos erzählt: „Ich hab dem Motor noch einen festen Extra-Tritt gegeben, um ja sicherzustellen, dass er hin ist." Sein Teamchef Roy Salvadori, ein Exrennfahrer, hält ihm zufällig sein gesundes Ohr hin, nicht jenes, auf dem er taub ist, seit er mit dem Rennwagen in einen Teich gestürzt ist. Das ist Jochens Abschied von Cooper.

John Cooper ist Ende 2001 gestorben, das Cooper-Werk in Surbiton ist heute eine Polizeistation, aber ich fand Jochen Rindts ersten Teamchef 1995 noch in seinem neuen Autohaus an der englischen Südküste – dort, wohin Jochen als Austauschstudent geschickt wurde, um Englisch zu lernen, „aber ich verbrachte den ganzen Sommer lieber beim Segeln."

John Cooper über Rindt: „Er war ein leidenschaftlicher Rennfahrer, aggressiv und ehrgeizig, ohne jeden Zweifel der Ayrton Senna von damals. Er fehlt uns allen sehr. Aber damals war die Formel I ein Sport für Könige, Unfälle gehörten zum Charisma der Piloten, waren sogar Teil des Business. Wie die Abstürze und Abschüsse der Fighter-Piloten im Zweiten Weltkrieg."

Keine Fliegerbaracke, sondern die erste Werkstätte von Jack Brabham in Guiltford bei London war Jochens nächste Adresse. Er fuhr 1968 für Jack Brabham, und der Mechaniker hieß Ron Dennis. Der gleiche Dennis, der heute als McLaren-Direktor hochtrabend behauptet: „I never had a boss in my life." – Er hatte niemals jemandem über sich. Meiner Erinnerung nach war aber damals Jack Brabham der Chef von Brabham.

Schauen wir uns den Brabham-Repco von 1968 näher an: Ein 8-Zylinder, man sieht es an den Ansaugstutzen, das Chassis ist halb Monocoque, also ein Rahmen, der mit Blechen verschweißt ist. Das spartanische Cockpit hat einen Tourenzähler und Armaturen für Öldruck, Öltemperatur, Wassertemperatur und Benzindruck – that's all.

Aber das Interessanteste an diesem Auto sind die Flügel: Schaut aus wie ein Doppeldecker. Hinten ein Flügel, vorn einer – umgekehrte Flugzeugtragflächen.

Rindt hat Poleposition in Rouen und Kanada, aber sehr viele Motorschäden und nur zwei dritte Plätze. Noch ein langer Weg bis in die Galerie der Weltmeister.

Die meisten Rindt-Autos stehen heute im Donington-Museum, einem Wachsfigurenkabinett der Formel I. Als Puppen: Jim Clark, der 1968 in Hockenheim verunglückt, und Juan Manuel Fangio, der im Sommer 1995 gestorben ist.

Nachgebaute Boxen, Mechaniker im Stil der Salzburger Marionetten, Boxenidylle mit Ölkannen, Benzinkanistern und noch ohne Computer.

Jochen Rindts Autos zu sehen, ist schon allein den Besuch wert: Alle sind sie da: die dunkelgrünen Cooper-Modelle, der 12-Zylinder-Maserati-Motor, die hellgrünen Brabhams mit dem gelben Längsstreifen, das legendäre Cosworth-Geisterauto mit dem revolutionären Vierradantrieb, extra für Jochen Rindt gebaut, aber wegen plötzlicher Sponsorprobleme niemals eingesetzt.

Und natürlich die Lotus-Wagen von 1969/70 mit den innen liegenden Bremsscheiben und dem galgenartigen Heckflügel.

1969 fährt Rindt endlich fürs große Geld: für 43.000 Pfund von Lotus. Colin Chapman hat ihn letztlich als Nachfolger für Jim Clark engagiert, Jochen aber bis zuletzt gezögert. Die Würfel fielen im Oktober 1968 in Mexico City. Als wir nach einem langen Abendessen die Avenida Reforma runtergingen, dachte Jochen laut: „Ich kann nicht fürs halbe Geld bei Brabham weiterfahren, wenn mir Lotus das Doppelte bietet."

Bernie Ecclestone handelte den Vertrag mit Colin Chapman aus, aber erst beim spanischen Grand Prix in Barcelona unterschrieb Jochen. Noch vorm ersten Schock: dem gefährlichen Heckflügelbruch, der ihn, in Führung, aus dem Rennen riss.

So rasch wie möglich war ich – mit Bernie Ecclestone und Jackie Stewart – bei ihm im Krankenhaus.

„Im ersten Augenblick des Unfalls merkst du gar nichts, du beobachtest wie als dritte Person, was passiert. Ich wollte immer wissen, was Jim Clark bei seinem Unfall in Hockenheim noch gedacht und gespürt hat und ich glaube jetzt, ich weiß es: nichts. Mir wurde nur nachher von Augenzeugen gesagt, dass der Flügel nach rückwärts weggeflogen ist", berichtete Jochen leise. „Diese Flügel sind überhaupt ein Wahnsinn und sollten auf Rennautos nicht erlaubt sein." Es hat schon einmal einen schweren Lotus-Unfall wegen dieser Flügel gegeben, erinnere ich ihn, und er seufzt: „Bei Colin Chapman eine Weisheit in den Schädel reinzukriegen, ist ja unmöglich."

Jochen, hast du durch den Unfall das Vertrauen zu Lotus verloren?

„Ich hab zu Lotus noch nie ein Vertrauen gehabt, nur ein reines Geschäftsverhältnis."

Ich glaub, du hattest da einen zweiten Geburtstag?

„Es hat ein Vermögen gekostet, aber ohne die doppelten Leitplanken wären heute mit ziemlicher Sicherheit zwei Grand-Prix-Fahrer weniger", sagt mir Jochen im Krankenhaus und kritisiert den Lotus-Chef öffentlich, was sich noch keiner getraut hat.

„Ich hab natürlich ihm die Schuld gegeben, zu Recht, denn er hätte ja ausrechnen müssen, dass der Flügel brechen muss, was er auch im Nachhinein getan hat."

Als ich Monate später Rindt und Chapman in Monza zum TV-Doppelinterview bat, verteidigte sich Chapman : „In Barcelona gerieten Hill und Rindt in Gefahren, die nie vorauszusehen waren. Ich möchte einen solchen Tag nie wieder erleben."

Rindt beharrte: „Es brechen sehr viele Formel-I-Wagen, aber der Lotus hält noch immer die Spitze."

Irgendwann im Sommer 1969 fiel Chapman ein englisches Motormagazin mit Rindt-Cover in die Hände. Der Titel lautete: „Ist dieser Mann der perfekte Rennfahrer?" – „Glaub das ja nicht, Jochen", heulte Chapman auf, „du bist gut im Cockpit, aber ein Bastard außerhalb."

Colin Chapman verglich für mich seine zwei Traumpiloten:
„Jimmy Clark war immer ruhig und introvertiert, Jochen ist unverblümt, offen und direkt. Aber beide sind fabelhafte Rennfahrer".

Fehlt nur noch, dass Rindt Colin Chapmans Charakter beschreibt:
„Das ist, glaube ich, ein sehr schwieriger Charakter. Er möchte natürlich gewinnen, nur manchmal gehen unsere Wege auseinander, wie er gewinnen will und wie ich gewinnen will. Und darum gibt es wahrscheinlich oft Streitereien."

Die nächsten, besonders arg, in Silverstone.
Rindt hat Poleposition, bis der Heckflügel wegreißt und ihm später auch noch der Sprit ausgeht.
„Damit hat Jackie Stewart die WM gewonnen. Tyrrell ist offenbar das einzige Team, das die Autos so baut, dass sie nicht auseinander fallen. Aber Lotus will immer schneller sein und vergisst dabei, dass die Autos auch bis zum Ende fahren müssen."

Monza 1969: Freundlicher Boxentratsch zwischen Rindt und Stewart – heute undenkbar zwischen Schumacher und Montoya oder Coulthard.
Rindt hat einen Trick versucht, den Heckflügel abmontiert, um auf der Geraden schneller fahren zu können. Stewart kommt ihm drauf, fährt selber Bestzeit, aber Rindt holt die Poleposition zurück, führt in der Windschattenschlacht auch sehr lang, verpasst aber seinen ersten Sieg ganz knapp: nur um Reifenbreite.
„Ich hab nicht gewusst, dass es schon die letzte Runde war", sagt er aus dem Cockpit, das Gesicht rußgeschwärzt, Zigarette im Mund – also gar nicht stromlinienförmig, adrett und durchgestylt wie die Sieger von heute.
Aber sein Verhältnis zu Colin Chapman wird besser.
Colin Chapman will, das Jochen bleibt, Jochen eigentlich auch, „weil das Au-

to sehr, sehr gut ist, Lotus sehr viele Vorteile hat und ich natürlich hoffe, dass ich ihn überreden kann, das Auto etwas stärker zu machen."

Und Rindt gewinnt zu Saisonende 1969 endlich seinen ersten Grand Prix, im 49. Anlauf den Großen Preis der USA in Watkins Glen. Typisch Rindt: das teuerste Rennen des Jahres. „Natürlich das Rennen, das wegen dem Preisgeld jeder gewinnen möchte: 50.000 Dollar für den Sieger!"

Watkins Glen 1969 – die große Rindt-Show.

Die nächste, die letzte von ihm organisierte, folgt, wie jedes Jahr, im Wiener Messepalast.

„Eigenlob stinkt normalerweise, aber ich glaube: Es ist wirklich die größte Ausstellung, die es je gegeben hat in Bezug auf Rennwagen, Prototypen und überhaupt Spezialkarosserien der großen Automobilwerke und ich bin sehr, sehr stolz." Und manchmal, wenn wir über das Risiko reden, sagt er: „Ich könnte allein von meiner Rennwagenshow leben ..."

Jochen Rindt, der Geschäftsmann und der Privatmann: Bis das neue, von ihm selbst entworfene Haus in Les Muids, die Villa Jonin (= Jochen und Nina), 300 Meter von Jackie Stewarts „Clayton House" fertig wird, lebt Jochen im gemieteten Haus des ehemaligen Boxweltmeisters Ingomar Johansson.

Mit Nina, die er 1967 geheiratet hat, und mit Natascha, die im August 1968, drei Tage nach Jochens drittem Platz in der mörderischen Nürburgring-Regenschlacht zur Welt gekommen ist.

Nina, die Tochter des finnischen Rennfahrers Kurt Lincoln und gut bezahltes Model, hat ihren Job aufgegeben, um bei Jochen zu sein. Es ist ein aufregendes Leben voller Spannungen. Jochen sagte mir einmal: „Jeder Tag bringt uns dem Ende näher, keiner weiß, wie lange er lebt, daher hast du die Pflicht, möglichst viel möglichst rasch zu tun."

Ein Leben in full speed, immer im sechsten Gang. Jackie Stewart erinnert sich noch heute, wie oft Jochen mit seinem Motorrad in seine schönsten Rosenbüsche gestürzt ist.

Der erste Grand-Prix-Sieg hat von Rindt viel Druck genommen, er wird immer gelöster. Aber ein Schatten ist immer da: „Meine Sorgen beziehen sich hauptsächlich aufs Rennfahren und meine größte Sorge ist, dass am Auto nichts bricht. Ich fühle, dass ich persönlich gut genug bin, um keinen Fehler zu machen. Ich bin aber nicht sicher, dass ich das Auto kontrollieren kann, falls etwas am Auto schief geht."

Die Sorge wächst, als Rindt zum ersten Mal den neuen Lotus 72 probiert: mit vorne innen liegenden Bremsscheiben, dünnen hohlen Bremswellen, seitlichen Kühlern.

Der Lotus 72, sicher das genialste und beste Rennauto seiner Zeit, aber auch das gefährlichste.

Rindts schicksalhafte Saison 1970 beginnt in Kyalami (Südafrika) mit dem ersten Schock: „Gleich nach dem Start, in der ersten Kurve, bin ich von Brabham angeschoben und durch die Luft geschleudert worden." Zwei Meter hoch, berichten Augenzeugen.

Jack Brabham gewinnt. Es sieht aus, als könnte er mit 40 Jahren noch einmal Weltmeister werden.

Madrid-Jarama ist überschattet von der Feuerkarambolage zwischen Ickx und Oliver.

„Ich bin eines der Autos hinter Oliver, binnen zehn Sekunden ist die ganze Straße voll Feuer." Die Piloten bleiben unverletzt, Stewart gewinnt vor McLaren und Rindt fürchtet nach einem Trainingsunfall: „Falls bei dem Auto etwas schief geht …"

Darum wechselt er für Monte Carlo vom Lotus 72 zurück auf den alten, erprobten Lotus 49.

„Das Auto ist sicherlich gut für Monaco, weil es relativ stark ist. Und ich hoffe, dass ich das Rennen zu Ende fahr. Ich bin in Monaco noch nie über 56 Runden hinausgekommen."

Die Dokumentation eines Märchen-Grand-Prix: Rindt 1970 in Monte Carlo. Miserabler Startplatz, lange eingeklemmt im Verfolgerpult, vorne Stewart, dann Brabham in Führung, aber letztlich die unglaublichste Aufholjagd, die man in Monte Carlo je gesehen hat.

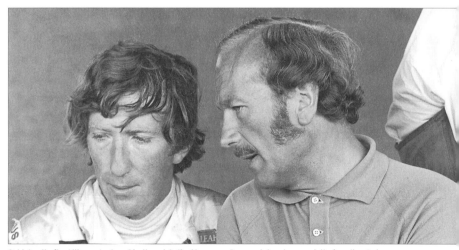

Schicksalhafte Allianz: Jochen Rindt und Colin Chapman. Der geniale, aber zu risikofreudige Lotus-Chef starb 1982 an Herzschlag.

„Spannend! In der letzten Haarnadel hat Brabham sich verbremst, ich war neben ihm, er ist geradeaus gefahren und ich bin um die Kurve gekommen." So simpel ist das Manöver, das Millionen vor den TV-Schirmen fasziniert. „Aber Brabhams Nerven haben sicher versagt."

Der völlig überraschte Rennleiter vergisst, Rindt abzuwinken, auch er ist von diesem unglaublichen Finish hingerissen. Und dann klettert zum ersten Mal ein Österreicher in die samtbezogene Fürstenloge, um den Pokal abzuholen.

Jochen verbeugt sich vor dem Fürstenpaar höflich, und die Fürstenkinder Caroline, Albert und Stephanie applaudieren.

Nächste Station ist die belgische Ardennen-Piste von Spa: Diesmal nicht bei Regen, sondern bei heißem Sommerwetter. Die damals schnellste Formel-I-Strecke der Welt. Aber Rennfahrer ohne Bedenken, teils sogar Fatalisten. Einer fehlt: Bruce McLaren, bei CanAm-Testfahrten in Goodwood tödlich verunglückt, weil ein Karosserieteil weggeflogen war – die Mechaniker fanden später die Schraube auf der Piste.

Jochen war schockiert, tief betroffen: „Bruce McLaren – der Mann, der immer ins Ziel kommt. Und der Letzte, der einen Unfall haben könnte." Haben wir immer geglaubt.

Die erste Startreihe in Spa: Chris Amon auf March, Rindt und Stewart.

Ein gelungener Start, aber dann wartet die Lotus-Box lange auf Jochen, bis er zu Fuß zurückkommt: „Leider ist mein Motor zerplatzt. Schade, denn ich hatte gerade Ickx überholt, lag auf dem 4. Platz, gleich hinter Stewart." Aber durch den Außenseitersieg von Pedro Rodriguez ist die WM quasi neutralisiert.

Dann kommt Zandvoort: Die Tragödie von Piers Courage, einem Spross der englischen Bierbrauer-Dynastie, Jochens bestem Freund unter den Rennfahrern, der nach Reifenschaden beim Tunnel Ost in einer Flammenhölle ums Leben kommt.

Es ist Jochens traurigster Sieg. „Piers war hinter mir und ich hab das brennende Auto gesehen – die ganze Umgebung hat gebrannt – sein blauer Helm ist daneben gelegen. Dadurch hab ich gewusst, dass es Piers war. Mir war nur nicht klar: Ist Piers noch herausgekommen? Man hat in den Flammen das Auto nicht gesehen. Oder ist er noch drin?"

Der schreckliche Verdacht bestätigt sich: Rindt weint unterm Lorbeerkranz um Piers Courage. Er denkt auf der Fahrt zum Flugplatz – im Taxi mit Bernie Ecclestone – an Rücktritt. Und der Freund rät ihm: „Wenn dir nach Aufhören zumute ist, musst du sofort aussteigen, dann warte nicht bis Saisonende."

In Clermont-Ferrand fährt Rindt mit leerem Herzen: nur Sechster im Training, außerdem verletzt im Gesicht durch Steinschlag beim Training.

König ohne Krone: Jochen Rindt, Österreichs erster Formel-I-Weltmeister – und der erste posthume Champion der Grand-Prix-Geschichte. Ein Charaktertyp mit Charisma, wie man ihn heute in den Boxen nicht mehr findet.

Jochen Rindt privat: Bisher noch nie gezeigte Fotos von Milan Schijatschky. So lebten Jochen und Nina im gemütlichen Blockhaus am Genfer See, das sie vom ehemaligen Box-Weltmeister Ingomar Johansson gemietet hatten – bis ihre eigene Villa „Jonin" fertig wurde. Nina, finnisch-russischer Herkunft, hat eine große Liebe zu Ikonen.

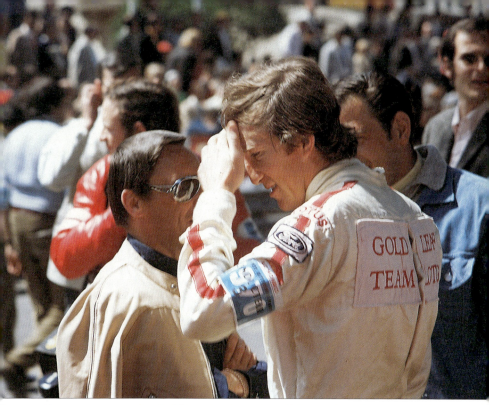

Was sagst du dazu, Bernie? Der heutige Multi-Milliardär und große Formel-I-Zampano Bernie Ecclestone (mit Sonnenbrille) war immer ein großer Rindt-Fan und perfekter Freund und Ratgeber. Er handelte auch den Vertrag mit Lotus-Chef Colin Chapman aus. Jochen wusste immer: „Mit dem Lotus 72 kann ich Weltmeister werden, aber auch verunglücken."

Monte-Carlo-Story: Unvergessliche Aufnahmen von Jochen Rindts größtem Triumph 1970. Bild oben: Fahrerbesprechung mit Bruce McLaren, Jack Brabham, Jochen Rindt, Jacky Ickx und Piers Courage. Jochen war zuvor in Monaco nie ins Ziel gekommen - seine unfassbare Aufholjagd mit dem Lotus 49 auf den führenden Brabham faszinierte Millionen.

Was für ein historisches Dokument: Jochen Rindt 1970 als Sieger in der Fürstenloge von Monaco, beglückwünscht von Rainier III., der später verunglückten Fürstin Gracia Patricia und den Töchtern Caroline und Stephanie. Rindt war auf seinen Triumph mit Recht stolz - er feierte ihn die halbe Nacht mit Bernie Ecclestone im Casino von Monte Carlo.

„Mein Glück in diesem Sommer fängt an, mich zu beunruhigen." Ausgerechnet bei seinem Heim-Grand-Prix in Zeltweg – dem ersten auf dem neuen Österreichring – riss Jochens Siegesserie ab. Zwar hatte er Poleposition, fiel aber bald hinter die Ferraris von Ickx und Regazzoni zurück. Jochen (Bild oben ganz rechts) hatte später Motorschaden.

Monza, 5. September 1970, 14.20 Uhr. Jochen Rindts letzte Fahrt. An seinem Lotus 72 – deutlich zu sehen: ohne Heckflügel, um auf der Geraden noch schneller zu sein – brach beim Anbremsen der Parabolica-Zielkurve bei 320 km/h die rechte vordere Bremswelle. Der Unglückswagen zerschellte an der Leitplanke. Jackie Stewart versucht Nina zu trösten.

Drei Jahrzehnte später: Rindt-Tochter Natasha – knapp zwei Jahre alt gewesen, als sie ihren Vater verlor – mit Jochens berühmter Fransen-Jacke („mein Talisman") und als Rennfahrer-Schülerin in Le Luc, Südfrankreich. Sie fuhr sogar einen AGS-Formel I und bekam auch ihr Zertifikat: schnell, fehlerlos und mutig. Heute ist Natasha Berufspilotin – in der Luft.

Wie wichtig ist dir noch der WM-Titel?, frag ich ihn.

„Die Weltmeisterschaft ist ziemlich offen, eine sehr harte Konkurrenz, und wer da gewinnen will, muss schon sehr, sehr hart kämpfen – und muss auch viel Glück haben."

Rindt fährt den französischen Grand Prix auf Abwarten. Er hält Haus mit seinen Kräften, wartet, bis der führende Jacky Ickx ausfällt und bis Beltoise mit einem 14-Sekunden-Vorsprung zum Reifenwechsel an die Box muss.

Rindt gewinnt und führt damit zum ersten Mal in seiner Karriere in der Weltmeisterschaft. Der Traum seines Lebens rückt näher.

Brands Hatch, der Formel-I-Klassiker, ist die Neuauflage des Duells Rindt-Brabham von Monte Carlo. Und wieder hat „Black Jack" Pech, weil ihm zwei Kurven vor Schluss der Sprit ausgeht.

Später weiß man auch warum: „Mein Mechaniker, Ron Dennis, hat sich geirrt", bestätigt Brabham noch heute.

Aber Jochen ist kein hochmütiger Sieger: „Das tut mir eigentlich sehr leid, dass es so gekommen ist, dass es gerade Brabham passiert. Wahrscheinlich wurde beim Einfüllen falsch gezählt. Sie hätten, glaub ich, acht Kanister benötigt, haben aber nur sieben eingefüllt."

„Ich bin so gut, dass ich mir zutraue, keinen Fehler zu machen. Aber ich weiß nicht, was passiert, wenn etwas am Auto bricht …"

Zum ersten Mal fährt die Formel I 1970 statt auf dem Nürburgring in Hockenheim. Wir erleben ein faszinierendes Windschattenrennen.

„Die Ferraris werden sehr, sehr schnell sein und ich werde versuchen, mich bei ihnen anzuhängen", verrät Rindt seine Taktik.

Und welchen der beiden fürchtest du mehr? „Ickx ist gefährlicher – aber mehr Angst hab ich vor Regazzoni..."

Brabham bleibt am Start stehen, „weil mein Mechaniker die Kupplung verkehrt eingebaut hat." Rindt kämpft an der Spitze gegen die Ferraris, ein unglaublicher Fight mit pausenlosem Führungswechsel.

„Sehr klass, kein Problem. Wir haben uns vor dem Rennen ausgemacht, wo wir überholen und wo nicht – und uns eigentlich das ganze Rennen daran gehalten."

Ein Duell ohne schmutzige Tricks, so hart, aber auch so fair. Typisch Rindt, aber auch typisch für die damalige Zeit. Und wieder springt Colin Chapman auf der Ziellinie auf und nieder und wirft seine schwarze Schirmkappe, traditionell, seinem heranrasenden Sieger vor die Vorderräder.

Sein berühmter Ausruf, als der rot-goldene Lotus als Erster in der Zielkurve auftaucht, knapp vor dem Ferrari: „It's Jochen!"

Sein sechster Grand-Prix-Sieg, aber leider Gottes auch sein letzter.

Den Lorbeerkranz legt er nachher auf die Unfallstelle von Jim Clark, der 1968 im Motodrom wegen eines „slow puncture" (schleichender Patschen) tödlich verunglückt ist.

Wir drücken die Forward-Taste meiner TV-Dokumentation, geschnitten von Irene Fugger: 25 Jahre später, Sommer 1995.

Nina und Natascha Rindt als Ehrengäste beim deutschen Grand Prix, beim Jubiläumsrennen. Beide tragen sich ins Goldene Buch ein, mit welchen Gedanken ist Nina als Witwe zurückgekommen?

„Als McLaren und Courage verunglückten," erinnert sich Nina, „war mir klar, dass es auch Jochen treffen könnte. Aber als es dann wirklich so kam, war es ein Schock."

Die Rennfahrer-Frauen mit den Stoppuhren in den Boxen gibt es heute längst nicht mehr.

Nina will nicht zynisch klingen, aber sie erinnert sich: „Wir hatten immer schwarze Kleider im Reisegepäck und schauten auch oft in die Boutiquen, ob wir etwas für das nächste Begräbnis finden." Was für eine Welt, was für ein Gegensatz zu heute.

Ein-, zweimal im Jahr kommt Nina heute noch zur Formel I, dann trifft sie immer alte Freunde – von Niki Lauda bis Jochen Mass.

„Die Zeit mit Jochen," sagt Nina, „ist natürlich unvergesslich, weil immer wieder daran erinnert wird. Durch Natascha, durch die Pokale in der Garage (die sie alle später für 20.000 Pfund verkauft), durch Jochens Kleidungsstücke, durch die Möbel." Und ihre Österreich-Connections und ihre Freundin Thelma.

Rindts letzter Grand Prix ist der erste auf dem neu geschaffenen Österreichring. Zeltweg im August 1970.

Das Rindt-Fieber, die österreichische Motorsport-Begeisterung auf dem Höhepunkt. Rindt hat Poleposition, aber als er wegen Motorschadens ausfällt, wandern Tausende Fans ab. „Ein riesengroßer Klescher. Irgendwo ist ein Kolben gebrochen oder irgendwas."

So kommt's zum Ferrari-Doppelsieg Ickx vor Regazzoni. Beide werden von den leidenschaftlichen italienischen Tifosi vor Freude fast erdrückt. Im Lotus-Wohnwagen treffe ich einen stillen, aber gar nicht traurigen Rindt, fast sogar erleichtert, weil er inmitten seiner strahlenden Siegesserie immer gewusst hat, dass es nicht ewig so weitergehen kann. In Zeltweg, glauben wir, wäre die Rechnung schon beglichen.

Keine Rede mehr vom Rücktritt. Rindt ist entschlossen, 1971 weiterzufahren.

Er bespricht auf der Fahrt nach Monza mit Nina und Bernie Ecclestone alle Geschäfte:

Formel I weiter mit Lotus, dazu ein Formel-II-Team mit Helmut Marko und Emerson Fittipaldi.

Samstag, 5. September. Enzo Ferrari sieht Jochen Rindt zum letzten Mal.

Monza ist bekanntlich eine sehr, sehr schnelle Strecke, damals noch ohne die heutigen Schikanen, die das Tempo bremsen. Und Chapman packt noch einen Trick aus, der Jochen nicht ganz geheuer ist: Er lässt den Heckflügel – wie im Monza-Training 1969 – abmontieren, um noch ein paar zusätzliche Stundenkilometer herauszuholen.

Rindt in Monza im OT: „Das Windschattenfahren ist in Monza der wichtigste Punkt überhaupt. Das heißt, dass die meisten Autos ohne Flügel fahren werden, denn die Kurvengeschwindigkeit ist nicht so wichtig wie das Tempo auf der Geraden." Irgendwie hat er gehofft, Chapman würde den ausgereiften, bewährten Lotus 49 nach Monza bringen, aber da gab es noch andere Möglichkeiten: „Was hältst du davon, ohne Lärm zu gewinnen?" Eine interessante Perspektive, dieser Turbinenwagen – aber erst für 1971.

In Monza bleibt die „flüsternde Revolution" noch in der Garage: „Ich fahr mit dem Lotus 72, nicht mit dem Turbinenwagen, der zwar sehr viel versprechend ist, aber ich glaube, noch nicht genug ausgereift, um eine Weltmeisterschaft zu gewinnen."

Rindt hat seit dem Courage-Unfall Angst, sich bei Feuer nicht schnell genug aus dem brennenden Auto zu retten, und daher die Oberschenkel-Gurten nicht festgezogen. Beim Anbremsen der Parabolica-Kurve bricht rechts vorn die Bremswelle, die Jochen immer verdächtig war.

Beim Anprall gegen den Leitplanken-Pflock rutscht er unten durch und verletzt sich am scharfen Armaturenbrett die Halsschlagader. Einen offiziellen Unfallbericht oder medizinischen Report hat es, genau wie später bei Ayrton Sennas mutmaßlichem Lenkungsdefekt in Imola 1994, nie gegeben.

Aber wir alle haben noch die Worte von Denny Hulme im Ohr. Der damalige McLaren-Fahrer als Augenzeuge:

„Jochen folgte mir mehrere Runden lang und holte mich allmählich ein. Ich war gerade in der zweiten Lesmo-Kurve, als er plötzlich ein schnelles Überholmanöver begann. Ich rutschte etwas zur Seite und ließ ihn vorbei. Dann folgte ich ihm hinunter in die Parabolica, die wir beide mit Vollgas fuhren. Ungefähr bei der 200-Meter-Tafel bremste er. Der Wagen rutschte dabei ein ganz klein wenig nach rechts und drehte nach links. Dann wieder nach rechts und plötzlich schoss er blitzschnell auf die linke Seite hinüber, in die Grasnarbe und dann in die Leitplanke. Sein Wagen verschwand nach dem Unfall in einer großen Staubwolke."

„Jacky Ickx ist gefährlicher, aber mehr fürchte ich Regazzoni." – Rindt beim TV-Interview mit den damaligen Ferrari-Starpiloten.

Die Rettungsmaßnahmen waren chaotisch. Jochen lag sehr lange im Ambulanzzelt, dann steckte der Rettungswagen auf der Fahrt ins Niguarda-Spital – in dem 1978 Ronnie Peterson starb – im grauslichen Verkehrschaos fest. Jochen verblutete auf dem Weg in die Klinik.

Der Unglücks-Lotus blieb jahrelang von den italienischen Behörden beschlagnahmt, wurde erst 1978 freigegeben und tauchte zuletzt in einer privaten Garage in Monza auf. Der Typ 72 war gut genug, um noch 1974 Grand-Prix-Rennen zu gewinnen – dann freilich mit zuerst verstärkten, später auch noch massiven, nicht mehr hohlen Bremswellen, wie Jochen immer gewünscht hatte.

Chapman wurde 1978 vom Verdacht der fahrlässigen Tötung freigesprochen und starb 1982 an Herzschlag. Lotus-Konstrukteur Maurice Philippe beging nach Depressionen Selbstmord. Viel ist von Lotus nicht mehr übrig geblieben.

Jochen Rindt, der erste posthume Weltmeister der Formel I, ist ein Champion ohne Krone. „Aber wenigstens hat er erreicht, was er sich am sehnlichsten gewünscht hat: den WM-Titel", sagt Nina heute. „Nur schade und traurig, dass er es nie gewusst hat".

Die von früher gibt es nicht mehr. Die Rennfahrerfrauen – mit den breitkrempigen Hüten, groß wie Wagenräder –, auf der Boxenmauer sitzend, tickende Stoppuhr in der Hand, gespannter oder ängstlicher Blick in Richtung Zielkurve.

Je mehr Zeit vergeht, umso klarer wird für Nina, verwitwete Rindt, geschiedene Martyn, geschiedene Herzogin von Bridsport: Jochen war die große, wirkliche Liebe ihres

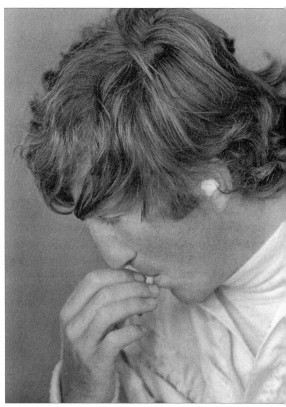

Einzige Schwäche – lang, bevor die Tabakindustrie die Formel I für die Werbung entdeckte: Rindt wollte immer wieder das Rauchen aufgeben, hielt aber nie durch.

Lebens – bestätigt ihre Freundin Thelma. Für Natasha war Nina immer „Mummy and Daddy zugleich." Von Nina hat sie die Disziplin, von Jochen den Abenteuertrieb.

Aber welches Bild hat die bereits 34-jährige Natasha von ihrem berühmten Vater? „Ein perfektes Bild. Ich bin stolz auf ihn, weil er gemacht hat, was er tun wollte – und das wirklich gut. Davor hab ich Respekt. Und alle reden von ihm nur mit Hochachtung." Natasha war erst zwei, als Jochen verunglückte. „Es ist schwer, jemanden zu vermissen, den du nie gekannt hast. Ich hätte mir sehnlich gewünscht, ich hätte ihn gekannt ..."

Aber sie trägt ein Rindt-Erbstück. „Erinnerst du dich noch an seine braune Indianer-Lederjacke mit den vielen Fransen? Die zieh ich oft an, werde sie niemals austauschen – damit hab ich immer ein Stück von ihm: meinen Talisman."

Sie ist Jochen in vielen Dingen sehr, sehr ähnlich. Als Jackie Stewart 1964 in Crystal Palace Rindt erstmals am Start sah, fiel ihm auf: „Ein Loner. Einer, der keine Hilfe will und auch nicht mag, dass andere glauben, er braucht Hilfe." Natasha ist genauso unabhängig. „A character" sagen die Engländer dazu.

Mit 14 jobbte sie einen Feriensommer lang als Praktikantin in einem Schuhgeschäft. Dann bat sie mich, ob sie einen Sommer mit der österreichischen Damen-Skinationalmannschaft trainieren dürfe – vom Konditions- bis zum Gletschertraining. Sie durfte, bewies viel Talent, machte sich sehr beliebt, zigeunerte später als Rucksack-Touristin durch die ganze Welt, oft mit ihrer Schwester Ta-

Das Auto, mit dem Rindt den WM-Titel gewann, aber sein Leben verlor: der Lotus 72 mit den vorne innen liegenden Scheibenbremsen. Die rechtsseitige, dünne und innen hohle Bremswelle brach in Monza beim Anbremsen der Parabolica.

mara und in billigen Unterkünften – ein Dollar pro Nacht. Später ging sie zur berühmten McCormack-Agentur, strickte mit an Olympischen Spielen, WM-Titelkämpfen, am Skiweltcup.

Aber als sie bei einem Konzerngiganten vorsprach, mahnte der Boss: „Sie wissen schon, Mrs. Rindt: Erste Regel in unserer Company ist: no smoking."

„Dann bin ich nimmer dran interessiert", sagte Natasha, dämpfte ihre Zigarette aus und stand auf: „Thank you and good bye."

Später holte sie Bernie Ecclestone – ihr Patenonkel – als Regisseurin in sein Team fürs digitale TV. Damit begann für Natasha eine sehr emotionale Zeitreise: Sie sah zum ersten Mal Rennstrecken, auf denen ihr Vater gekämpft, gelitten oder triumphiert hatte – und ich erzählte ihr alle Heldensagen von damals. Leider Gottes musste sie auch nach Monza, fasste aber schon vorher einen sensationellen, mutigen Entschluss: „Ich muss ein Formel-I-Auto probieren!"

Als ich mit ihrer Mutter über das Risiko sprach, sagte Nina: „Kein Problem, wenn Natasha unbedingt will. Sie ist alt genug."

Und so begleitete ich die Rindt-Tochter an einem Sommertag 1997 nach Le Luc, auf die Privatrennstrecke des ehemaligen AGS-Teams in Südfrankreich. Die ersten Schnupperrunden mit einem Formel III waren für Natasha überhaupt kein Problem, in den Formel-I-Boliden stieg sie konzentriert, mit Respekt, aber voll Freude. Zehn Runden, kein einziger Dreher, strahlendes Lächeln nachher. „Jetzt versteh ich viel, viel besser, was Jochen erlebt hat."

Ihre Rundenzeiten überraschten.

Als ich dann im Formel-I-Zirkus die sensationellen Fotos von Natasha im Cockpit zeigte, geschossen von rechts unten, sagten alle spontan bis fassungslos: „Haargenau das gleiche Gesicht wie Jochen." Und in Zeltweg fragte mich Natasha: „Verstehst du, warum mich plötzlich alle Reporter von rechts unten fotografieren wollen?"

Aber da sind auch Schattenseiten: Jackie Stewarts Sohn Paul, als Kind ihr bester Freund und Raufpartner, ist wegen einer Krebserkrankung als Jaguar-Rennleiter abgetreten, und Jason Courage, der Sohn von Piers Courage und ein Typ wie Superman-Darsteller Christopher Reeves, ist seit einem Motorradunfall gelähmt. Oft schob Natasha Jason im Rollstuhl durchs Fahrerlager ...

Als sie Bernies TV verließ, packte Natasha eine neue Leidenschaft: das Fliegen. In Florida erwarb sie ihren Privatpilotenschein und 2002 sogar, nach einem Jahr unglaublich harter Arbeit und Ausbildung, den Berufspilotenschein.

„Ladies and Gentlemen, this is your captain speaking: Natasha Rindt aus dem Cockpit." Derzeit pilotiert die Rindt-Tochter für Bernie Ecclestone eines der vier Flugzeuge, die zum Imperium des Formel-I-Zampanos gehören.

Ich bin schon 1970 mit Jochens privater „Beagle" geflogen und erinnere mich, dass er und Ecclestone damals bereits eine eigene private Fluglinie gründen wollten: die „Rindt-Stone-Airlines" oder „Eccles-Air", haben sie damals sogar schon die Namen überlegt. Und ich bin sicher: Hätte der geschäftstüchtige Jochen die Monza-Katastrophe überlebt, er würde sich heute mit Ecclestone den ganzen Grand-Prix-Zirkus aufteilen.

Statt dessen liegt er auf dem Grazer Zentralfriedhof, neben dem Volksschauspieler Rudolf Carl, der über 80 wurde. Aber das Bild des Helden, den die Technik erschlagen hat, wird in unserer Erinnerung immer lebendig bleiben. Und so geht er weiter durch den Formel-I-Zirkus und unsere Erinnerung, schlaksig, rauchend, unabhängig, wie James Dean durch Manhattan – auf dem berühmten Helnwein-Poster. JOCHEN LIVES.

Jochen Rindt: Stationen seiner Karriere

1961: Tourenwagen: 6. Innsbruck auf Simca Montlhery.

1962: Tourenwagen: 1. Aspern, 1. Timmelsjoch, 4. Semperit-Rallye, dreimal 2. bei italienischen Bergrennen, 1. Triest - Opicina (alles auf Alfa Romeo Giulietta TI).

1963: Formel Junior (auf Cooper): 1. Cesenatico, 3. Monza, 2. Brünn, 2. Porto Roz. Formel I: erstmals in Zeltweg mit Cooper Formel Junior mit Seitentanks (ausgefallen).

1964: Formel II (auf Brabham Cosworth): 4. Nürburgring, 3. Mallory Park, 1. Crystal Palace vor Hill, 3. Clermont Ferrand, 6. Brands Hatch. - Formel I: echtes Debüt in Zeltweg (ausgefallen). - Sportwagen: erstmals in Le Mans (ausgefallen).

1965 : Formel I: Werksfahrer bei Cooper. 4. Nürburgring, 6. Watkins Glen. WM-13. mit 4 Punkten. - Formel II (auf Winkelmann Brabham): 3. Pau, 3. Vallelunga, 4. Crystal Palace, 1. Reims, 2. Enna, 4. Albi. - Sportwagen: 3. 1000 km Nürburgring mit Bonnier auf Porsche, 1. 24 Stunden Le Mans mit Gregory auf Ferrari, 1. Zeltweg auf Ferrari.

1966: Formel I auf Cooper Maserati: 2. Spa, 4. Reims, 5. Brands Hatch, 3. Nürburgring, 4. Monza, 2. Watkins Glen. WM-3. mit 24 Punkten. - Formel II (auf Winkelmann Brabham): 3. Goodwood, 1. Nürburgring, 3. Zolder, 4. Crystal Palace, 4. Keimola, 1. Brands Hatch. - Tourenwagen: 1. 4 Stunden Sebring auf Alfa Romeo GTA. - Sportwagen: 9. Zeltweg (Ford GT 40), 2. Innsbruck (Porsche).

1967: Formel I auf Cooper Maserati: 4. Spa, 4. Monza. WM-11. mit 6 Punkten. - Formel II (auf Winkelmann Brabham): 1. Snetterton, 1. Silverstone, 1. Pau, 2. Montjuich, 3. Nürburgring, 1. Reims, 1. Rouen, 1. Langenlebarn, 2. Karlskoga, 1. Brands Hatch, 2. Keimola, 1. Hämeenlinna, 7. Oulton Park, 2. Albi. - Erstmals beim 500-Meilen-Rennen von Indianapolis (ausgefallen). - Sportwagen: 11. Brands Hatch (Porsche), 10. Zeltweg (Porsche).

1968: Formel I auf Brabham Repco: 3. Kyalami, 3. Nürburgring. WM-12. mit 8 Punkten. - Formel II (auf Winkelmann Brabham): 1. Thruxton, 2. Jarama, 1. Zolder, 1. Crystal Palace, 1. Hockenheim, 1. Langenlebarn, 1. Enna. - Temporada in Argentinien (auf Winkelmann Brabham): 2. Cordoba, 3. San Juan, 2. Buenos Aires.

1969: Formel I auf Lotus-Cosworth: 4. Silverstone, 2. Monza, 3. Mosport, 1. Watkins Glen. WM-4. mit 22 Punkten. - Tasman-Serie (auf Lotus Cosworth): 2. Pukekohe, 1. Christchurch, 1. Warwick Farm, 2. Sandown Park. - Nicht-WM-

Rennen: 2. Silverstone, 2. Oulton Park (mit Lotus-Vierradantrieb). - Formel II (auf Winkelmann Lotus): 1. Thruxton, 1. Pau, 1. Zolder, 1. Langenlebarn, 3. Albi. - Sportwagen: 1. Keimola (Porsche), 1. Jarama (Porsche).
1970: Formel I auf Lotus Cosworth: 2. Race of Champions Brands Hatch, 1. Monaco, 1. Zandvoort, 1. Clermont Ferrand, 1. Brands Hatch, 1. Hockenheim. - Nicht-WM-Rennen: 2. Oulton Park. - Formel II: 1. Thruxton, 1. Pau, 1. Nürburgring, 1. Zolder, 9. Rouen, 1. Salzburgring. - Sportwagen: 2. 1000 km Buenos Aires (Porsche mit Soler-Roig). In Monza tödlich verunglückt. Posthum Weltmeister mit 45 Punkten.

JOCHEN RINDT:
60 Grand Prix, 1 WM-Titel, 6 Siege, 10 Polepositions, 3 schnellste Runden, 109 WM-Punkte,
387 Runden = 1905 km in Führung

Rennen	Startplatz	Auto	Rennergebnis/Ausfallsgrund
1964			
Zeltweg	8	Brabham-BRM	ausgefallen - Bremsdefekt, Lenkungsbruch, lag an 5. Stelle
1965			
Kyalami	10	Cooper-Climax	ausgefallen - Elektrikdefekt nach Boxenstopp, fürs Rennen nicht zugelassen, anderer Fahrer eingesetzt
Monte Carlo	16	Cooper-Climax	nicht qualifiziert
Spa	14	Cooper-Climax	11. Platz, 3 Runden hinter Clark nach Boxenstopp, Regenrennen
Clermont-Ferrand	11	Cooper-Climax	ausgefallen - Unfall, Bremsdefekt, Kollision mit Amon
Silverstone	12	Cooper-Climax	ausgefallen - Motorschaden, vorher Dreher an 7. Stelle
Zandvoort	14	Cooper-Climax	ausgefallen - kein Öldruck, Auspuff abgerissen
Nürburgring	8	Cooper-Climax	4. Platz, 3:29,6 min hinter Clark, erste WM-Punkte
Monza	7	Cooper-Climax	8. Platz, 1 Runde hinter Stewart
Watkins Glen	13	Cooper-Climax	6. Platz, 2 Runden hinter G. Hill
Mexiko City	15	Cooper-Climax	ausgefallen - Elektrikdefekt
1966			
Monte Carlo	7	Cooper-Maserati	ausgefallen - Motorschaden nach 56 Runden
Spa	2	Cooper-Maserati	2. Platz, 42,1 sec hinter Surtees, führte lang
Reims	5	Cooper-Maserati	4. Platz, 2 Runden hinter Brabham
Brands Hatch	7	Cooper-Maserati	5. Platz, 1 Runde hinter Brabham
Zandvoort	6	Cooper-Maserati	ausgefallen - Unfall in der 2. Runde
Nürburgring	9	Cooper-Maserati	3. Platz, 2:32,6 min hinter Brabham
Monza	8	Cooper-Maserati	4. Platz, 1 Runde hinter Scarfioti
Watkins Glen	9	Cooper-Maserati	2. Platz, 1 Runde hinter Clark
Mexiko City	5	Cooper-Maserati	ausgefallen - Unfall, Rad verloren, Teamkollege Surtees gewann
1967			
Kyalami	7	Cooper-Maserati	ausgefallen - Motorschaden in der 39. Runde
Monte Carlo	15	Cooper-Maserati	ausgefallen - Getriebeschaden in der 15. Runde
Zandvoort	4	Cooper-Maserati	ausgefallen - Radaufhängung in der 41. Runde
Spa	4	Cooper-Maserati	4. Platz, 2:13,9 min hinter Gurney

82 | EWIGES IDOL JOCHEN RINDT

Le Mans	8	Cooper-Maserati	ausgefallen - Kolbenschaden in der 34. Runde
Silverstone	8	Cooper-Maserati	ausgefallen - Motorschaden in der 27. Runde
Nürburgring	9	Cooper-Maserati	ausgefallen - Motor überhitzt in der 5. Runde
Mosport	8	Cooper-Maserati	ausgefallen - Motor in den Boxen abgestorben
Monza	11	Cooper-Maserati	4. Platz, 56,6 sec hinter Surtees
Watkins Glen	8	Cooper-Maserati	ausgefallen - Motorschaden, letztes Cooper-Rennen

1968

Kyalami	4	Brabham-Repco	3. Platz, 30,4 sec hinter Clark
Jarama	9	Brabham-Repco	ausgefallen - Zylinderkopfdichtung verschmort
Monte Carlo	5	Brabham-Repco	ausgefallen - Unfall mit Surtees
Spa	17	Brabham-Repco	ausgefallen - Ventilschaden
Zandvoort	2	Brabham-Repco	ausgefallen - Lichtmaschine lud nicht, Batterie leer
Rouen	1	Brabham-Repco	ausgefallen - Tank geplatzt, Reifenschaden
Brands Hatch	5	Brabham-Repco	ausgefallen - Benzinpumpendefekt, Feuer
Nürburgring	3	Brabham-Repco	3. Platz, 4:09,4 min hinter Stewart, Rennen bei Regen und Nebel
Monza	9	Brabham-Repco	ausgefallen - Motorschaden, lag an 6. Stelle
Mount Tremblant	1	Brabham-Repco	ausgefallen - Motorschaden an 2. Stelle
Watkins Glen	6	Brabham-Repco	ausgefallen - Motorschaden in der 73. Runde
Mexico city	10	Brabham-Repco	ausgefallen - Zündungsdefekt

1969

Kyalami	2	Lotus-49	ausgefallen - mechanische Benzinpumpe in der 44. Runde
Barcelona	1	Lotus-49	ausgefallen - Unfall, Heckflügelbruch (in Führung), Gehirnerschütterung
Zandvoort	1	Lotus-49	ausgefallen - Kreuzgelenk gebrochen, in Führung
Clermont-Ferrand	3	Lotus-49	aufgegeben in der 23. Runde - Übelkeit, Doppelvision
Silverstone	1	Lotus-49	4. Platz trotz 2 Boxenstopp, 1:08,4 min hinter Stewart
Nürburgring	3	Lotus-49	ausgefallen - Zündungsdefekt in der 11. Runde
Monza	1	Lotus-49	2. Platz, 0,8 sec hinter Stewart, Fotofinish
Mosport	3	Lotus-49	3. Platz, 52,0 sec hinter Ickx
Watkins Glen	1	Lotus-49	1. Platz, 46,99 sec vor Courage, erster Sieg
Mexiko City	6	Lotus-49	ausgefallen - Motorschaden nach 22 Runden

1970

Kyalami	4	Lotus-49	ausgefallen - Motorschaden nach 72 Runden
Jarama	8	Lotus-72	ausgefallen - Motoraussetzer nach 10 Runden
Monte Carlo	8	Lotus-49	1. Platz, 23,1 sec vor Brabham
Spa	2	Lotus-49	ausgefallen - Kolbenschaden
Zandvoort	1	Lotus-72	1. Platz, 30,0 sec vor Stewart
Clermont-Ferrand	6	Lotus-72	1. Platz, 7,61 sec vor Amon
Brands Hatch	1	Lotus-72	1. Platz, 32,9 sec vor Brabham
Hockenheim	2	Lotus-72	1. Platz, 0,7 sec vor Ickx
Zeltweg	1	Lotus-72	ausgefallen - Motorschaden nach 22 Runden
Monza			während des Abschlusstrainings verunglückt

EWIGES IDOL JOCHEN RINDT | 83

Die erste Warnung des Schicksals: Rindts Überschlag in Barcelona 1969. An seinem Lotus war der viel zu große Heckflügel gebrochen.

Mr
Colin Chapman
Howard Johnson Motor Lodge
Indianapolis

9.5.1969

Dear Colin,

I just got back to Geneva and I am going to have a second opinion on the state of my head tomorrow.Personally I feel very weak and ill,I still have to lay down most of the day.After seeing the new Doktor and hearing his opinion we can make a final decesion on Monaco and Indy.

I got hold of this incredibly picture which pretty much explains the accident, I didn't know it would fly that high.Robin Herd apparently saw the wing go,but could not see the accident,since it happened around the corner.

Now to the whole situation,Colin, I have been racing F I for 5 years and I have made one mistake (I rammed Chris Amon in Clermont Ferrand) and I had one accident in Zandvoort due to gearselektion failure otherwise I managed to stay out of trouble.This situation changed rapidly since I joined your team, Levin,Eifelrace F II wishbones and now Barcelona.
Honestly your cars are so quick that we would still be competetive with a few extra pounds used to make the weakest parts stronger,on top of that I think you ought to spend some time checking what your different employes are doing,I sure the wishbones on the F II car would have looked different.Please give my suggestions some thought,I can only drive a car in which I have some confidence, and I feel the point of no confidence is quite near.

Mr. and Mrs. Jochen Rindt,
Clayton House,
1268 Begnins,
Vaud,
Geneva,
Switzerland.

Dear Jochen & Nina !

Many thanks indeed for your congratulations.

Naturally I am delighted at this award which I think reflects the effort and enthusiasm of everyone at Lotus in making the company a major contributor to this country's exports in the automotive field.

Briefdokumente: Was Rindt nach Barcelona 1969 an Colin Chapman schrieb und wie er mit Prof. Fiala über Sicherheitsfragen korrespondierte. Jochens Vorschlag: ein Helmgurt – 34 Jahre vor dem heutigen „Hans"-System!

Herrn Prof.
Ernst Fiala
I Berlin 19
Preussenallee 40

27.5.1969

Sehr geehrter Herr Professor,

wie Sie sicher aus der Zeitung entnommen haben, verunglückte ich beim Spanischen Grand Prix relativ schwer.Der Unfall wurde durch den Bruch des Heckflügels verursacht und ich war sehr glücklich nur Gesichtsverletzungen und eine leichte Gehirnerschütterung davonzutragen.

Ich war mit einem Bauch und zwei Schultergurten angeschnallt,das Auto überschlug sich mehrmals und dabei wurde das Chassis bananenartig verbogen und dadurch kam das Lenkrad näher und ich schlug trotz der Gurte mit dem Gesicht auf das Lenkrad.Zur Ihrer Information,die Gurte waren straff.

Triumph und Tragik in Frankreich: 1971 gewann Helmut Marko das 24-Stunden-Rennen von Le Mans – ein Jahr später endet seine vielversprechende Formel I-Karriere durch einen Steinschlag in Clermont-Ferrand.

„DER DOKTOR", DER ALLES KANN

Helmut Marko: am vielseitigsten von allen. Le Mans-Sieger, Hotelier, Super-Manager

Die Schicksalsverknüpfungen österreichischer Rennfahrer waren schon immer erstaunlich.

Die verblüffendste: wie zwei rebellische Grazer Mittelschüler in der 7. Klasse kurz vor Weihnachten hochkant aus dem Grazer Pestalozzi-Gymnasium fliegen.

Ihre Namen: Jochen Rindt und Helmut Marko.

Mit Sack und Pack ziehen sie in das Internat nach Bad Ausee.

Kaum betreten sie den riesigen Schlafsaal, stürzt ihnen ein wütender 17-Jähriger entgegen, ihr neuer Mitschüler: Thomas Prinzhorn, der spätere Großindustrielle und Nationalratspräsident mit sieben Kindern, schon damals etwas frühreif, mit der steirischen Jugendmeisterin in Tennis und Skifahren liiert.

„Du mit deiner schiefen Nasn", brüllt Prinzhorn den völlig verdatterten unschuldigen Marko an. „Ich hab schon von dir gehört. Untersteh dich, noch einmal mit meiner Freundin anzubandln!"

Prinzhorn droht und brüllt zehn Minuten lang, weil er Helmut verdächtigt, der Vorfreund zu sein – aber der wirkliche Querbrater, der mit der echt krummen Nase, amüsiert sich köstlich, hinter Markos Rücken versteckt und macht überhaupt keine Anstalten, die Verwechslung aufzuklären – Jochen Rindt.

Helmut Marko
Geboren am 27. 04. 1943 in Graz. Durch unverschuldeten Unfall früh aus einer viel versprechenden Karriere gerissen, danach managte er Berger, Wendlinger, Wurz und viele andere auf dem Weg in die Formel I - sogar Juan Pablo Montoya.

Dafür freundet sich Jochen später mit Prinzhorns jüngerem Bruder Peter an: Der fährt mit einem Porsche 911 sogar Rennen, ist oft mit Gotfrid Köchert und Innes Ireland (1961 der erste Formel-I-Sieger in Zeltweg) zusammen.

Ich erinnere mich auch an eine gemeinsame Geburtstagsfeier der beiden „Stiere" Rindt und Prinzhorn auf einem Schloss in Niederösterreich.

Peter ist vor längerer Zeit gestorben, aber Thomas ein mächtiger Politiker geworden.

Und der Unterschied zwischen euch beiden, Niki?

„Er hat zwei Ohren."

Bekanntlich verwendet Lauda sein kürzeres, am Nürburgring 1976 halb ver branntes Ohr immer für Überseetelefonate, „weil sie dann kürzer dauern. Das kommt billiger."

Zurück zu den Rebellen Rindt und Marko.

Jochen ist ein begnadeter Speed-Teufel, auch auf Skiern – Mutproben („wer von weiter oben Schuss fahren kann") schrecken ihn nie ab. Wilde Stürze sind unausbleiblich.

Erster Beinbruch: bei den steirischen Schülermeisterschaften. Zweiter, diesmal Oberschenkelbruch: am Kitzsteinhorn – kurz vor der Matura.

Weil zwischen Teichschloss und Bad Aussee, also Internat und Privatgymnasium, 45 Minuten Wegstrecke liegen, muss ein Auto her – ein alter VW Käfer mit Mainzer Nummer, aus der Gewürzmühle.

Die Autofahrten mit Gipsbein sind weniger ein Problem als „gewisse Vorkommnisse", derentwegen die Schule das Maturarecht verliert. Dr. Wilhelm Höttl, Chef vom Gymnasium und Internat, weiß mehr als jeder andere über die sagenhaften Schätze im Toplitzsee – aber diese Geheimnisse hat er 1999 mit ins Grab genommen.

Die Folgen für Rindt und Marko: Sie müssen in Stainach-Irdning maturieren. Alle Versuche, den Professoren die Fragen herauszukitzeln, schlagen fehl. „Plötzlich müssen wir normal lernen." Helmut schafft die Matura noch 1961, Jochen im Frühjahr 62. Dafür kriegt er von den Großeltern sein erstes Auto.

Eine Premiere, die viel versprach: Marko gewann am 27. Juli 1969 das Proberennen auf dem neuen Ö-Ring.

Zwischendurch, Sommer 1961, zigeunern Jochen und Helmut zum Formel-I-Grand-Prix zum Nürburgring. Auf der Fahrt dorthin gehen ihnen Geld und Sprit aus. Rettende Idee: Jochen holt sich Geld von einer Sekretärin der Gewürzmühle Klein & Rindt in Mainz.

Als der Portier die beiden nicht einlassen will, reagiert Jochen ungnädig: „Machen S' kan Bledsinn, mir g'hört die Fabrik."

Am Nürburgring erleben die beiden Steirer den Gigantenkampf der Ferraripiloten Graf Trips und Phil Hill gegen Stirling Moss. Rindt ist sofort fasziniert, vor allem vom Ferrari 12-Zylinder: „Genau das, was ich auch einmal machen will!"

Fünf Wochen später, gerade nach Graz zurückgekommen, schockiert Rindt die damals neue News-Leuchtschrift in Graz: „Wolfgang Graf Berghe von Trips kurz vor Gewinn des WM-Titels in Monza tragisch verunglückt." Trips, das große Idol für Rindt und Marko, wäre der erste deutschsprachige Weltmeister geworden – neun Jahre später teilt Jochen sein tragisches Schicksal.

„Aber außer ein bissl Heldenverehrung", erinnert sich Marko, „ist bei Jochen damals nichts zurückgeblieben."

Erstes Rennen, erstes Abenteuer. Rindt gewinnt mit dem Simca Monthlery die steirische Bergland-Rallye, Marko crasht mit einem Puch-Motorrad. 1962 ist das Jahr der lieben Sponsoren-Omas: Rindt kann seine Alfa Giulietta bei Conrero in Turin tunen lassen, Großmutter bezahlt die Frisur – Marko setzt die von seiner Oma geerbten 70.000 Schilling sofort in eine BMW 700 Sport um.

Ein starker Konvoi, der sich damals im Windschatten von Rindt und Marko durch Rennen, Rallyes und Südtiroler Bergrennen bewegt: Stefan Pachanek, später Dipl.-Ing. und BMW-Entwicklungschef für Motorräder, vor über zehn Jahren in einem Pariser Hotelzimmer von einem Herzinfarkt weggerafft; Andi Zahlbruckner, heute angesehener HNO-Arzt in Graz, in zweiter Ehe jung verheiratet – alles Freunde von Rindt und Marko, wenn auch verbürgerlichte – und Wolfi Bauer hätte schon damals die Dramen schreiben können.

Weil Rindt sehr professionell überall gewinnt, geben ihm Siege in Österreich nichts mehr: Er ist nicht der Typ, der Staatsmeistertitel immer und ewig verteidigen muss, sondern wagt sich in die Höhle des Löwen, stellt die Alfas zum Kampf in Italien. Marko tourt noch ein Jahr mit, als Klassensieger in einem Drittel seiner Rennen – dann geht er an die Uni.

„Meine Eltern wollen zwar unbedingt, dass ich unseren Elektro-Großhandel in Graz übernehme, aber mit Jus sind sie auch zufrieden ..."

Aber der spätere „Renndoktor" hat seine PS-Pläne nur kurz eingefroren. Gegen Studienende entdeckt er Schweden als Gelobtes Land, jobbt jeden Sommer als Tellerwäscher in Stockholm, in einer Papierfabrik in Gümle usw. „Das Geld ist steuerfrei – dadurch werden die Autos besser. Und die Schwedenmädel sind auch lockerer als zu Hause." Seit Ulla Jacobsson im Film die Hüllen fallen ließ, tanzt auch Marko in Schweden mehr als nur einen Sommer.

1967 ist er Dr. jur., macht gleich sein Gerichtsjahr, nimmt den Chef vom Bezirksgericht einmal mit zum Nürburgring – und verwendet die Amtsstunden oft, um wegen seiner Rennfahrerei zu telefonieren.

Das neue Zauberwort heißt Formel V. Für 70.000 Schilling kann man 1967 eine volle Rennsaison kaufen, alles inklusive – und am Saisonende kassiert der Sieger 50.000 Schilling Preisgeld.

In Monte Carlo spürt Marko gleich die ganze brutale Härte des Rennsports: Lorenzo Bandini (Ferrari) verunglückt unten am Hafen tödlich. Helmut wird als Formel-V-Sieger wegen einer Schlamperei disqualifiziert – weil ein Grundmaß nicht passt. „Aber am Saisonende schlag ich auf den Bahamas die damaligen Stars Beltoise, Pescarolo und ein paar starke Finnen – und hab geführt, bis ich konditionell einging. Gewonnen hat beide Rennen der Jochen."

Und Kurt „Master" Bergmann, der Formel-V-Chef, springt bei der Siegerfeier vor lauter Freude im weißen Anzug in den Swimmingpool.

Was kostet Marko die Saison 1968 bei Kaimann? „Gar nix mehr. Der Porsche-Rennchef Graf Schönborn (der angeblich vorm Krieg sogar einmal den berühmten Bernd Rosemeyer bei einem Bergrennen gedoubelt hat) schenkte Master zwei Kühlschränke – dafür bin ich umsonst gefahren. Und hab auch relativ viel gewonnen." Sehr viel sogar, plus ein paar Klassensiege im gekauften Porsche Carrera 6. Sein Schulfreund Jochen ist bereits ein Weltstar, als Marko 1969 bei McNamara andockt. Kein Verwandter des damaligen US-Verteidigungsministers, aber ein „rennverrückter" Ami, der in Lenggries eine reiche Bayerin geheiratet hat und dort eine Rennwagenfirma aufmacht. Mit Marko in Triple-Funktion: Als Fahrer, PR-Mann und Sales Manager.

„Eine wilde Zeit – ich verkauf gleich zehn Rennautos." Und er stellt überhaupt – typisch Marko – viele Weichen für die Zukunft:

Erster Lorbeerkranz: Helmut Marko als Klassensieger beim Asperner Flugplatzrennen (mit Günther Huber).

„Franz Bucher, von mir als Mechaniker engagiert, macht später Karriere bei Höttinger und Sauber – heute leitet er die Prüfstandversuche bei der AVL von List in Graz. Damals hat er gleich seine Schwester mitgebracht. Und dann bewirbt sich ein Weststeirer bei mir als Konstrukteur – Gustav Brunner aus Köflach. Später bei ATS Ferrari, Minardi, jetzt der große Mann bei Toyota: Brunner baut das teuerste Formel-I-Auto aller Zeiten. „Seinen ersten Job hat er durch mich gekriegt."

Fast ein Wunder, dass Businessman Marko selber noch Zeit zum Rennfahren hat – und zum Gewinnen. Wie beim fürchterlichen Regen- und Nebelrennen auf dem Nürburgring 1968: „Bei schlechtesten Bedingungen, Gischt und Aquaplaning, gleich vornweg gestürmt und genauso einsam und verlassen gewonnen wie am Nachmittag der Jackie Stewart in der Formel I." Der sogar mit vier Minuten Vorsprung auf Graham Hill und Rindt.

Ein Jahr später, wieder in der „grünen Hölle der Eifel", schlägt Marko den aufstrebenden Niki Lauda in einem beinharten Duell. „Als wir beide schon Lorbeerkranz und Pokale haben, von der Siegerehrung runtersteigen, hören wir plötzlich noch einen Motor aufheulen und da trudelt auch noch der Drittplatzierte ein – der Handschuh-Peter." Dem man freilich zugute halten muss: Damals dauerte eine Formel-V-Runde auf dem Ring knapp zehn Minuten.

Der vielseitig begabte Marko wird technischer Chef bei McNamara. Über einen kleinen, windigen Engländer zieht er die Fäden zu einem Sensationsdeal: Der Wiener Jo Karasek baut einen Indianapolis-Rennwagen für den Superstar Mario Andretti. Nichts schien unmöglich in dieser Aufbruchzeit.

Karasek – später bei Lola – konstruiert heute noch fleißig. Aber Spielzeugeisenbahnen.

Marko selbst bekommt 1970 von McNamara einen Formel III zur Verfügung gestellt. Schnell im Training, aber schrecklich defektanfällig. In Monte Carlo bricht die Radaufhängung am Hafen, zwischen Schikane und Tobaccos Corner. Ein Poller, an dem Schiffe vertäut werden, rettet Marko – sonst wäre er wie Alberte Ascari oder Paul Hawkins ins Meer gerast.

Meine Aufzeichnungen bestätigen: 1970/71 ist Marko der meistbeschäftigte Rennfahrer der Welt. Kein anderer fährt mehr Rennen in mehr Kategorien. 1970 rast er mit dem BMW Alpina 1600 von Sieg zu Sieg, schlägt den auf Rennautos umgestiegenen Motorrad-Superstar Mike Hailwood bei der Springbok-Serie in Südafrika, hamstert Klassensiege auf Porsche 908.

Die Welt steht ihm offen, die Zukunft auch. Aber dann, am 5. September 1970, der Hammerschlag, als er nach Graz heimkommt und ihm ein Schulkollege sagen muss: „Du, der Karl ist in Monza verunglückt." Karl – so nannten sie in ihrer Grazer Clique den Jochen.

Aber er kämpft entschlossen um das Erbe seines Schulfreundes – und die eigene Karriere. Längst entfesseln die Medien ein Rindt-Nachfolgespiel: „Wer wird der Nachfolger von Jochen, dem Superstar?"

Ich wage damals, 1970 – im Gegensatz zu fast allen anderen – folgende Voraussage: „Am weitesten von allen ist derzeit Marko, während Quester eine solide Karriere machen wird, wenn auch nicht unbedingt in der Formel I – aber die größten Entwicklungsmöglichkeiten sehe ich beim jungen Niki Lauda."

Alle drei betreiben gleichzeitig „jogging for position", gehen in Stellung für den Erbfolgekrieg: Quester schlägt den Formel-II-Europameister Clay Regazzoni, den Unberechenbaren und Unzerstorbaren, nach dramatischer Kollision im Hockenheim-Finish. Lauda gerät in Zolder mitten in eine Formel-III-Massenkarambolage und beschließt spontan: „Mir zu gefährlich unter lauter Verrückten – ich geh direkt in die Formel II." Und Marko bekommt ausgerechnet beim Rindt-Begräbnis ein Sensationsauto angeboten: den Porsche 917, zusammen mit Kurt Ahrens, fürs 1000-km-Rennen von Zeltweg. In Führung liegend, scheidet Helmut aus.

1971 pulverisiert Marko zwei Rekorde: Er fährt in einer Saison über 50 Rennen – mehr im Pulverdampf und Stahlgewitter als je ein Rennfahrer vor ihm. Und er gewinnt – sechs Jahre nach Jochen – das klassische 24-Stunden-Rennen von Le Mans mit neuem Streckenrekord für ewige Zeiten; denn nachher wird eine Schikane eingebaut.

Zu jener Zeit ist von Mercedes, BMW usw. in der Formel I noch lange keine Rede. Porsche-Power ist das einzige erkennbare Professionelle im deutschen Motorsport – der Typ 917, genannt „Weißer Riese", das absolute Symbolauto. Aber bis dieser Super-Sportwagen jahrelang unschlagbar ist und den Porsche-Mythos in der ganzen Welt verbreitet: ein langer, oft gefährlicher Weg.

Helmut Marko ist ihn mitgegangen: der 917 hat Kinderkrankheiten, teils in der Aerodynamik, teils, weil sich der Rohrahmen verwindet, weil er nicht genügend Festigkeit hat. Es gibt haarsträubende Unfälle, sodass man glauben könnte: die Piloten sind Testpuppen, die reinsten Dummies.

„Der 917 ist, wenn er gut liegt, ein toll zu fahrendes Auto. Aber sehr kritisch in der Abstimmung – und sehr viele Probleme, eine halbe Saison lang Reifenschäden: weil sich der Reifen durch den großen Druck auf der Felge bewegt und dadurch Luft verliert."

In Daytona packt Marko der große Schreck, als der 917 im Steiloval bei 300 km/h wie verrückt zu kreiseln anfängt: „So jung ... so schön ... und jetzt ist alles aus." Gottlob geht es fast immer glimpflich aus. Man muss sich vorstellen, die normale Version fährt damals 370 km/h Spitze, die Langstreckenversion sogar 420 km/h (!) Geschwindigkeiten, die erst zwanzig Jahre später Mercedes wieder erreicht.

Was fühlt man bei 420 km/h im rasenden Rennwagen? Nur Stille, andere Farben? Ändern sich die Farben, die Atmosphäre – oder kommt eine Art Tiefenrausch? Nur ein sensibler Rennprofi wie Helmut Marko kann das genau spüren, erfühlen und weitergeben:

„Alles fängt zu flimmern an. Man hat ein etwas abgehobenes Gefühl, nicht mehr den richtigen Bodenkontakt. Gleichzeitig läuft der Motor auf seiner absolut höchsten Drehzahl – ein ganz eigenartiges Singen."

Das Marko später wieder nachempfindet, als er zufällig Ausschnitte vom Steve-McQueen-Film „Le Mans" sieht.

„Da ist es wieder, ein elektrisierendes Gefühl, wenn man mit dieser Geschwindigkeit dahinrauscht. Aber gleichzeitig musst du auf der Geraden total konzentriert sein. Wir schauen immer auf die Flaggenmasten: Wenn die Fahnen nur einen Hauch flattern, musst du bei den Windschneisen bereits gegensteuern." Bei 420 km/h auf der Geraden ... Marko gewinnt zusammen mit dem Holländer Gejs van Lennep. Als wir das Siegerinterview im Radio über Telefon durchspielen, ist er so müde, dass er nicht einmal mehr den Hörer halten kann. Aber: eine Sternstunde wie 1965 bei Jochen Rindt.

1971 absolviert Marko ein heute nicht mehr vorstellbares Mammutprogramm: Mit dem 2 Liter Lola schlägt er Merzario auf Abarth, Vic Elford und Chris Craft

Kampf um das Erbe seines Schulfreundes: Helmut Marko, talentiert, schnell, ehrgeizig und clever, schien drauf und dran, Jochen Rindts Nachfolge anzutreten. Ehefrau Irmi, eine Professorentochter, saß oft in seiner Box. Rechts: Der BRM (Nr.16) hätte das Sprungbrett für eine große Marko-Karriere sein können - Ferrari war auf den Grazer bereits aufmerksam geworden ...

und wird Europameister. Er fährt Ford-Tourenwagen, natürlich Porsche 917, sporadisch Formel II Lola und ab Herbst endlich auch Formel I mit BRM. Nach langer Streiterei am Nürburgring. „Ich komm zum Ring, um für Surtees zu fahren, wir werden aber nicht einig. Surtees will einen langfristigen Vertrag, ich aber nicht, weil BRM schon an mir interessiert ist. Heini Mader setzt einen McLaren von Bonnier ein, in dem ich aber nicht richtig sitzen kann – derweil streitet Surtees durch alle Instanzen."

In diesem Tohuwabohu platzt Markos Formel-I-Premiere, wird aber in Zeltweg nachgeholt: Marko und Lauda debütieren gemeinsam – ein Jahr, nachdem Rindt noch die ganze Ö-Ring-Arena begeistert hat.

Das Medieninteresse: freundlich bis positiv. Auch beim Fernsehen.

„Was ist das Schwierige am Rennfahren?", fragt der „Sportdoktor" Kurt Jeschko den blutjungen Lauda. „Gasgeben oder Lenken?" – „Das Bremsen", erwidert Niki; muss im Rennen aufgeben und wird nachher gefragt: „Gehen Sie jetzt wieder zurück in die Formel II?"

Auch Marko ist frühzeitig out (kaputtes Radlager), steht aber in Monza schon relativ weit vorn. Dann explodiert sein Motor. Wie BRM-Teamkollege Peter Gethin, der kleine Jockeysohn, sein Auto in einem unglaublichen Zielsprint mit fünf Boliden innerhalb von 0,8 Sekunden zum Sensationssieg peitscht und prügelt, muss Helmut aus der Box miterleben: der spannendste, knappste Zieleinlauf aller Zeiten!

In Watkins Glem geht Marko der Sprit aus, er muss nachtanken. Sein erstes Grand-Prix-Jahr endet in Angst und Schrecken: Sein BRM-Teamkollege Jo Siffert verunglückt beim Saisonfinale in Brands Hatch in einer Flammenhölle – höchstwahrscheinlich ein gebrochener Radträger.

Die Parallelen sind alarmierend: Auch Marko bricht im Training in Interlagos nach zwei sauschnellen Linkskurven der Radträger. „Der Wagen bricht aus, ich kann ihn Gott sei dank abfangen. Aber mir wird zum ersten Mal angst und bang."

Fast ein Attentat – aber wer ist schuld? „Wir haben alle Teile vorher geröntgt", verteidigt sich BRM-Chefmechaniker Allan Challis. Aber Marko-Mechaniker Bucher entlarvt ihn: Du lügst! Ein frischer Bruch ist immer silbrig, aber dieser ist schwarz – was beweist, dass schon vorher zumindest ein Haarriss da war: verschlampt und dem Piloten verheimlicht.

„Datenaufzeichnungen hat 1972 noch keiner. Wenn etwas passiert, ist es immer der Fahrer, aber viele von uns sterben durch Materialbrüche." Bucher kann nicht anders reagieren: Er haut Challis eine handfeste Watschn herunter.

Marko muss „meine volle Willenskraft aufbieten, um weiter zu trainieren." Im Rennen wird er gegen die komplette Weltklasse Vierter – aber leider ist der

Grand Prix von Brasilien kein WM-Lauf. In Buenos Aires matcht sich Helmut das ganze Rennen mit Niki Lauda, Rang 10 und 11 wird von einer Zeitung höhnisch kommentiert: „Die beiden halten sich strikt an Tempo 100."

In der gefährlichen Regenschlacht von Monte Carlo wird Helmut 8., in Belgien 10., durchleidet aber ein Chaos-Jahr mit fünf Fahrern, für die aber nur zwei oder drei Autos zur Verfügung stehen: Beltoise, Wisell, Gethin, Soler-Roig. „Meist sind wir alle fünf da, und wenn einer deswegen nicht zum Trainieren kommt, bin das meist ich."

Gefahren wird mit neuem und altem Chassis, neuen und alten Motoren, komischen Mixturen – und erst in Clermont-Ferrand bekommt Marko zum ersten Mal statt des P153 den neuen P160 und sofort zaubert er den BRM auf den sensationellen 6. Startplatz!

„Ferrari interessiert sich bereits für mich und fragt, wie es mit meinem BRM-Vertrag ausschaut ..." Der Rest ist traurige Geschichte.

Das Drama beginnt, als Ronnie Peterson der Bordfeuerlöscher explodiert. Marko – unverändert in sechster Position – weiß nichts vom Malheur des Schweden, registriert aber: „Ronnie muss eine richtige Wut im Bauch haben, als er mich in einer Vollgaskurve, am äußersten Limit fahrend, überholt. Ich lass ihn vorbei. Aber er fährt unnötig in den Dreck hinein."

Den Stein, den Petersons Hinterrad hochschleudert, sieht Marko kommen. „Plötzlich blitzt etwas Faustgroßes, Schwarzes auf, ich duck mich noch im Cockpit ... aber dann durchzuckt mich ein fürchterlicher Schmerz." Der Stein durchschlägt sein Visier wie ein Projektil, reißt ein kreisrundes Loch und prallt gegen das linke Auge. Als Marko die Augen wieder aufreißt, sieht er, halb blind: „Ich bin im Sand, knapp vor der Leitplanke, mitten im Pulk – mit 250 Litern Sprit. Jetzt nur kein Feuer – auch wegen der anderen."

Mit letzter Willensanstrengung, einem unerhörten Kraftakt, bringt Helmut den BRM zum Stehen, gepeinigt von Schmerz, löst die Gurten, steigt aus, gibt verzweifelte Handsignale in Richtung Streckenposten – die aber überhaupt nicht reagieren.

Österreich brauchte neue Helden: Niki Lauda und Helmut Marko.

Heute wäre Formel-I-Professor Sid Watkins binnen Sekunden an der Unfallstelle. Marko läuft los, schreit nach der Ambulanz – dann bricht er zusammen. Die weiteren „Rettungsaktionen" sind ein schlechter Scherz. Am zweiten Tag spielt der Arzt mit ihm bereits Tischtennis. Zurück in Graz dann die bittere Wahrheit: Das Auge ist verloren.

Und heute, 30 Jahre danach? „Wenn ich nach Magny Cours komme, sehe ich jedes Mal die Wegtafel ‚Clermont-Ferrand'. Erst dann denk ich wieder an den Unfall." Manchmal ist er ein Zerrissener: dankbar, dass er das Unglück überlebt hat, aber er fragt sich auch: „Was wäre für mich in der Formel I noch alles möglich gewesen?" Alles, bin ich überzeugt.

Heute erlebt Helmut Marko längst seine dritte Karriere als Businessman. „Früher hab ich Häuser gekauft, mit Immobilien gehandelt – jetzt mach ich Größeres." Seine Grazer Hotels sind „eine direkte Folge meiner Reisen, weil ich ja seh, was mir oft abgeht."

1981 baut er das sensationelle Schlossberg-Hotel, 2000 eröffnet er das Augarten-Hotel. „Mit 60 bis 70 Angestellten und einem sehr jungen Altersschnitt in der Rezeption: alle unter 24." Und im Grazer Bermuda-Dreieck (Mehlplatz 1) gehören ihm mittlerweile „ungefähr 10 Lokale". Trotz Stress ist er immer gut auf-

Sternstunde in Le Mans: Wie schon 1965 Jochen Rindt, gewann Marko 1971 mit dem Porsche 917, genannt „weißer Riese", und dem Holländer Gijs van Lennep das berühmteste 24-Stunden-Rennen der Welt. Rindt hatte mit Startnummer 21 triumphiert, Marko jubelte mit Nr. 22.

gelegt, hat immer Zeit für Freunde – die ihn alle an seinem 50. Geburtstag überraschen. Aber Helmut ahnt schon etwas, als ihm ein Bauer verrät: „Ich hab den Niki Lauda mit seinem roten Kappl zu dir nach Radegund rauffahren gesehen ..."

Dr. Marko ist heute Hirn und Motor des österreichischen Autorennsports, Talent-Scout späterer Champions und Wegbereiter künftiger Stars. Er hat den deutschen Jörg Müller zum Formel-3000-Europameistertitel geführt und sogar den recht eigenwilligen Juan Pablo Montoya – McDonald's-Fan und nicht gerade Fitness-Freak – gebändigt.

Marko lud den Kolumbianer zum Mittagessen auf einen Grazer Ausflugsberg, redete mit ihm lang, charmant und einträglich, und stieg nachher ins Auto – aber allein: „Du laufst jetzt zu Fuß runter nach Graz, Juan, du brauchst Kondition."

Und schon vor Jahren philosophierte Helmut: „Wenn wir einen Rennfahrer finden, der den Speed von Oliver Tichy hat, das Selbstbewusstsein von Alexander Wurz und die Geschäftstüchtigkeit vom Markus Friesacher – dann hätte Österreich wieder einen Rennfahrer, von dem die ganze Welt spricht."

Aus Markus wurde Patrick Friesacher, in seinem ersten Formel-3000-Jahr super im Qualifying, aber mit Problemen im Rennen – in seiner zweiten Saison schon sensationeller Zweiter in Monte Carlo. Und aus der vorbildlichen „Red Bull"-Rennfahrerpyramide von Didi Mateschitz kommen in fast allen Klassen schon die nächsten Talente – alle masterminded von Helmut Marko.

Racing, Management, zwei Hotels, die Ehefrau Irmhild (die Tochter eines Professors für Medizin), drei Kinder und immer Neufundländer Hunde rund um sich – wie schafft das der Allerweltskerl Helmut Marko?

„Zeiteinteilung, vielfältig sein – und immer Visionen haben."

1997 geisterte ein Sensationsphoto durch alle Zeitungen der Welt: ein Flugzeug in Alabama (USA) mitten auf einem Hausdach gelandet! Weil dem Piloten der Treibstoff ausging, hat er die Notlandung auf dem Sportplatz nicht mehr geschafft, sondern bleibt in einer Baumkrone hängen, bis er abstürzt – und mit zwei Rädern gleich ins fremde Schlafzimmer durchbricht.

Im Bildtext aller Zeitungen steht darunter: „Paul Marco aus Tuscalusa".

In Wahrheit ist es Paul Marko aus Graz – Helmuts mittlerweile knapp 30-jähriger Sohn, kurz ohnmächtig gewesen, aber dann gleich am Telefon nach Graz: „Du, Papa, ich bin abgestürzt." Der Doktor nimmt es nicht ernst, worauf Paul deutlicher wird: „... mit dem Flugzeug abgestürzt, Papa." Tags darauf: das Foto in allen Zeitungen.

Marko junior, der hoffnungsvolle Spross, hat in San Diego den „Bachelor of Administration" gemacht, aber bald nach seiner raumschiffartigen Landung ging er zur ORF-Enterprise. Heute ist er Marketing-Chef für die Weltkulturhauptstadt Graz, während „der Doktor", wie ihn alle voll Ehrfurcht und Respekt nennen, für Didi Mateschitz eine amerikanische Rennfahrer-Truppe aufbaut. Und beim Squash ist er sowieso weiterhin unbesiegbar.

Helmut Marko: Stationen seiner Karriere

1968:

Nürburgring-Südschleife	Kaimann Vau	1. Platz
Wien Aspern	Kaimann Vau	1. Platz
Dobratsch Bergrennen	Kaimann Vau	1. Platz
Monthlery	Kaimann Vau	1. Platz
Nürburgring	Kaimann Vau	1. Platz
Mainz Finthen	Kaimann Vau	1. Platz
Langenlebarn	Kaimann Vau	1. Platz
Innsbruck	Kaimann Vau	1. Platz
500 km Zeltweg	Porsche 906	9. Ges. 1. Kl.
Graf-Trips-Gedächtnisrennen Nürburgring-Südschleife	Porsche 906	2. Ges. 1. Kl.
Hockenheim	BMW Alpina 200	2. Platz
3. Europapokal	Formel Vau	
Österr. Staatsmeister	Formel Vau	

1969:

Wien Aspern	Camaro	3. Ges. 1. Kl.
Österreichring	Camaro	1. Platz
Nürburgring	McNamara Vau	1. Platz
Österreichring	McNamara Vau	1. Platz
6 Stunden Nürburgring	BMW Alpina 1600	4. Ges. 2. Kl.
Salzburgring	BMW Alpina 2002	2. Ges. 1. Kl.
1000 km Österreichring	Porsche 910	8. Ges. 1. Kl.

1970:

2 Stunden Salzburgring	BMW Alpina 1600	1. Platz
2 Stunden Zandvoort	BMW Alpina 1600	1. Platz
2 Stunden Silverstone	BMW Alpina 1600	1. Platz
4 Stunden Jarama	BMW Alpina 1600	1. Platz
86 Stunden Nürburgring	Porsche 914/6	1. Platz
1000 km Nürburgring	Porsche 908	5. Ges. 3. Kl.
1000 km Spa	Porsche 908	11. Ges. 2. Kl.
24 Stunden Le Mans	Porsche 908	3. Ges. 2. Kl.
6 Stunden Watkins Glen	Porsche 908	7. Ges. 1. Kl.
500 km Imola	Porsche 908	3. Ges. 2. Kl.

Thruxton	Porsche 908	3. Ges. 1. Kl.
9 Stunden Kyalami	Porsche 908	3. Ges. 1. Kl.
3 Stunden Cape Town	Lola 210	2. Platz
3 Stunden Pietermaritzburg	Lola 210	2. Platz
Österr. Sport- und Prototypmeister		
4. Europapokal für Tourenwagen		
3. Porsche-Cup		

1971:

4 Stunden Monza	Ford Capri	8. Ges. 3. Kl.
2 Stunden SalzburgringFord Capri	2. Platz	
6 Stunden Nürburgring	Ford Capri	1. Platz
2 Stunden Zandvoort	Ford Capri	3. Platz
Paul Ricard	Lola 212	1. Platz
Hockenheim	Lola 212	1. Platz
Imola	Lola 212	1. Platz
Clermont-Ferrand	Lola 212	1. Platz
Vallelunga	Lola 212	9. Platz
Zandvoort	Lola 212	4. Platz
9 Stunden Kyalami	Lola 212	5. Ges. 2. Kl.
3 Stunden Cape Town	Lola 212	1. Platz
1000 km Nürburgring	Porsche 908/3	3. Platz
24 Stunden Le Mans	Porsche 917	1. Platz
GP Österreich	BRM 153	11. Platz
GP Kanada	BRM 153	12. Platz
GP USA	BRM 160	13. Platz
Österr. Staatsmeister für Sportwagen und Prototypen		
Europameister für Sportwagen		

HELMUT MARKO:
9 Grand Prix

Rennen	Startplatz	Auto	Rennergebnis/Ausfallsgrund
1971			
Zeltweg	17	BRM P 153	10. Platz, 2 Runden hinter Stewart
Monza	12	BRM P 153	ausgefallen – Motorschaden in der 3. Runde
Mosport	19	BRM P 153	12. Platz, 5 Runden hinter Stewart
Watkins Glen	16	BRM P 153	10. Platz, 2 Runden hinter Stewart
1972			
Buenos Aires	19	BRM P 153	10. Platz, 2 Runden hinter Stewart
Kyalami	23	BRM P 153	14. Platz, 3 Runden hinter Hulme
Monte Carlo	17	BRM P 153/160	8. Platz, 3 Runden hinter Beltoise
Nivelles	23	BRM P 160	10. Platz, 2 Runden hinter Fittipaldi
Clermont-Ferrand	6	BRM P 160	ausgefallen – Unfall in der 8. Runde, Steinschlag

Mit der Nummer 1 des Weltmeisters: Niki Lauda 1976 in Monte Carlo. Als erfolgreichsten Ferrari-Fahrer aller Zeiten löste ihn erst Michael Schumacher ab – den Lauda 1996 nach Italien lotste.

ÜBERFLIEGER, ABENTEURER

Die vielen Cockpit-Karrieren des Niki Lauda. Aber der Schluss bleibt noch lange offen ...

Ein paar Winterwochen 2003 verbrachte Niki Lauda – aus dem Jaguar-Zwinger hinausgebissener Formel-I-Oberbefehlshaber, davor aus dem Lauda Air-Cockpit hinausintrigierter Airline-Boss – in der sonnigen Karibik. Jemand hatte ihm die Idee eingegeben: Mach dort ein Hotel auf.

Wirklich, Niki? „Träume, Heinz, Träume ... ein bisschen darf auch ich träumen." Wie früher vom Aussteiger-Leben in der kanadischen Wildnis, von der Ranch in Argentinien. „Sicher wäre es schön, den ganzen Tag am Strand zu liegen – aber dann wird dir bald fad. Also muss ich irgendwas tun."

Ein Schlosshotel Orth in der Karibik?

„Ich hab mir drei Inseln angeschaut, die ideal wären: kilometerlange, weiße Strände, die schönsten Flecken in der Karibik. Aber ich bin bald draufgekommen: Ich bin noch nicht reif für die Insel ..."

Mitten in die Ferien platzte die Meldung von der amerikanischen Weltraumkatastrophe. Lauda, der im April 2000 in Houston selbst zwei Stunden lang den Space-Shuttle-Simulator geflogen hatte, war erschüttert, aber realistisch und logisch wie immer: „Wenn's ans Limit geht, ob beim Rennfahren oder beim Weltraumfliegen – das Risiko ist immer dasselbe."

Niki Lauda
Geboren am 22. 02. 1949 in Wien. Dreimaliger Formel-I-Weltmeister mit unglaublichen Comebacks nach Letzter Ölung am Nürburgring und zweijähriger Pause, um seine Airline aufzubauen. Über Jahrzehnte einer der wenigen wirklichen Weltstars.

„Astronaut Lauda" weiß, wovon er redet: „Von allen Abenteuern meines Lebens war das Space Shuttle sicher das größte!" Zwar nicht direkt mit Raketenstart, aber immerhin am weltberühmten Simulator. „Doch das", musste „Niki cool" voll Emotionen zugeben, „war wirklich realistisch genug." Auch für den Technokraten Lauda eine Frage des Herzens, der Leidenschaft, des Mutes.
Würdest du gern einmal im original Space-Shuttle mitfliegen?
„Wenn s' mich in den Weltraum mitnehmen – ich wäre sofort dabei. Wenn's John Glenn geschafft hat, dass sie ihn noch mit 77 Jahren hinaufschießen ..."

Aber Lauda hat jetzt schon vieles erlebt, wovon andere nur träumen dürfen: dreifacher Weltmeister, internationaler Superstar, Vorbild für alle österreichischen Rennfahrer, ob sie seine „logischen Nachfolger" sind oder nicht.
Ein typisches Beispiel:
Quietschende Bremsen, als Gerhard Berger – noch vor der großen Schumacher-Ära – sein Ferrari-Dienstauto am Flughafen von Bologna stoppt – unmittelbar vor einem riesigen Lauda-Plakat. „Unglaublich, der Niki. Fährt seit Jahren keine Rennen mehr und ist immer noch ein Gott in Italien!" staunt sein „logischer Nachfolger", ehe er sich einbremst: „Niki muss in Wahrheit das ärmste Schwein gewesen sein, das es gibt."

Jeder Schritt begafft und beobachtet. 24 Stunden am Tag Kameras im Anschlag. Das öffentliche Wundertier.

In Popularitäts-Hitparaden war Lauda meist auf einer Ebene mit dem Papst, den Beatles oder Muhammad Ali. Viele Nationen haben ihn zum „Weltsportler Nr. 1" gekürt, sogar die Japaner, die ihn in zwei Jahren nur ganze zwei

Erster Schreck am Nürburgring: gebrochenes Handgelenk 1973. BRM-Boss Louis Stanley ist sorry.

Runden fahren gesehen haben. Den Mann mit dem roten Kappl erkennt man immer und überall: im nördlichsten Eskimo-Iglu genauso wie im tiefsten afrikanischen Busch.

Oder doch nicht? Es war lustig, wie ich Niki zwei Tage nach seinem (ersten) Rücktritt 1979 aus Montreal im Beverly Hills Hotel anrief und die Telefonistin fragte: „Mister L-A-U-D-A? Can you spell it? Bitte buchstabieren."

Oder noch erfrischender: Kitzbühel im Jänner 1986, Hahnenkamm-Skirennen, Party mit Abendessen in den Unterberger-Stuben. Am Tisch neben Niki saß Suzy Chaffee, eine große, hübsche, blonde amerikanische Ex-Rennläuferin. Nicht allzu erfolgreich, aber immer aufregend, wenn sie in langen, weißen Nachthemden in den Pressesaal demonstrieren kam.

Das Tischgespräch:

Suzy: „Du mit deinem Kappl, was bist du eigentlich? Sportler oder Pilot?"

Niki: „Beides. Jetzt Pilot, früher bin ich Rennen gefahren."

Suzy: „Auch erfolgreich?"

Niki: „War nicht so schlecht. Dreimal Weltmeister."

Suzy wurde neugierig: „Jetzt musst du mir nur noch verraten, in welcher Sparte des Motorsports?"

Sein Ruhm verfolgt ihn sonst überallhin. Einmal wird er auf der Autobahn mit 200 km/h gestoppt, relativ harmlos, wenn man weiß: Hans-Joachim Stuck hält den Arlbergtunnel-Weltrekord mit 229 km/h. Lauda entschuldigt sich nach der ersten Gendarmen-Rüge „Ich kann nicht anders ... 18 Jahre Autorennen, das geht nicht spurlos an mir vorbei."

Oder: Autobahnabfahrt, Lauda telefoniert, bückt sich ganz kurz, ganz wenig – und touchiert leicht den Vordermann. Niki zerknirscht: „Entschuldigen Sie, aber das ist wirklich nicht meine Art." Aber der andere springt begeistert aus seinem Auto: „Herr Lauda? Freut mich unheimlich, Sie kennen zu lernen. Lächerlich, so ein Kratzer." Er hätte sich auch noch zum Totalschaden beglückwünscht.

Aber Niki fährt total sicherheitsbewusst. Einmal riet er dem Altkanzler Bruno Kreisky: „Wenn Sie sich erst draußen auf der Hauptstraße anschnallen – viel zu spät. Das müssen Sie gleich beim Einsteigen tun."

Als er 1984 zum Nürburgring zurückkehrt, dreh ich mit Niki während der Autofahrt zum „Ring" ein TV-Interview. Die häufigste Seher-Reaktion? Nicht wegen des Unfalls, Grillfests oder anderer deftiger Aussagen, sondern „dass man gesehen hat, wie oft der Lauda während des Autofahrens in den Rückspiegel geschaut hat."

Niki Lauda, dreifacher Weltmeister, ewiger Superstar der Formel I, bleibt eben das Synonym für Autorennfahren. Wie Nurmi oder Zatopek fürs Laufen,

Björn Borg fürs Tennisspielen, Muhammed Ali fürs Boxen. Aber da sind vor allem starke Parallelen zu anderen österreichischen Sportlern: Wie Klammer hat auch Lauda zu Hause keinen einzigen Pokal – weil er keine funkelnden Beweise seiner Erfolge braucht.

Mit Annemarie Moser teilt er sein „japanisches Schicksal" – hie Sapporo 1972, da Fuji 1976, Karriere-Unterbrechung und das Comeback – mit noch größeren Erfolgen als zuvor.

Wie der frühere Barcelona-Legionär Hans Krankl kann er Spanisch – wegen Ibiza. Und wie Hermann Maier schaffte er ein faszinierendes Comeback. Denn wie Toni Innauer flog er einmal fast in den Himmel: 1976, am Nürburgring.

Irgendwie erscheint Lauda als die Krönung vieler österreichischer Sportlerkarrieren. Mit dem Zusatz, dass er die Technik besiegt – die er sich aber vorher zunutze gemacht hat. In einem Sport, in dem man viel mehr „sein eigenes Glück oder Pech" machen kann, als man oft glaubt.

„Vergiss den Motorsport", sagt mir Bernie Ecclestone, der große Formel-I-Zirkus-Direktor. „Die ganze Welt hat jahrelang nur ganz wenige echte Superstars erlebt. Und Niki Lauda ist einer davon." Rezept für den Aufbau gibt es keines. „Superstars kannst du nicht machen. Entweder, sie sind es – oder sie werden es nie sein." Vor Schumi galt das schon für Lauda.

Kein anderer Rennfahrer hatte je die Phantasie der Menschen so entflammt wie Lauda, die lebende Legende. Von keinem anderen hat man im infernalischen Gebrüll des PS-Zirkus jemals so logische, glasklar formulierte Analysen gehört. Wenn Lauda heute zu einem Grand Prix kommt und den Mund aufmacht, wird er mehr gehört als viele Stars von heute. Er bleibt das Maß der Formel I – auch auf der anderen Seite der Leitplanken.

Als Nelson Piquet vor über 20 Jahren seinen Brabham-Boss Ecclestone um Gehaltsaufbesserung bat („Ich möchte auch drei Millionen Dollar"), da wies ihn Bernie so zurecht:

„Hör gut zu, Nelson. Wenn du Weltmeister bist, einem Filmstar wie Curd Jürgens die Freundin ausspannst, dich am Nürburgring anzündest, schon die Letzte Ölung bekommen hast, aber direkt vom Krankenhaus ins Rennauto zurückkehrst, im Comeback-Rennen Vierter wirst, im letzten Rennen den WM-Titel preisgibst, weil du aussteigst, ihn aber im Jahr darauf zurückholst, dann bei Ferrari selber alles hinschmeißt, das Team wechselst, plötzlich mitten im Training zurücktrittst, deine eigene Fluglinie aufbaust, aber zwei Jahre später wieder kommst und nochmals Weltmeister wirst – dann zahl ich dir auch drei Millionen Dollar. Vorher nicht."

Unglaublich, was er alles schon hinter sich hat, der Andreas Nikolaus Lauda.

Würdest du dein bisheriges Leben als Film sehen, würdest du wahrscheinlich sagen: Was für ein verrücktes Drehbuch! Oder?

„Nein, die Dinge sind schon immer wieder in der richtigen Reihenfolge passiert. Das konnte ich nicht beeinflussen. Der Ablauf Weltmeister – Nichtweltmeister, die Wechselbeziehung zwischen Erfolg und Misserfolg, wurde von der Geschichte geschrieben – und nicht von mir. Und war auch von mir nicht geplant."

Was hat dich mehr geprägt: Die Siege oder die Niederlagen?

„Die Niederlagen, in erster Linie. Die positiven Seiten hab ich immer unterdrückt, damit ich nach einem Sieg nicht zu schweben anfang – Wolke 7. Ich hab mich immer nur mit den Niederlagen auseinandergesetzt – und sie dann sehr oft richtig korrigiert." Nicht nur als Rennfahrer ...

Du hast mir einmal gesagt: Im Moment ist jeder Sieg der schönste; aber nachher, in der Erinnerung, sind sie alle gleich?

„Dass ich 1974 in Madrid – Jarama meinen ersten Grand Prix gewonnen hab, war sicher wichtig – bestimmt wichtiger als z. B. der 18. Sieg. Die Zeit geht ja weiter. Es ist ja nicht das Wichtigste, dass man sich zu Hause, Fotoalbum am Tisch, an den schönen Zeiten erfreut. Es war zwar immer wichtig – aber nur zur Zeit, als es passiert ist. Was hab ich heute davon?"

Setzt du dich manchmal vor den Fernseher und schaust dir einen alten Grand Prix auf Video an?

„Nein, nie."

Deine Mutter hat einmal gefragt, ob das schnelle Autofahren wirklich so schön sein kann, und du hast ihr geantwortet: „Ja." Später nicht mehr?

„Das war schön. Aber meine Interessen waren dann woanders. Ich hatte keinerlei Ambitionen, es mit 36 Jahren wieder als schön zu empfinden."

Und von 1968 bis 1985, also 18 Jahre mit Pause dazwischen?

„Das war ein Beruf, der irrsinnig lang gedauert hat – bei 18 Jahren kannst nicht von einer Emotionsgeschichte reden. Ich will diese Zeit nie missen, würde es auch sofort wieder genauso machen. Im Totalen war diese Zeit genau das, was ich mir vorgestellt hab."

Kommt manchmal die Erinnerung zurück?

„Wenn du andere Interessen hast, wie ich jetzt, ist das alles tot. Ich bin so ein rationeller Mensch. Was hab ich davon, wenn die Milchfrau sagt: ‚Mein Gott, so lieb ist er gefahren.' Für sie vielleicht lieb. Aber für mich? Es ist vorbei, nicht im Negativen, aber es kommt Neues – und ich bin ja immer um fünf Jahre voraus."

Als er zu Jaguar nach England zog – und später nach Ibiza – hat er seinen liebsten Poster mitgenommen: James Dean im Asphaltdschungel von Manhattan, Kragen hochgeschlagen, gebückt, aber unbeirrt. „Lonely are the brave." Passt gut zu Nikis Lieblings-Videofilm, den er zu Hause in Ibiza unzählige Male gesehen hat: „Jeremiah Johnson" mit Robert Redford. „Auch ich hab schon den Aussteiger-Traum geträumt: mit meinen Buben in Kanada fischen gehen." Probeweise knatterte Niki einmal zwischen dem Montreal- und dem Detroit-Grand-Prix mit einem alten Wasserflugzeug mit Sternmotor zu den einsamen Fischerinseln.

„Aber dann ist uns allen fürchterlich schlecht geworden."

Zurück zur Erde. Himmelstürmer war er oft genug. Es war super, Nikis Anfänge mitzuerleben, auch als Flieger. Ein Rausch, der ihn 1975 gepackt hat. Damals flog er mit einer Cessna Golden Eagle (und Fluglehrer Kemetinger) zu seinen Test- und Renneinsätzen. „Nach dem Chaos im Rennauto fasziniert mich, wie geordnet beim Fliegen alles abläuft."

Einmal waren wir vom Militärkommando zu einem aufregenden Vormittag eingeladen: im Cockpit von zwei Saab 105 Ö, den Jagdbombern. Volksschulunterricht im Luftkampf. Wenn's rot-gelb-rot aufblitzte, drehten wir schnelle Punktrollen. Wenn die Sonne (und der Großglockner) ums Flugzeug herumkrochen: langsame Tonnenrollen. Wir hingen an Atemschläuchen, verpackt in Druckanzügen. Ich war über Sprechfunk mit Niki verbunden, wir versuchten für einen TV-Film ein Interview, das die Bodenstation aufzeichnete – warfen es dann aber wegen Geistlosigkeit weg. Die 4 g bliesen mir wohl das Blut aus dem Hirn.

Oder der berühmte Weltrekordflug London – Paris. Für eine BBC-Fernsehshow am Brands-Hatch-Wochenende 1984 wurde Niki samt seiner Falcon-Jet für ein aufregendes Abenteuer verpflichtet. Ich durfte mitfliegen. Der Ablauf: Popstar Leo Sayer rennt im Londoner BBC-Studio los, Richtung Hubschrauber, der sofort nach Biggen Hill knattert – dort wartet Lauda startbereit, nimmt Sayer auf, donnert über den Ärmelkanal, stürzt sich wie ein Stuka auf Paris, Leo springt direkt auf ein Motorrad, jagt das Seine-Ufer entlang ins Fernsehstudio – alles zusammen knapp eine halbe Stunde. Weltrekord trotzdem knapp verpasst.

Das sind Erlebnisse, die du nur mit Niki haben kannst.

Als Nachbrenner funkte die Formel I immer in sein Leben: „Was ich dort gelernt hab, kann man im normalen Leben sicher verwenden: Du musst rasche und wichtige Entscheidungen treffen, schnell und logisch denken, leistungsbezogen arbeiten." Jedoch: „Gegen das, was ich in der Fliegerei erlebt hab, war die Formel I in ihren härtesten Jahren erholsam. Sogar das Zusammenarbeiten mit Ing. Mauro Forghieri bei Ferrari ein reines Vergnügen." Vielleicht sogar seine Zeit bei Jaguar.

Die österreichische Luftfahrtpolitik war für Lauda sehr schwierig zu durchschauen. Man kann nur versuchen, den richtigen Kompromiss zu finden. Im Rückspiegel: „1978 hab ich begonnen, da haben sie gleich versucht, mich niederzumurksen. Also musste ich mit meinen beiden Fokker nach Ägypten ausweichen, wurde wieder Rennfahrer, wieder zurück, mit fast allen Wassern gewaschen – und beschloss: jetzt lass ich mir nichts mehr gefallen, kämpf um mein Recht. Und hab ein anderes Set-up, um mich gegen dieses Konglomerat durchzusetzen – sonst müsste ich am Rechtsstaat Österreich verzweifeln."

Der Kampf dauerte 18 Monate. „Kurz für österreichische Verhältnisse – aber lang für meine Grand-Prix-Gewohnheiten." Am 12. Oktober 1987 erhält Lauda endlich seine Linienkonzession. Zwei österreichische Fluglinien teilen sich die Welt auf: Niki fliegt nach Hongkong, Bangkok und Sydney, die AUA nach New York und Tokio.

Ist das der Friedensschluss oder eine neue Kriegserklärung?

„Weder – noch."

Die AUA hatte danach 3.500 Angestellte und 16 Flieger. Und du?

„140 Angestellte und zwei Flieger, 1988 drei: zwei 737-300 und eine 767-300 mit 241 Plätzen. Damit begann ich am 1. Mai 1988 die Langstreckenlinien: Wien – Bangkok – Sydney und Wien – Bangkok – Hongkong, einmal pro Wo-

Als Formel-I-Piloten noch keine Computer waren: Lauda, Ronnie Peterson, John Watson, Mario Andretti und Jody Scheckter in der legendären Kyalami Ranch, Südafrika.

che. Sonst haben wir noch einen Lear-Jet" – mit dem Niki zu seinen spärlichen Formel-I-Besuchen düste.

Zahlen lügen nicht. Eine Umfrage ergab: Bekanntheitsgrad der AUA vorläufig zwar noch größer, Sympathiewert aber der gleiche – was sehr für Niki spricht. „Der einzige Weg zum Erfolg führt über die Leistung: Je mehr Leute zufrieden aussteigen, desto mehr kommen wieder." Das galt bis 2000.

Kein Wunder, dass Lauda mit hohen Summen schon immer gut jonglieren konnte – weil er ja im Nachhinein auch seinem berühmten Großvater Recht gibt: „Ein Lauda gehört in den Wirtschaftsteil der Presse, nicht auf die Sportseite."

Unser erstes von vielleicht tausend Radio- und TV-Interviews haben wir 1969 auf dem Nürburgring gemacht: dreifacher österreichischer Sieg im Rahmenrennen zum Grand Prix von Deutschland – 1. Marko, 2. Lauda, 3. Peter. Später imponierte es Niki, „wie der Jochen Rindt in Aspern zum ersten Mal auf mich zukam. Er gab mir die Hand und sagte: ‚Servas!'"

Jedes Mal, wenn ich am „Café Billroth" vorbeifahre, fallen mir die ungezählten Stunden ein, die ich dort 1971/72 mit Niki gehockt bin: Wir haben uns das Hirn zerspragelt, wo Niki die 2,7 Millionen Schilling für seinen March-Formel-I-Vertrag auftreiben könnte. Einmal kam er sogar zu einem Damenskirennen. „Du kennst die Skifabrikanten. Wollen die sponsern?" Niki fragte nur um 150.000 Schilling für einen Sturzhelmaufkleber für drei Jahre, holte sich aber eine Absage: „Der wird koa Rindt!" Schon möglich, sagte ich, aber vielleicht ein sehr guter Lauda. Im dritten Jahr war er wirklich schon Weltmeister, aber ohne Ski-Aufkleber.

Ecclestone sagte mir damals abschätzig: „Paying drivers, Leute, die fürs Rennfahren zahlen, sind für die Formel I nicht gut." Aber Niki wollte nur in sich selbst investieren – um den Weg nach oben abzukürzen.

Max Mosley, March-Boss und heutigem FTA-Präsidenten, hat es nie leid getan, dass er Lauda 2,7 Millionen abgeknöpft hat. Später verblüfft er mich mit folgender Theorie:

„Niki ist von allen Fahrern, die ich je kennen gelernt hab, sicher der interessanteste. Weil er nicht als Supertalent zu uns kam, sondern alles durch Arbeit, Fleiß und Intelligenz geschafft hat. Viele sind Riesentalente, kommen aber trotzdem nicht weit. Dann gibt es ein paar Rennfahrer mit Charakter und Intelligenz. Aber ich kenn nur einen, der gar kein besonderes fahrerisches Talent hatte und es trotzdem geschafft hat: Niki Lauda. Missversteh mich nicht: Natürlich war er gut genug, um in die Formel I reinzukommen – aber sicher nicht, um gleich drei WM-Titel zu gewinnen. Die gewann er nur, weil er ein ganz außergewöhnlicher Mensch ist: Scharfe Intelligenz, kommt genau auf den

Punkt, begreift sofort, was wichtig ist und was nicht, ist ehrgeizig und zielbewusst – einer dieser Menschen, denen alles gelingt, was sie anpacken. Denn in der Formel I ohne Riesentalent erfolgreich zu sein ist das Größte, was es gibt – danach schaffst du auch das Big Business oder was auch immer."
Niki, mit der Mosley-Expertise konfrontiert: „Was ist Talent, was nicht? Wichtig ist der Erfolg. Du musst im richtigen Moment Gas geben, nicht immer nur Vollgas. Denn das Überleben ist auch ein Teil der Formel I."
Rückblick auf 1971, als Lauda mit einer March-Gurke in Zeltweg debütiert. Was ist aus dem damaligen Starterfeld geworden? Sechs sind tödlich verunglückt (Siffert, Cevert, Hill, Peterson, Stommelen, Bonnier), zwei wurden durch Unfälle aus der Formel I gerissen (Marko, Regazzoni).
Als Marko/Lauda 1972 zum WM-Auftakt in Buenos Aires Zehnter und Elfter werden, spottet eine Zeitung: „Die Rindt-Nachfolger in der Formel I sind für Tempo 100." Der siebte Platz von Kyalami: Nikis bestes Ergebnis.

1973 wechselt er zu BRM, fasziniert Enzo Ferrari, weil er in Monte Carlo mit Stewart-Fittipaldi mitkommt, dem Ferrari-Star Jacky Ickx sogar davonfährt. Lauda holt in Zolder seine ersten zwei WM-Punkte, bricht sich am Nürburgring den Arm, crasht in Monza schwer, führt im Regen-Grand-Prix von Kanada schon mit 35 Sekunden – dann hat er genug von BRM.
Ferrari lockt, zuerst aber streng geheim. Luca Montezemolo – der später die Fußball-WM 1990 in Rom organisiert und seit 1991 Ferrari-Präsident ist – soll Ferrari neu aufbauen, reorganisieren, und trifft sich heimlich mit Lauda in London, „damit's nicht auffällt."
Ich bin von Niki eingeweiht, aber Stillschweigen ist befohlen. In Zeltweg – Niki hat noch die Hand in Gips – übertragen wir gemeinsam fürs Fernsehen: Jedes Mal, wenn der Ferrari von Merzario unten vorbeiheult, beugt sich Niki aufgeregt und weit aus dem Kabinenfenster.
Einen Tag bevor Ferrari sein neues Team bekanntgibt, schwimm ich noch auf irgendeiner Insel. Als wahrer Freund denkt Niki an die „Kronen Zeitung": „Ich ruf für den Heinz an. Wir können schon schreiben: Der Lauda fährt 1974 für Ferrari!"
Als Nachfolger für Arturo Merzario, den wir einmal, als Niki sein Ferrari-Dienstauto abholt, an einem Kreisverkehr in Modena treffen. „Komm, steig aus, wir müssen mit ihm reden. Sonst glaubt er, seit ich für Ferrari fahr, bin ich arrogant."
Und wie er fährt: Poleposition-König, fast jedes Rennen in Führung, aber deprimierende Defekte, nur zwei Siege: Jarama und Zandvoort. Jarama beginnt auf nasser, später auf trocknender Bahn. Lauda überholt Peterson und schlägt

Regazzoni um 40 Sekunden. Seine damalige Freundin Mariella von Reininghaus in der Box: „Wir haben beide das Gefühl, als wäre dieser erste Sieg schon so lang passiert."

Am zehnten Jahrestag – 1984 – erinnert sich als Einziger Emerson Fittipaldi an Jarama und schickt Niki ein Telegramm.

1975 in Monte Carlo erfreut Niki nicht nur Ferrari mit dem ersten Sieg im Fürstentum seit 20 Jahren, sondern überrascht auch Millionen TV-Fans mit seinem formvollendeteten Handkuss für Fürstin Gracia Patricia: „Für mich völlig normal. Ich versteh nicht, wieso alle darüber reden." Er gewinnt auch in Zolder, Anderstrop, Le Castellet und Watkins Glen, steht schon in Monza als Weltmeister fest.

Nie werde ich vergessen, wie ich Niki damals im Moment seines größten Triumphes wieder traf: eingekeilt von lauter bedrohlichen, stampfenden Polizistenpferden – nervöse Unruhe. Es sah zum Fürchten aus. Umso schöner war die WM-Feier, zu der Enzo Ferrari später im November einlud. Der Commendatore sprach vom „Werkzeug der Arbeit".

Und wirklich – so hart wie Lauda hatte noch kaum ein Rennfahrer für den WM-Titel geschuftet.

Der erste seiner 25 Grand-Prix-Siege: Madrid-Jarama 1974, auf Ferrari.

Als Niki zu Ferrari kam und die gigantischen Möglichkeiten sah, wunderte er sich wie alle, „warum Ferrari nicht jeden Grand Prix mit Rundenvorsprung gewinnt. Schau allein die Teststrecke Fiorano an: Aber wahrscheinlich hat sich Jacky Ickx hier immer nur in die Sonne gelegt."

Laudas technischer Bezugspunkt: Konstrukteur Mauro Forghieri. Ein Chaotiker, aber ein Genie. Forghieris Autos haben sieben WM-Titel und 60 Große Preise gewonnen – davon 15 mit Lauda am Lenkrad: mit Ferraris erfolgreichstem Piloten aller Zeiten ... bis Schumacher kam.

Jedoch: „Mit Niki zusammenarbeiten hieß: Du musst deinen eigenen Charakter wegschmeißen, mit Herz, Seele und Hirn dauernd in seinem Auto drinsitzen. Aber er schenkte mir auch die meisten Siege, die besten Resultate." Und daher: „Alles zusammengerechnet: mein liebster Rennfahrer. Auch mit Chris Amon war ich befreundet. Gilles Villeneuve war oft schwierig zu begreifen. Jody Scheckter nach außen hin ein Tier – doch innen sehr weich und warmherzig. Aber Lauda: meine Nummer eins."

Zehn Jahre nach Niki Lauda erlebt Gerhard Berger den Traum, Ferrari-Pilot zu sein – oder den Albtraum?

„Du wirst in Italien überall auf Händen herumgetragen. Spürst aber auch ständigen Druck von den Medien, musst genau aufpassen, was du sagst – damit du nicht auf die falschen Gleise geschoben und anders ausgelegt wirst. Ich war jedenfalls zu allen nett, freundlich – und gab Acht."

Und Lauda sagt heute, wenn er sich an seine Ferrari-Zeit erinnert und mit der Schumacher-Ära vergleicht: „Ferrari war früher ein Tollhaus der Politik. Das darf niemand unterschätzen. Da kann der beste Mann scheitern, wenn er kein politisches Gspür entwickelt. Man muss da sein, mittendrin, wenn die Spaghetti oder die Fetzen fliegen, die Spaghetti sozusagen mitessen. Wichtig ist, dass sich die Ferrari-Politik immer nur auf Emotionen ausrichtet – und da hilft oft schon ein einziger Sieg, meinetwegen ein Zufallssieg, weil er die Ferrari-Emotionen mit einem Schlag umdreht."

Ferrari hütet ängstlich alle technischen Geheimnisse. Wenn Lauda einmal öffentlich zugab: „Mein Auto untersteuert", dann galt dies bereits als Hochverrat.

Ich erinnere mich an Bozen 1976. Lauda kam als Ferrari-Seriensieger zu einer öffentlichen TV-Show nach Südtirol – direkt aus Anderstorp (Schweden), wo er zuletzt nur Dritter geworden war. Weshalb die italienischen Zeitungen sofort Alarm schlugen: „Lauda und Ferrari in crisi!" Später, als wir durch die Bozener Altstadt bummelten, warf TV-Regisseur Lucky Schmidtleitner seinen Schuh heimlich so hoch, dass er genau vor Lauda niederfiel. Niki: „Was hab ich euch gesagt? Einmal nur Dritter, und schon schmeißen sie dir aus dem Fenster die Schuh nach."

Lucky, das Lachen mühsam verbeißend, warf denselben Schuh nochmals in die Luft. Darauf Lauda: „Schauts her – da kommt schon der zweite …"

Später Berger und Alboreto – damals Lauda und Regazzoni. Wiederholt sich die Geschichte jemals mit Schumi/Barrichello? Früher flackerte Rivalität auf. Clay erinnert sich, warum ihn Niki seinerzeit so oft ausgetrickst hat:

„Nikis großer Vorteil damals: Er war unheimlich informiert über die Reifen, die damals noch verschiedene Konstruktionen hatten, nicht so wie die heutigen Radialreifen – sie waren viel wichtiger als jetzt."

Lauda hatte zwar, wann immer er aus dem Goodyear-Transporter trat, einen geheimen „Schmierzettel" mit allen Reifennummern, dementiert aber. „Sicher, die Reifen waren wichtig. Aber vor allem musstest du so fahren, dass die Reifen auch überlebten. Das ist mir öfter gelungen als anderen."

In Zandvoort ist Clay wütend: Er hat Freitag Poleposition, arbeitet Samstag gezielt an der Rennabstimmung, weil es angeblich keine Qualifikationsreifen mehr gibt – aber Niki schnappt sich welche und schießt den Teamkameraden in letzter Sekunde vom besten Startplatz.

In Zolder ist Niki sauer, weil ihn Clay bis zur Ziellinie heftigst attackiert und er nur mit einer unglaublichen Rekordrunde vorn bleiben kann – 1,6 Sekunden schneller als im Training!

In Monte Carlo sind beide wütend: Montezemolo dreht die Ferrari-Startplätze um, Regazzoni führt, aber Laudas Druck ist so mörderisch, bis Clay (mit ge-

„Die zwei wichtigsten Menschen in meinem Leben? Marlene und Enzo Ferrari. Keine weitere Reihenfolge …"

brochenem Sitz) ausrutscht und in die Leitplanken kracht. Nachher wird gestritten, dass die Spaghetti fliegen.

„Unsere Ferrari", erinnert sich Clay selig, „waren 1974–76 so überlegen, dass wir jedes Rennen hätten gewinnen können!" Fahren wir also der Erfolgsspur nach. Lauda gewinnt 1975 den Grand Prix von Brasilien als erster Europäer, dann Kyalami, Zolder, wieder Monaco, Brands Hatch – und dann kommt der historische 1. August 1976. In Wien stürzt die Reichsbrücke ein. Am Nürburgring verunglückt Lauda in einer Flammenhölle und bekommt im Spital schon die Letzte Ölung – aber drei Tage später ist er gottlob überm Berg.

Als ich, wie täglich, in der Klink anruf, werde ich unvermutet zu Niki durchgestellt. Mit schwacher Stimme erzählt er seine letzte Erinnerung ans Rennen: „Ich hab Carlos Pace aus den Boxen heraus überholt, dann weiß ich nichts mehr." Und denkt an seine vier Lebensretter: „Mach eine Aussendung über die Nachrichtenagenturen, dass ich ihnen allen vier danke sag, Merzario vor allem – wer waren die anderen?"

Wie Ertl Alarm schlägt, wie Lunger und Edwards gegen das Feuer kämpfen, wie Merzario den Sitzgurt aufreißt – all das hat ein damals 14-jähriger Bub mit einer Schmalfilmkamera gedreht, wie Niki später herausfand und tief beeindruckt war, „wie der Bub ganz kaltblütig, wie ein Vollprofi, die Kamera aufs brennende Auto gelenkt und die ganze Bergung gefilmt hat. Das muss er mit seinen 14 Jahren superemotionslos angegangen sein."

Nikis Lehre von damals: Nie mehr wieder, auch nicht für sehr viel Geld, einen kantigen Sturzhelm! Wäre ihm der Helm nicht am Gitterzaun heruntergefetzt worden, wären ihm alle Brandwunden im Gesicht erspart geblieben. Sehr ernst hat er sie nie genommen – ausgenommen eine Augenlidoperation 1982 beim „Michelangelo der plastischen Chirurgie", Prof. Pitanguj, in Rio, weil Gefahr bestand, dass das Auge austrocknet. Aber Schönheitsoperation – für nichts in der Welt. Jackie Stewart: „Lauda trägt seine Narben wie einen Kampfschild vor sich her." Niki sieht's lockerer: „Andere Menschen sind schiacher als ich, aber ich hab wenigstens eine Entschuldigung: Unfall gehabt."

1984 war Lauda erstmals wieder am (neuen) Nürburgring: Als wäre Napoleon auferstanden, nach Austerlitz zurückgekehrt oder als kämpfte Rommel nochmals in El Alamein. 2002 zeigte er seinen Söhnen Lukas und Mathias die Unfallstelle.

Und einmal fuhr mich Niki – gigantisches Erlebnis – in einem schnellen Auto nochmals durch die 22,9 km lange „grüne Hölle": Ich hab die Runde heute noch auf Tonband, von Niki besprochen: „Der alte Nürburgring heute ist wie der Zweite Weltkrieg ... da fliegt in den Himmel ... dort köpfelst den Wald hinunter ... und hier würden die Autos in der Mitte auseinanderbrechen."

Beim historischen Streckenkilometer 9,6 reißt Niki am Lenkrad und grinst sarkastisch: „So, und jetzt üben wir das gleich noch einmal." Keine Leitplanke, kein Netz. Verbrannt ist die Erde längst nicht mehr. Wir pflücken Himbeeren und Walderdbeeren.

„Der Nürburgring? Sicher ein wichtiger Einschnitt in meinem Leben. Wennst so kurz vorm Abkratzen bist, überlegst du dir verschiedene Dinge." Vergessen kann er den Nürburgring nicht – weil er jeden 1. August daran erinnert wird. 1977: „Herr Lauda, ein Jahr danach ..." – „Nach was, bitte?", fragte Niki. Oder 1986, der zehnte Jahrestag. „So lang ist das schon her? Erwarten die Leute jetzt, dass ich ein Fest geb? Am besten ein Barbecue?"

Daher gab es zum Jahrestag auch keinerlei Kameradentreffen. Von den vier Lauda-Rettern leben nur noch drei. Harald Ertl ist 1982 auf einem Ferienflug nach Sylt mit dem Privatflugzeug abgestürzt – das Schicksal so vieler Formel-I-Piloten wie Graham Hill, Tony Brise, Carlos Pace, David Purley etc. Und die anderen?

Brett Lunger: Der freiwillige Vietnamkämpfer aus allerbestem Haus (seine Mutter ist eine echte Du Pont) hat sich von seiner ersten Frau, einer Engländerin, scheiden lassen und eine Amerikanerin geheiratet. Zusammen mit seinem Vater macht er „big business".

Guy Edwards: Immer noch im Renngeschäft, aber längst auf der sicheren Seite der Leitplanken. Vor allem dort, wo die Sponsoren sitzen.

Arturo Merzario: Er und Lauda haben sich schon vor dem Unfall nicht leiden können, nachher seltsamerweise auch nicht, obwohl ihm Niki seine wertvollste goldene Uhr schenkte: die Poleposition-Uhr von Monte Carlo. Als Formel-I-Pilot hat Merzario längst aufgehört, als Firmenchef und Rennstallbesitzer Pleite gemacht, jedoch, typisch italienisch, sein eigenes Geld vorm Bankrott gerettet.

Rennfahrer bleiben nie gleich. 1973 in Zolder ruft Stewart zum Fahrerstreik auf – weil der Asphalt aufbricht. Der junge Niki empört sich: „Soll der Stewart ruhig nach Haus fahren, wenn er Angst hat. Kann wenigstens ich gewinnen." Aber am Nürburgring weiß Lauda, „hatten alle die Hosen voll, auch die Champions von gestern – nur ich war der Einzige, der das auch zugab."

Die Angst, Niki – ein Thema für dich?

„Angst gibt es immer wieder, die Frage ist nur, wie du sie bewältigst. Jeder hat Angst, die kommt ganz von allein. Du überwältigst sie aber im Vertrauen auf deine eigenen Möglichkeiten. Angst kommt höchstens, wenn etwas passiert – wenn sich vor dir einer dreht. Aber im Normalfall nicht. Nicht vorm Rennen."

In Monza springt ihn die Angst an. Nur sechs Wochen nach dem Unfall, von

Fitmacher Willi Dungl völlig aufopfernd präpariert und aufgebaut – wie schon nach dem KTM-Traktorunfall vom April. Das erste Ausbrechen erschreckt ihn. Aber im Rennen wird er Vierter – Bester von drei Ferrari!

Den WM-Titel in Fuji schenkt er her, weil er den Mut zur Angst hat. Nach zwei Runden im strömenden Regen steigt Niki aus. „Ich will nimmer, ich kann nimmer." Das Comeback hat ihn total ausgelaugt.

Als die Straße auftrocknet, weiß Niki: „Eing'fahren." Er verlässt das Autodrom wie ein Ehrengast, mit Marlene und Forghieri in der Limousine, wird aber doch neugierig, weil er (wenn James Hunt ausfällt) immer noch Weltmeister werden kann.

„Ich dreh am Radioknopf. Endlich ein englischer Soldatensender. Ich hör gerade: World Champion is ... ausgerechnet jetzt kommt eine Unterführung, und der Sender ist weg." James Hunt ist Weltmeister, und für Lauda brechen harte Ferrari-Zeiten an: Man offeriert ihm etwas hinterfotzig sogar den Rennleiter-Job für 1977. Aber da hat er etwas ganz anderes vor: seinen Titel zurückzugewinnen.

Niki, war deine WM-Taktik immer aufs jeweilige Rennen ausgerichtet – oder auf die Saison als Ganzes?

Niki Lauda und der Ferrari Nr. 11 – die stärkste Kombination, bis Michael Schumacher nach Maranello kam. „Niki nazionale" gewann für Ferrari zwei WM-Titel.

„Ich hab immer auf die Weltmeisterschaft geschaut, nie auf ein einzelnes Rennen. Aber das konnte heißen, dass es oft sehr wichtig war, an einem bestimmten Tag zu gewinnen."

Alle Teamchefs schwärmen davon. Du hast immer gewusst: Mit diesem Auto kann ich heute Zweiter werden – oder nur Vierter. Und hast dann haargenau diesen Platz herausgefahren?

„Sicher, das war wichtig: Die Leistung des Autos richtig einschätzen, die Konkurrenz analysieren." – Bis ins Hirn.

1977 war der Ground-effect-Lotus des „schwarzen Teufels" Mario Andretti das schnellste Auto. Walter Wolf (mit Scheckter) ein sensationelles neues Team. Weltmeister aber wurde mit drei Siegen in Kyalami, Hockenheim, Zandvoort und fünf zweiten Plätzen Niki Lauda.

Ende August kündigte er bei Ferrari, worauf man ihm gleich sein Dienstauto wegnahm. Der erfolgreichste Ferrari-Fahrer aller Zeiten (15 Siege in 57 Rennen) verließ Maranello mit dem Taxi.

Nochmals Forghieri: „Ich verstand, warum Niki nicht mehr bei Ferrari bleiben wollte. Einen solchen Druck von der italienischen Presse – den kannst unmöglich dein ganzes Leben lang aushalten."

Und Enzo Ferrari sagte ihm jahrelang nach: „Lauda wäre der erfolgreichste Rennfahrer aller Zeiten geworden, fünfmal Weltmeister wie Fangio – wäre er nur bei Ferrari geblieben. Aber er hat nicht die Geduld gehabt."

Enzo Ferraris unmittelbare Reaktion? – „Nach Laudas Weggang", verrät mir sein Sohn Piero, „hat Papa in Maranello und Fiorano alle Lauda-Bilder von der Wand gehängt, alle Fotos weggenommen. So empört war er." Später hing in Enzo Ferraris Arbeitszimmer – mit dem Foto seines 1956 gestorbenen Sohnes Alfredo (Dino) und den brennenden Kerzen – nur noch ein Bild des 312-Prototyps, des letzen großen Ferrari-Rennsportwagens. Aber mit Niki war er längst wieder versöhnt: Gratulationen zum Kind, zum Geburtstag – und ein väterlicher Kuss in den Boxen von Imola.

Am Tag nach seiner Kündigung traf ich Niki jedenfalls bei Ferrari-Testfahrten in Monza. Und der Commendatore hätte damals noch viel mehr gerollt, hätte er je gewusst, wohin Lauda mitten im Test zum Mittagessen abhaute – ins Restaurant „George V." im Monza-Park. Dort wartete Bernie Ecclestone mit einem Super-Angebot.

So wird Lauda Brabham-Pilot und gewinnt 1978 für Bernie zwei Rennen: Anderstorp mit dem berühmten „Staubsauger", der später verboten wird und als teuerstes Siegerauto in die Formel-I-Geschichte eingeht – fünf Millionen Schilling für neun Punkte. Und Monza nach Strafminute für Andretti und Villeneuve, aber

ein freudloser Sieg – Ronnie Peterson nach Kollision mit Hunt verunglückt.
Ich blieb Montag noch in Monza, um Ronnie im Spital zu besuchen, aber der heimgeflogene Niki alarmierte mich schon um sieben Uhr früh am Telefon: „Bin gerade von Parmalat verständigt worden: Ronnie soll im Koma liegen. Fahr bitte sofort ins Spital!"
Zehn Minuten später war der so sympathische Schwede tot – Fettembolie nach zu früher Beinoperation.

Laudas Kraft in dieser Woche musste man bewundern: Sein eigener Vater gestorben, Flug zum Begräbnis nach Schweden organisieren. Peterson war sein einziger Teamkollege, der verunglückte. Alle anderen überlebten.

Wer waren deine größten Konkurrenten in all den Jahren?
„Nur zwei: Alain Prost und Clay Regazzoni." Zufällig beides Teamkollegen. „Aber Prost zehnmal mehr als Regazzoni."

Regazzoni, der Rennfahrer wie von der Filmleinwand, „hatte jedes Jahr ein Rennen, das du ihn gewinnen lassen musstest", sagt Niki. „Da war er unschlagbar." Umgekehrt Clay über Lauda: „Er war der Schnellste, aber nur, wenn das Auto perfekt war. Wenn nicht, arbeitete er so lang dran, bis es perfekt war – und dann erst, dann gab er Gas. Ich hab immer lieber im Rennen gefightet. Aber Lauda in Front war immer so schnell, sauber, beständig."

Clay brach 1980 in Long Beach das Bremspedal. Seither ist er gelähmt, kann aber schon wieder zehn Minuten stehen. „Nur hab ich dann solche Beinkrämpfe, dass ich froh bin, wenn ich wieder im Rollstuhl sitz". Für Lauda ist Clay, ein Mann so stark wie zehn Männer, „sowieso der ärmste Kerl. Als Rennfahrer siehst du nur Sieg, WM-Titel, Geld und Ruhm – oder eben das andere Extrem, das du akzeptierst. Aber was ist, wenn du plötzlich nichts mehr siehst? Nicht mehr gehen kannst? Marlene hat mich zum ersten Mal darauf aufmerksam gemacht."

Carlos Reutemann, der „Indianer", rückte auf Regazzonis Platz an Laudas Seite. Eher ein Teamkamerad oder eher ein Gegner? „Ganz ehrlich: weder das eine noch das andere ..."

John Watson war Laudas Leutnant bei Brabham und später bei McLaren. Von Niki leicht zu kontrollieren. Watson über Lauda: „Unheimlich zielbewusst, egoistisch, talentiert – also alles, was ein Weltmeister sein muss." Und als Stallgefährte? „Da machten mir die Jahre mit ihm mehr Spaß als mit irgendeinem anderen – speziell seine totale Unfähigkeit, private, intimste Geheimnisse für sich zu behalten. Die würde er gegenüber jedermann ausplaudern. Das war seine einzige Schwäche."

Nelson Piquet kam 1979 als Lauda-Lehrbub zu Brabham, wo er viel gelernt haben muss: 1986 und 1987 spielte Niki jeweils als WM-Favorit Nummer eins. Nelson: „Wenn Niki bei einem Grand Prix auftaucht, gibt mir das immer enormen Auftrieb: Wir reden über alles, worüber wir gern reden" – also ihre Rennautos, ihre Flugzeuge, ihre Buben.

Dem neuen Brabham für 1979 eilen Wellenberge von Wundernachrichten voraus. Als Niki beim Testen in Kyalami Bestzeit hinknallt, rufe ich die Londoner Wettbüros an, um die Odds einzuholen: 15:1 für Lauda als Kyalami-Sieger, 16:1 für Lauda als Weltmeister (oder umgekehrt). Ich hol Bernie ans Telefon, er schickt sofort seinen Sekretär los. „Get whatever you can get." Bei solchen Wettkursen Pflicht – aber das Geld sehen wir nicht wieder. Ich nicht, Bernie schon, weil er Anteile am Wettbüro hat.

Sechster Platz in Kyalami und dritter Platz in Monza sind für Niki 1979 alles – plus ein Sieg im Nicht-WM-Lauf von Imola. Es folgt der berühmte Freitag von Montreal. Komische Unruhe beim Frühstück, irgendeine Zeitbombe tickt. Der Schweizer Reporter Roger Benoit tritt zu uns an den Tisch: „Niki, weißt du für mich eine gute Story?" Lauda nickt: „Schreib, der Lauda tritt heute zurück." Roger wendet sich entrüstet ab: „Wenn du nichts Gescheiteres weißt ..."

Ich hab den ersten Verdacht seit Monza. Seit Niki nach seiner schnellsten Trainingsrunde zu mir sagte: „Ruf bitte im Büro an, ich muss einem Piloten etwas Wichtiges ausrichten." Womit klar war: Wer im Monza-Abschlusstraining ans Büro denkt, der fährt nimmer lang.

28. September 1979, 11.30 Uhr in Montreal. Nach dem ersten Training mit dem Brabham-Ford sagt Niki zu Ecclestone: „Ich mag nimmer, ich hör auf." Bernie kapiert sofort, nur Medien-Artist Stewart ist „entsetzt über die unprofessionelle Art, in der Niki aussteigt. Hätte er seinen Rücktritt besser durchdacht, als Geschäftsmann geplant – er hätte am nächsten Tag seine DC 10 kaufen, direkt zur österreichischen Regierung marschieren können, er wäre in allen Zeitungen der Welt auf Seite eins gewesen, vielleicht sogar in ‚Times' und ‚Newsweek'". Das auch noch. Aber was Stewart am meisten verabscheute: „Wie respektlos Lauda seinen Helm zurücklässt – als wäre der überhaupt nichts mehr wert."

Aber wenn Lauda wirklich nicht mehr will, mag er auch keine Show, sondern fängt auf der Stelle ein neues Leben an. Er ärgert sich nur, weil ein Freund mit der Limo nicht da ist, und fährt im Taxi, jawohl, schon wieder im Taxi, von der „Notre Dame"-Insel zurück ins Hotel – wo wir später 20 Minuten lang das Tonband rennen lassen. Danach fliegt Niki, irgendwie befreit und erleichtert wie ein Schüler am Zeugnistag, nach Los Angeles. Mit Bernie hat er das offizielle Kommunikee verabredet: wegen Magenschmerzen nicht trainiert. Damit ihm die Flucht aus dem Rennzirkus gelingt – bevor alle anderen Spuren lesen können.

Ich rufe sofort in Wien an. Zeitung, Fernsehen, Radio. Zu Hause ist daraufhin der Teufel los. Nur ein Kollege ist skeptisch: „Lauda zurückgetreten? Glaub ich dir nicht. Das können wir nicht bringen. Die APA hat noch nichts gemeldet."

Aber genauso langsam, wie sich Nikis Interesse am Rennsport abgebaut hat, baut es sich 1981 wieder neu auf. Seine Fokker fliegen in Ägypten. Die Herausforderung der „jungen Löwen" Prost, Piquet, Villeneuve reizt ihn. „Passt auf", sag ich schon im Frühjahr zu Teddy Podgorski und Michael Kuhn, „1982 fährt der Niki wieder."

Und wenn, dann für viel Geld. Er spielt mit zwei Konzernen Schach: Marlboro hat die erste Reklame – als Niki im April, völlig unerwartet, aber nicht ohne Publicity, im McLaren-Werk das neue Karbonfiber-Chassis besichtigt. Parmalat gleicht beim Imola-Grand-Prix auf 1:1 aus, weil Niki zu italienischen Reporterscharen sagt: „Ich bin nur gekommen, um meine Parmalat-Freunde zu treffen." Dann sind wieder die Zigarettenleute dran – als Lauda nach Monza in Donington Park erstmals wieder einsteigt; der mitgeflogenen Marlene schlägt er vor: „Du gehst zu Harrod's einkaufen, ich fahr nach Donington." Und Parmalat kauft das Recht der offiziellen Sensation, weil Niki bei einer Parmalat-Weltpressekonferenz erklärt: „Ja, ich fahr wieder!"

Lauda konnte auch beinhart kämpfen und sagenhaft schnell sein, wenn´s wirklich drauf ankam. Hier fightet er den „schwarzen Teufel" Andretti im Lotus nieder.

Gelddiskussionen mit den Zigarettenleuten, ob er „nach zwei Jahren überhaupt noch in Form sei", würgt Niki ab: „Gut, dann zahlts mir zehn Dollar fürs Fahren, aber fünf Millionen für die Reklame, die ich euch in der ganzen Welt mach." Nur das hölzerne McLaren-Modell, das er auf allen Sponsorreisen im Flieger mitnehmen muss, ist Lauda bald so lästig, dass er es in Budapest einem Taxichauffeur schenkt ... Worauf die Zigarettenleute grollen. Er muss Strafe zahlen.

„Konditionstraining ist kein Problem. Du läufst zuerst zehn Minuten, dann 20, dann 30, und – dann bist du in Form. Aber viel wichtiger ist der Geist. Und dafür hab ich einen Supermann!" Ich mach das Training unter Willi Dungl meist mit: In Stueberstorf, Hofgastein, Obermillstatt, auf dem Goldeck. Mit Niki simuliert Dungl sogar den Alarmfall: Verhalten in Notsituationen.

„Nach einem Unfall ja nicht gleich vom Auto wegrennen. Aussteigen, hinsetzen, nur keine Panik." Kann Niki beim Testen in Le Castellet gleich ausprobieren: Der McLaren reißt fünf (!) Fangzäune nieder.

„Anfangs macht ihm das Comeback sicher Spaß. Aber die nächsten Monate könnten peinlich für ihn werden", fürchtet Jackie Stewart, wird aber später selber frohlocken: „Einmal ein Lauda, immer ein Lauda. So was verlernt man nicht."

Kaum ist Lauda zurück, reißt er wieder das Kommando an sich. Zuerst politisch. Als Einziger wittert er die Gefahr der „Superlizenzen", die Piloten zu Leibeigenen ihrer Teamchefs machen, und schlägt sofort Alarm. Fahrer-Meeting in Kyalami: geschlossene Einigkeit. So was war schon oft.

Aber was Lauda tut, hat noch keiner getan: Er chartert einen Autobus, mietet den Ballsaal eines Hotels in Johannesburg und hält dort, im gigantischen „Wallensteins Lager der Formel I", alle Piloten 24 Stunden unter Kontrolle. Villeneuve und de Angelis spielen Klavier. „Und wenn in der Nacht jemand den Schlüssel fürs Klo nimmt, fahren immer 25 Köpfe ruckartig hoch." Die Aktion endet mit einem totalen Sieg der Fahrer: Die Leibeigenenverträge werden gelöscht.

Typisch Lauda: Kaum hat er die Superlizenz durchgeboxt, mit dem Text, den er wollte, interessiert sie ihn schon nicht mehr. „Schenk ich dir zum Geburtstag: Der einzige Formel-I-Journalist mit Superlizenz." Als FISA-Präsident Balestre später von Lauda die Superlizenz zur Kontrolle anfordert, gibt ihm Niki nur eine Kopie. Das Original hängt bei mir in Grinzing.

Laudas Comebackrennen: vierter Platz in Kyalami. „Bis zum ersten Sieg", schätzt er, „brauch ich drei Rennen." Das dritte ist Long Beach: Niki wartet geduldig, bis sich der führende de Cesaris verschaltet, weil er einem Überrundeten mit der Faust droht – dann ist er auf und davon und gewinnt. „Genau laut Programm. So pünktlich wie meine Flieger starten."

Den schönsten Satz sagt Laffite: „Nikis Comebacksieg fasziniert Millionen in aller Welt, weil er vor allem der Jugend beweist: Du kannst alles erreichen, was du willst, musst nur dran glauben und hart arbeiten."

Die Formel I als Lebensschule. Als Lauda auch noch Brands Hatch gewinnt, „von allen 76 Runden nur die ersten fünf voll gefahren", sagt Stewart. „Ganz ehrlich – Niki ist doch der Einzige, der da draußen weiß, was er zu tun hat."

Vor allem auch: die mörderischen „Schürzenautos" bekämpfen. „Sie sind unangenehm, hüpfen wie Geißböcke, sind schwierig abzustimmen. Ich beherrsch das Auto nur noch zu 90 Prozent." Früher waren es 100 – woher nimmst du die restlichen zehn? „An Gott glauben ist ein bissl übertrieben ... Aber man muss dauernd aufpassen."

Nach dem Todessturz von Villeneuve („Er war ein Gigant, der Beste von uns und ganz bestimmt der Schnellste"), nach dem 300-km/h-Unfall Mass – Baldi in Le Castellet läuft Lauda gegen das verblödete Reglement Sturm – und gewinnt.

Auf der Piste ist er der „Anti-Turbo", erst 1984 hat er wieder ein Auto zum Gewinnen: den McLaren-Porsche. Aber auch einen neuen Stallkollegen: Alain Prost, von Renault wegen seiner ständigen Kritiken über Nacht entlassen. „Der schnellste Teamgefährte, den ich je hatte, und mein größter Gegner im Kampf um den WM-Titel." Der kleine Franzose hat Niki schon als Kart-Pilot verehrt: „Ein Champion von solchen sportlichen und menschlichen Dimensionen", streut er Rosen, „hätte gar nicht das Recht, von der Formel I abwesend zu sein".

Die McLaren walzen 1984 alles nieder. Von 16 Rennen gewinnt Prost sieben, Lauda fünf. Aber den Pulverdampf von damals schmeckt Lauda nicht mehr. „Ich kann mich nimmer genau erinnern, aber da müssen ein paar gute Rennen gewesen sein."

Zuerst gewinnt er Kyalami, nachdem ein paar Straßenkinder an seinem Mercedes so lange hantieren, bis er in die nächste Auslage donnert – worauf Willi Dungl mir richtig prophezeit: „Der Niki wird ein sehr gutes Rennen fahren, wirst sehen. Er ist nämlich sehr aggressiv."

Aun in Dijon, „wo ich wie ein Irrer gefahren bin". Das muss er auch, um zweimal (nach Boxenstopp) den führenden Tambay einzuholen – weil McLaren-Boss Ron Dennis den Lauda-Reifenwechsel so lang verzögert hatte, bis es fast zu spät war.

Dritter Sieg in Brands Hatch: nur noch 1,5 Punkte Rückstand auf Prost. Immer mehr Leute im Formel-I-Zirkus hoffen und prophezeien, dass Niki Weltmeister wird. „Sagen wir's doch offen: Was die Formel I heute weltweit zu verkaufen hat, ist Niki Lauda – wen sonst?", sagt mir ein hoher FISA-Funktionär.

Aber ob zwei- oder dreimal Weltmeister, war für Lauda lange nicht wichtig, erst wieder 1984 – wegen der Herausforderung durch Prost. „Wenn er gewinnt, dann freuen sich alle bei McLaren. Wenn ich gewinn, schauen alle bös." Und weil ein dritter Lauda-Titel, beim ganzen Lauda-Charisma, ein äußerst persönlicher Triumph wäre, nicht der Sieg des Teams, spürt Lauda aufkeimende Eifersucht: „Das gleiche Problem, das ich schon bei Ferrari hatte. Wenn ich Weltmeister werde, heißt es: Der Lauda ist Weltmeister geworden. Aber wenn Prost Erster wird: McLaren hat gewonnen. Im Grund bekämpfen sie das Phänomen Lauda." So wie auch später die AUA, wie Jaguar.

Nicht mit der Technik, nicht mit Sabotage. Aber das McLaren-Herz schlägt nicht für Lauda.

Aber wie immer, wenn die Widerstände am größten sind, wird er am stärksten. Lauda gewinnt Zeltweg trotz totalem Getriebeschaden. „Ich muss die letzten Runden so viel denken, was als nächstes bricht, dass ich Kopfweh krieg." Er triumphiert in Monza mit einem Grand Prix „mit einem Österreicher-Skiergebnis": 1. Lauda, 5. Gartner, 6. Berger.

Schlusspunkt ist Estoril. Im Exil so vieler unerwünschter Monarchen muss der neue Formel-I-König gekürt werden – Lauda oder Prost. Wenn Alain gewinnt, muss Niki Zweiter werden. Aber er ist auf dem elften Startplatz eingekeilt.

Vorn stürmt Prost auf und davon, aber Lauda rennt bis zur 27. Runde gegen Johansson an wie gegen eine Mauer, dreht am Dampfrad, peitscht den Ladedruck hoch – erst Ta-

Frontwechsel: Nach seiner „Scheidung auf Italienisch" von Ferrari ging Lauda zu Brabham und gewann 1978 zwei Rennen. Das „Parmalat"-Kappl trug er ganze 25 Jahre – das ist Sponsor-Weltrekord.

Das international bekannteste österreichische Gesicht neben Arnold Schwarzenegger und Hermann Maier. „Niki Lauda trägt seine Narben wie ein Schild vor sich her", bemerkte Jackie Stewart. Niki gilt als Evergreen, Überflieger, Abenteurer, Lebenskünstler und Arbeitstier – wenn man ihn arbeiten lässt ... Sein Lauda-Air- und Jaguar-Büro hat er geräumt.

FÉDÉRATION INTERNATIONALE DU SPORT AUTOMOBILE

CHAMPIONNAT DU MONDE DE FORMULE UN FIA
FIA FORMULA ONE WORLD CHAMPIONSHIP

CERTIFICAT DE SUPER-LICENCE
SUPER LICENCE CERTIFICATE

La Fédération Internationale du Sport Automobile attribue la SUPER-LICENCE FISA FORMULE UN à :
The Fédération Internationale du Sport Automobile hereby awards a FISA FORMULA ONE SUPER LICENCE to :

    Niki LAUDA

en qualité de,
in his capacity as :   Pilote de la Marlboro Mc Laren Ford Cosworth n° 8

valable pendant l'année,
valid for the year :   1983

lui donnant droits, prérogatives et avantages résultant des règlements en vigueur et l'autorisant à participer aux épreuves du Championnat du Monde de Formule Un de la FIA dans les conditions qu'il a acceptées.
giving him rights, prerogatives and advantages resulting from the Regulations in force and authorizing him to participate in the events of the FIA Formula One World Championship under the conditions which he has accepted.

    Paris, le 25 avril 1983

Le Président de la FISA,   Le Titulaire,
The President of the FISA :   The Holder :

Les Autorités Sportives Nationales sont obligées d'accepter la participation du détenteur du présent certificat dans chaque Compétition le concernant et inscrite au Championnat du Monde de Formule Un de la FIA.
The National Sporting Authorities are obliged to accept the participation of the holder of the present certificate in each event in which he is involved and which is entered for the FIA Formula One World Championship.

Le présent document est la propriété exclusive de la FISA. Seule la FISA a le pouvoir d'en décider son attribution ou son retrait et d'arbitrer tous conflits pouvant résulter de son utilisation. Il est valable jusqu'à la mise en service du document définitif.
The present document is the exclusive property of the FISA. Only the FISA has the power to grant or withdraw it and to settle any disputes which may arise from its use. It is valid until the final document is put into service.

FISA - 8, place de la Concorde - 75008 PARIS
Tél. Secr. Gén. - 265.99.51 - Adr. Télégr. ASSINTER-PARIS - TELEX : 290442 FIAOTO PARIS
Association Étrangère autorisée par M. le Ministre de l'intérieur

„Das schenk ich dir: der einzige Formel-I-Journalist der Welt mit der FIA-Superlizenz ..." Kleine Aufmerksamkeit des dreifachen Weltmeisters für den Autor dieses Buches. Rechts unten hat am 25. April 1983 Niki Lauda unterschrieben - links unten der damalige Präsident des Automobil-Weltverbandes, Jean-Marie Balestre, den später Max Mosley ablöste.

Piccolo Commendatore: Niki Lauda war der erfolgreichste Ferrari-Pilot aller Zeiten – bis Schumacher kam. Luca Montezemolo (Bild oben) war sein Rennleiter 1974-76, und als er 1991 Ferrari-Präsident wurde, engagierte er Niki als seinen Berater. Enzo Ferrari (links oben) und Marlene Lauda (links) sind die wichtigsten Menschen in Nikis abwechslungsreichem Leben. Nach dem „goodbye" bei Jaguar ist Lauda wieder viel häufiger auf Ibiza.

Stationen einer grandiosen Karriere: Niki Lauda ist der erste und einzige Österreicher, der seinen großen Heim-Grand-Prix in Zeltweg gewann – aber nicht in einem Ferrari, sondern 1984 auf McLaren-Porsche. Dazwischen fuhr Niki 1978-79 für Brabham, engagiert von Bernie Ecclestone. Links: Boxendialog mit Bernie.

Niki Lauda privat – und in seinen vielen Rollen: Lauda-Air-Flug mit Romy Schneiders Tochter Sarah (links oben) und seinem jüngeren Sohn Mathias, dem Rennfahrer (ganz rechts) – auf Flitter-Show in Las Vegas – mit seinem Bruder und Nierenspender Florian (links unten) – mit Perücke am Life Ball – und bequem in der Rikscha in Asien.
Am liebsten saß Lauda aber immer im Cockpit, einmal sogar im Spaceshuttle-Simulator. Seine Fluggäste dankten ihm in allen Sprachen, auch auf Englisch und Japanisch. „Ich war halt der bunte Hund der österreichischen Luftfahrt ..."

We were very happy to see Mr. Niki Lauda

We had very nice holidays.

Danke shön!

Comeback mit 53: Niki Laudas spannender Selbstversuch, als er noch Jaguar-Oberbefehlshaber war. In Valencia stieg Niki nach 17 Jahren wieder selbst in ein Formel-1-Cockpit. Für die Saison 2003 hatte er noch alle Weichen gestellt, Webber und Pizzonia engagiert: „Wenn sich Jaguar regelmäßig in den Top 10 qualifiziert, habe ich meine Aufgabe erfüllt."

ge später wird er wissen: Der linke Turbolader war defekt – Schaufeln heruntergerissen, Ölpumpe abgebrochen. 800 Millionen zittern an jenem 21. Oktober mit Lauda mit, als er, endlich an Johansson vorbei, Alboreto, Rosberg und Senna niederfightet, schon glaubt: „Ich bin Zweiter, aber dann kommt der nächste Schock: nur dritter Platz hinter Prost und Mansell." 39 Sekunden hinter dem Lotus, zu fahren noch 35 Runden. „Kann ich nur mit wahnsinnigem Einsatz gutmachen." Er kämpft wie verrückt, fährt das beste Rennen seines Lebens, wird halb wahnsinnig wegen ein paar Überrundeten, die nie Platz machen, und dann sieht er den mit Bremsdefekt ausgerollten Lotus.

Endlich Zweiter. Das genügt. Was hat er da gespürt?

„Angst, nur noch Angst. Wenn jetzt der Sprit ausgeht oder irgendwas kaputt wird, ist alles weg." Niki muss derart aufgeheizt, aufgedreht gewesen sein, dass er sich an Einzelheiten (Johansson ausgenommen) lange Zeit nicht erinnern kann, „weil ich das ganze Rennen wie ein Mörder fahren muss. Fast wie in Trance". Die letzten Runden in Estoril beschwört er sein Auto: „Bitte, fahr bis zum Schluss."

Als Zweiter mit 13 Sekunden hinter Prost ist Lauda World Champion. Die Formel I hat ihren Wunschweltmeister. Piquet gratuliert noch aus dem Cockpit, Marlene stürmt aufs Siegerpodest, „was sie normalerweise hasst".

Prost weint, Lauda muss ihn trösten. Die Disko-Nacht ist lang und stürmisch. Und sogar Bio-Papst Willi Dungl gibt, wie die Engländer staunen, „a sensational guest perfomance as Whisky drinker".

Was ist dir der dritte WM-Titel wert? Aktuelle Frage damals, spontane Antwort:

„Mehr als alle anderen. Der erste Titel ist wichtig für dich selber. Der zweite fürs Publikum – weil du damit die Leute gewinnst. Aber der dritte war der schwierigste – wegen Prost."

Und wenn du 1975, 1977 und 1984 vergleichst?

„Da gibt es nur von außen Parallelen. Für mich ist alles hundertmal schwieriger geworden. Aber an der Reaktion der Leute, an den Menschen, die mir gratulieren, merke ich: Irgendwie muss mein dritter Titel mehr Leute aktiviert haben als irgendwas anderes."

Dass man einen Stallrivalen, der an 32 Grand-Prix-Wochenenden in zwei Jahren die Trainingsduelle 30:2 gewinnt, in der WM schlagen kann – mathematisch fast unmöglich, nur mit viel Herz und noch mehr Hirn. Sein Rezept: „Wenn du gewonnen hast: dich kurz freuen, aber ja nicht in Wollust baden, sonst fahren dir die anderen beim nächsten Rennen um die Ohren!"

In seiner letzten Saison, 1985, schlägt ihn weniger die Konkurrenz, sondern mehr die Technik – Ausfallserie, dann die Rücktrittserklärung in Zeltweg. „Ich hab zwei Möglichkeiten: Entweder ich mach's mit dir exklusiv – oder ich sag's gleichzeitig allen." Ron Dennis zerstört den historischen Moment, indem er öffentlich seinen Konstrukteur hochloben muss. Aus Zorn fährt Lauda danach beste Trainingszeit und führt auch im Rennen – bis zum Turboschaden. Eine Woche später. Zandvoort, in den holländischen Dünen. Ich sitz vor dem Rennen bei Niki im Wohnwagen. „Ich schwör dir: Wenn das Wetter schön bleibt und das Auto hält, hat heute niemand eine Chance gegen mich!" Das ist Klammer in Kitzbühel, die Annemarie in Lake Placid, Hermann Maier in Vail. Prost kommt hinzu und fragt vorsichtig: „Was hast du heute vor, Niki?" – „Gewinnen", sagt ihm Lauda, damit sich der Franzose auskennt, und eröffnet das mörderischste Stallduell, das die Formel I bis dahin erlebt hat.

Verärgert über Dennis, der ihm beim Boxenstopp einen harten statt eines weichen Reifens montieren lässt, kämpft Lauda gegen Prost mit letztem Einsatz. „Um mich zu überholen, hätte mich Prost umbringen müssen!"

Niki gewinnt mit 0,232 Sekunden. Sein 25. Grand-Prix-Sieg bleibt sein letzter: einer mehr als Fangio, so viele wie Jim Clark, verunglückt am gleichen Wochenende, an dem Niki sein erstes Bergrennen bestritt: Mühllacken, 1968, auf Mini-Cooper.

Jetzt ist er in der Zielgeraden seiner Traumkarriere, aber lang nicht so emotionslos, wie alle glauben. Abendessen beim „Fiddler" in Kyalami: Niki hat Prost im Training besiegt, Dennis das Ersatzauto herausgerissen, ist rundum „so glücklich und happy mit der Formel I, dass ich dir schwör: Wenn Bernie Ecclestone mit einem Vertrag für 1986 kommt, jetzt und auf der Stelle, unterschreib ich sofort".

Aber Bernie, fünf Tische weiter, grüßt nur herüber, und als er eine Stunde später an unseren Tisch tritt, ist der Funke schon wieder erloschen.

Letztes Rennen also, unwiderruflich, in Adelaide. „Wichtig ist jetzt nur noch das Aufhören, egal wie. Die Droge Rennsport muss raus aus mir, wird bekämpft mit allen Mitteln." Sogar mit ein paar Gläsern Wein am Abend vorm Training, „damit ich richtig Kopfweh krieg und schlecht fahr." Der 16. Startplatz ist für seinen Gefühlabbau grade richtig.

Was wünscht du dir für dein letztes Rennen?, frage ich Niki, und er sagt mir ehrlich: „Ein mieses, schlechtes, schwitzendes Rennen, am besten ohne Ergebnis – so etwa an 15. Stelle ausfallen. Dass ich ja nichts bereuen brauch. Sonst werde ich ja wahnsinnig, dass ich aufhör. Ich muss mich abbauen, darf ja keine Freud am Rennfahren kriegen, muss ganz emotionslos dahinraspeln – und auf einen baldigen Defekt hoffen."

Und wenn du gewinnst? „Das", sagt Niki, „wär für mich das Schlimmste."

Nach 56 Runden, als sich die ersten Heißsporne niedergemetzelt oder ihre Reifen zerschlissen haben, liegt Lauda sensationell auf Platz eins.

Dann hat er einen Bremsdefekt und schmeißt den McLaren mit 300 km/h an die Mauer. Ein Abschied zum Lachen und zum Weinen. Und ein unheimlich starker Abgang.

Die Formel I hat ihren Maßstab verloren. Lassen wir Bernie Ecclestone vergleichen: „Mag sein, dass Fangio der Größte von allen war. Aber er beschaffte sich auch immer das beste Auto. Lauda war genauso: so intelligent, dass er sich immer zur richtigen Zeit das richtige Team ausgesucht hat. Aber das gehört genauso zum Weltmeister-Werden – nicht nur Gas geben und bremsen."

Und Jackie Stewarts Requiem auf die Lauda-Karriere: „Niki war mit Abstand der größte Profi, egoistisch und zielstrebig, hart und kompromisslos – wenn er jemanden für einen Idioten hielt, dann behandelte er ihn auch als Idioten. Als Fahrer: der Größte seiner Ära, der Fangio, Clark, Stewart, Senna oder Schumacher seiner Zeit, in einer Art, die ich mochte: nicht aggressiv, sondern weich, kalkuliert und immer fair. Kein anderer hätte für Ferrari damals zwei WM-Titel gewonnen."

Papier-Champions und Statistik-Geraschel waren Lauda immer egal: Stewart nie und Prost schon gar nicht. 1987 verliert Jackie seinen Weltrekord von 27 Grand-Prix-Siegen, „der ihm das Wichtigste im Leben ist, weil er sie immer vor sich herschiebt", spürt Lauda, „ich weiß nicht einmal, wie viele ich gewonnen hab."

Bei den Superlativen der Formel I, den „ewigen" Rekordlisten seit Fangios Zeiten, ist Lauda in allen Spezialwertungen unverändert im Spitzenfeld klassiert – auch wenn Schumi heute alles niederwalzt.

Lauda hatte jahrelang noch die meisten WM-Punkte (420,5), war am öftesten in den Punkterängen (73-mal). „Und in seiner Einstellung", vergleicht Stewart, „Jochen Rindt sehr ähnlich. Aber Niki hat eine andere Art Humor – Jochen hat in seinem kurzen Leben bestimmt mehr Hetz gehabt".

Ich weiß nicht. Wenn ich z. B. Niki und seinem Salzburger Freund Bertl beim „Simulieren" zuschau: großes Abendessen, Riesentisch, viele Leute. Kaum kommt die Rechnung, greift Niki gierig danach, entreißt sie ihm Bertl noch gieriger – bis der nächste zupackt. Dem bleibt sie dann.

Nach seiner aktiven Karriere wurde Lauda BMW-Sportberater mit genau vorgegebenen Terminen: 60 pro Jahr. Aber als man ihn auf zwölf Tage zur IAA nach Frankfurt holen will, sträubt er sich. „Zwölf Tage? Soll ich euch den Stand aufstellen helfen?" Dafür hat er 1986 geholfen, Gerhard Berger ins Benetton-Team zu pushen.

Als Berger 1986 in Mexico City seinen ersten Grand Prix gewinnt, lüftet Lauda im Wiener TV-Studio sogar erstmals sein rotes Kappl: „Ich zieh den Hut vor deiner Leistung!"
Und als Berger 1987 in Estoril seine erste Polepostion herausfährt, applaudiert Lauda. „Was hab ich immer gesagt? Ein halbes Jahr hab ich die Ferrari-Renaissance prophezeit, ein dreiviertel Jahr ist es geworden – ich hab mich nur um ein paar Monate geirrt. Aber Gerhard hat genau das getan, was man bei Ferrari erwartet hat – und was er tun muss."

Jochen Rindt – Niki Lauda – Gerhard Berger: Die österreichische Erbfolge in der Formel I beschäftigt längst auch andere, größere Nationen. Gemessen an seiner Geographie und seinen Grand-Prix-Siegen, ist das kleine Österreich fast die erfolgreichste Formel-I-Nation der Welt.

„Wir müssen", grinst Niki, „halt gutmachen, was die Wirtschaft alles verhaut hat ..."

Gesetzmäßigkeit, Auslese oder gar System steckt keins dahinter. „Alles Einzelkämpfer, die sich allein den Weg nach oben freigeboxt haben. Also eigentlich Zufall. Aber Österreich hat das größte Potential in der Formel I, der obersten Spielklasse – dagegen haben die Deutschen tausende Formeln und Systeme, wie sie Rennfahrer heranbilden. Aber die kannst nicht in der Eprouvette züchten. Die können nur auf freier Wildbahn heranwachsen." Aber die Deutschen haben dazugelernt.

Sean Connery kassierte für sein Comeback als James Bond fünf Millinen Dollar. Lauda hätte 1986 bei Brabham 6,5 Millionen Dollar verdient, „davon 90 Prozent als fixe Gage, zehn Prozent auf Erfolgsbasis", weint Ecclestone einer geplatzten Lauda-Rückkehr nach.

Aber Nikis unheimlicher Instinkt hatte ihn nicht getäuscht. Der extrem flache Wunder-Brabham, das revolutionärste Formel-I-Auto aller Zeiten, crashte 1986 in die totale Krise: ein toter Fahrer, ein weggelaufener Konstrukteur, nur Misserfolg.

Von allen wichtigen Eigenschaften, die du hast: Welche ist die wichtigste? „Konsequenz", sagt Niki.

Die hilft ihm am 19. März 1987, als wieder einmal die Lunte brennt. BMW-Sportchef Flohr fragt Lauda im Genfer Salon: „Willst du beim Tourenwagen-WM-Lauf in Monza fahren? Als letzte große Einstimmung auf unsere M-3-Weltpremiere? Um unseren jungen Fahrern deine Linie, deine Tricks zu verraten – ihnen zeigen, wie's in Monza geht?"

Darauf Lauda: „Eine Superidee. Ich fahr, macht mir wieder einen Riesenspaß ... aber jetzt muss ich mir die Konsequenzen überlegen." Und zu mir, vertraulich:

„Ich sag dir ganz ehrlich: Ich bin ein bissl verwirrt. Ich fahr also am Donnerstag, im freien Training, gegen die Stoppuhr natürlich. Aber ich frag mich: Wenn ich Donnerstag trainier, warum nicht auch Freitag und Samstag? Und wenn ich trainier – warum soll ich dann nicht am Sonntag das Rennen fahren? Andererseits: Hab mich seit 1985 geweigert, ein neues Comeback zu riskieren. Steht auch nicht in meinem BMW-Beratervertrag. Und wenn schon Comeback, dann gleich Formel I und nicht Tourenwagen."

Ich spür: Einerseits schnuppert er ganz gern von der „Droge Rennsport", andererseits fürchtet er, wieder schwach zu werden. Ein drittes Comeback? Oder nur ein Seitensprung? Niki hat den Auf- und Umstieg zum Flugunternehmer grandios geschafft, jetzt will er mit der Frage: „Fährt er wieder oder nicht?" niemanden vor den Kopf stoßen.

Sein dritter Weltmeistertitel: Estoril 1985, um einen halben Punkt vor seinem Stallrivalen Alain Prost – dem die McLaren-Chefs John Barnard und Ron Dennis (Hintergrund) eher den Titel gewünscht hätten.

In Niki-Deutsch: „Ich will nicht, dass jemand denkt, der Lauda spinnt." – Oder hast du Angst, dass dich das Rennfahren wieder packt? – „Ja, das auch." Lauda also wieder im Rennwagen. Ich schreibe über den Comebackversuch, Nikis Gedanken und Zweifel. „Glaubst, fährt der Niki wieder?", fragt man mich überall, wo ich hinkomme. Ich sage nein. Aber lasst's ihn doch probieren. Nur solche, die die Sensation verschlafen haben, laufen Sturm und bagatellisieren Nikis Rückkehr als Spazierenfahren in Freizeitkleidung.

Zuerst sucht Lauda verzweifelt seine Rennausrüstung. Nach seinem Rücktritt wollten sie ihm alles abjagen, Helm, Overall, Balaclava. „Aber ich gab nix her. Kam mir fast vor wie Leichenfledderei." Statt dessen schaffte er alles nach Ibiza, „aber die Kinder haben alles verzaht. Alles futsch, nicht einmal der Helm ist mehr da."

BMW rüstet Lauda aus. Die OSK muss die Rennlizenz nach Monza nachschicken. Bedingung ist, dass er die ärztliche Untersuchung nachholt – aber als Flugkapitän ist Niki sowieso immer fit.

Und dann fährt er wieder, im Autodrom von Monza, peitscht den 300 PS starken M 3 durch die Curva Grande, die beiden Lesmo-Kurven, Unterführung, Parabolica – und die drei Schikanen. In Monza, wo Lauda 1974 durch ein loses Wasserschläuchl den WM-Titel verloren, ihn 1975 aber mit einem dritten Platz hinter Regazzoni und Fittipaldi gewonnen hat. Wo er 1976, sechs Wochen nach der Nürburgring-Feuerhölle, Vierter war. 1978 gewonnen hat – und nochmals 1984. Monza, amore mio.

Bist wieder fasziniert?, frag ich ihn.

„Nein, angewidert. Die Straße ist nass, und ich bin nicht so besonders gut drauf. Aber ich brauch nur kurz, bis ich alles beherrsch. Das Rennfahren verlernst nie – so wie Skifahren oder Schwimmen." So vergehen die ersten 20 Runden. „Ich bin nicht nervös, muss mich auch nicht überwinden, sondern bin ganz brav und flott unterwegs." Für einen Herrn in Freizeitkleidung, jedenfalls.

Über Mittag trinkt Niki ein Viertel Wein, dann gibt er richtig Gas. Die Stoppuhr zeigt: 2:00.38. Als Lauda aussteigt, hat er Poleposition! „Mein Job ist erledigt, ich weiß jetzt, wie der M 3 läuft. Aber jetzt sind die Jungen dran. Es war a Hetz – und eine einmalige Aktion." – „Nie mehr wieder? – „Das kannst nie sagen ... einmalig nur für den Moment." 15 Jahre später sitzt er im Jaguar ...

Nichts kann die endgültige Story über Niki Lauda sein, nichts das endgültige Kapitel. Ich hab ihm schon 1977, auf dem Heimflug von einem Ferrari-Test, gesagt: Aus dir wird eines Tages noch ein Howard Hughes. Eigene Airline, fliegt Weltrekorde, stellt Hollywood auf den Kopf. Er grinst sanft, ehe er einschlummerte: „Ja, der Howard Hughes ..."

Niki Lauda ist, sagt Walter Wolf, „wie ein Wissenschaftler. Älter wird er, gscheiter wird er." Die „freudlose Erregung" hat bei ihm nur Dichter Peter Handke festgestellt, als er Lauda einmal ein ganzes Rennwochenende begleitete: „Formel I ist wie ein Akt im Nebenzimmer."
Zum Glück schrieb ihm wenigstens Flieger-Kollege Herbert von Karajan „Pianistenhände" zu. Und nachdem der „Playboy" Niki Lauda vor dem Nürburgring-Unfall noch Niki Laudas „frisch gebadete Gesicht eines jungen Landpfarrers" verehrt hatte, stufte ihn später sogar der „Spiegel" ganz ordentlich ein: „Nicht der liebe Gott, aber gottähnlich."
Schlusswort von Bernie Ecclestone: „Niki is my type of guy. Ich hätte mit ihm gern und öfter Business gemacht." Die ganze Formel I geleitet?
Auf meine Frage: Was wäre dir lieber: eine Million Freunde oder eine Million Dollar?, hat mir der Formel-I-Chef vor Jahren geantwortet: „Eine Million Freunde und jeder schenkt mir dann 10 Dollar." Niki Lauda auch?

Von Teddy Podgorski stammt der berühmte Spruch: „Wenn der Lauda sein Geldbörsel aufmacht, kommen die Motten raus." Stimmt nicht immer – wir waren voriges Jahr im Jaguar-Werk in Milton Keynes in der Werkskantine Mittag essen, und „Sir Niki" hat, Tablett in der Hand, an der Kassa artig gezahlt.
Aber die italienische Pasta hat ihm immer viel besser geschmeckt als das fade englische Essen. Kaum hatte Luca Montezemolo 1991 bei Ferrari den Präsidenten-Job angetreten, galt sein erster Anruf Niki Lauda: „Bitte, willst und kannst du mir helfen?" Niki sagte sofort zu, wurde persönlicher Berater des Präsidenten, redete bei Neukonstruktionen mit, fuhr Ferrari-Prototypen auf der Teststrecke Fiorano, drosch sie über die Autostrada, zog bereits anfangs 1995 beim Brasilien-Grand-Prix heimlich die Fäden für den Sensationstransfer von Michael Schumacher zu Ferrari und entschied die Frage, wer neuer Ferrari-Rennleiter werden soll, gegen Cesare Fiorio und für Jean Todt.
Ich nannte ihn damals den „Piccolo Commendatore", so viel Einfluss hatte Lauda bei Ferrari. Bis man ihn hinausekelte. Aber nie kam von ihm ein böses Wort.
Die wichtigsten Menschen in deinem Leben, Niki?
„Marlene und Enzo Ferrari. Keine weitere Reihenfolge."
Was ihm in – bisher – 54 Jahren passiert ist, passiert Millionen Menschen in Millionen Jahren nicht. Hast du dich je gefragt, warum?
„Kann man nicht erklären. Warum, musst du den lieben Gott fragen. Aber wahrscheinlich muss ich da überall durch." Der härteste Schlag: zweifellos der Absturz seiner Boeing 767 „Mozart" im Mai 1991 über Thailand. 223 Tote we-

gen eines Konstruktionsfehlers, der berüchtigten Schubumkehr. Laudas damaliger Einsatz für lückenlose Aufklärung und sein Krisenmanagement waren beispielhaft.

„Ich hab 100-mal geweint in dieser Zeit, aber immer nur allein. Du musst irre Kräfte entwickeln, um einen Weg zu finden, dass du nicht ausrastest." Nikis Weltbild – die Zuverlässigkeit, Unzerstörbarkeit der Technik – war total auseinandergebrochen. „Ich war immer der Meinung, ein Flieger kann nicht abstürzen, wenn nicht der Pilot einen Fehler macht. Jetzt muss ich meine Welt neu zusammensetzen."

Noch monatelang schossen Niki Lauda, wenn er auf einem Flugplatz an einem dieser Riesenvögel vorbeiging, die Tränen in die Augen. „Weil ich mich immer fragen muss: Wie kann ein solches Wunderwerk der Technik vom Himmel fallen?"

Die Lauda Air hatte damals 70 Piloten. Und Niki weiß: „Ich hätte absolut selber in diesem Flugzeug sitzen können, weil ich die Mozart regelmäßig flog. Ich denk mir noch heute: Wieso bin ich nicht selber geflogen? Dann hätte ich gewusst, dass ich alles getan hätte, um das Unglück zu verhindern – dann wäre

Der gute Geist der langen Lauda-Karriere war Prof. Willi Dungl. „Er hat für mich Dinge getan, die keiner für mich getan hätte – und mehrmals meine Karriere gerettet."

ich zwar heute nimmer da. Aber ich hätte da oben in den paar Sekunden wahrscheinlich noch gewusst: Es war nicht zu handeln."

Einmal erschien ihm im Traum sein Pilot Tom Welch – einen amerikanischen Koffer mit Riemen umgehängt. „Plötzlich steht er vor mir – in einem Flugzeug. Sag ich: ‚Tom, wo kommst du her?' Sagt er: ‚I survived – ich hab überlebt.' Das war alles, was er gesagt hat, und er ist nie wiedergekommen."

Bei der Lauda Air war Niki Chef über 25 Flugzeuge und 1850 Mitarbeiter – bis zu jenem Novembertag 2000: Nach der letzten Runde im ewigen Kampf Lauda Air gegen AUA, die Niki schon vor mehr als 20 Jahren Bremsklötze vor die Flieger warf – was den damaligen Bundeskanzler Kreisky verärgerte: „Mit Lauda darf nicht das Gleiche passieren wie mit Prof. Porsche! Warum muss man Österreicher ins Ausland schicken, statt ihnen hier die Möglichkeit zu geben sich wirtschaftlich, ohne Einschränkungen zu entfalten?" Die AUA hatte damals gewünscht: Lauda darf nicht fliegen.

Darauf verleaste Lauda seine Fokker nach Spanien, kehrte in die Formel I zurück, zahlte 35 Millionen Schilling aus eigener Tasche zurück – und wurde nochmals Weltmeister. Und startete den echten Höhenflug der Lauda Air.

Zu gut? Zu prominent? „Was in Österreich ja bekannt ist: Der Intrigenstadl, der Neid. Ich geb zu, dass ich als bunter Hund der österreichischen Luftfahrt mit meinen vielleicht anderen Ansichten, wie schnell man mit gutem Produkt und günstiger Konstruktion ans Ziel kommt, manche verwundert hab – deswegen hab ich nicht immer so ideal ins System der AUA gepasst." Allerdings: „Ich hätte mich mehr um unser internes Kontrollsystem kümmern müssen."

Als hätte in die immer so positive „World of Lauda Air" der Blitz eingeschlagen. Ich sitze an diesem schwarzen Dienstag im November am Schwechater Flughafen bei Niki im Büro. Er wirkt blass, angeschlagen nach schlafloser Nacht. Sogar die immer lustigen Kinderzeichnungen an den Wänden wirken plötzlich traurig. Die Internet-Homepage quillt über: „Niki, gib nicht auf! Kämpf weiter! Ich bin dein größter Fan." Die 30 Prozent Anteile, die Niki an seiner Airline hat, sind später 240 Millionen Schilling Wert.

„Die anderen haben schon drei Runden Vorsprung – jetzt kann ich nur noch auf einen Motorschaden hoffen. Normal kann ich dieses Rennen nicht mehr gewinnen." Was mir Niki prophezeit, wird bittere Wirklichkeit.

Marlene Lauda ruft völlig aufgeregt aus Barcelona an: „Niki, ich höre gerade die Nachrichten. Was ist los?"

Lauda: „Ich bin zurückgetreten."

Darauf Marlene: „Bist du verrückt? Was haben die mit dir in Österreich gemacht?"

Nikis jüngerer Sohn Mathias hat oft gefragt: „Papi, warum tust du dir mit der Airline das alles an? Wo du so viele Dinge machen könntest?" Lauda hat immer gedacht: „Der Bub redet Blödsinn, weil ich hoch motiviert meine Wege gegangen bin – aber eigentlich hat er Recht. Nur: Wenn du so lang gefangen bist im Arbeitssystem, kommt nichts. Das hat sich aber schlagartig geändert."
Genau wie die Philosophie der Airline, die ihm einmal gehört hat. Die Lufthansa schickt ihm jedes Jahr eine VIP-Karte, erste Klasse natürlich, „und bedankt sich, dass sie mich gratis in der ganzen Welt herumfliegen dürfen. Wenn ich heute mit der Lauda Air flieg, krieg ich wie jedes Reisebüro elf Prozent Rabatt."
In den Jahren 2001/02 meist für England-Flüge. „Gerade, als ich mir überlege, was ich noch anderes im Leben tun will, kommt ein Anruf des (damaligen) Jaguar-Chefs Dr. Wolfgang Reitzle. Genau die richtige Frage im richtigen Moment." Lauda übernimmt einen der – von außen betrachtet – tollsten Jobs der ganzen Formel I: Oberbefehlshaber von Jaguar, der Motorenschmiede Cosworth und dem Computergiganten PI. „Sir Niki" in London, mit Chauffeur und Dienstwagen, ist eine Sensation.
Aber der „Traumjob" ist mörderisch, Jaguar kein „grüner Ferrari" und überhaupt Laudas schwerstes Erbe. Jackie Stewart hat sein Formel-I-Team für 80 Millionen Dollar an Ford verkauft, die Amis haben Jaguar draus gemacht – aber in Milton Keynes gab es keine konzentrierte Arbeit, „nur eine Gruppe von Leuten, die länger als zwei Jahre unkoordiniert agierten, weil sich von Ford keiner richtig drum gekümmert hat. Und das Ganze zu restaurieren, ist oft schwieriger, als bei null zu beginnen."
Der Windkanal in Kalifornien. Ein unglaublicher Verschleiß an Rennleitern, Konstrukteuren und Technik-Direktoren. Kompetenzstreitigkeiten und Intrigen. Aber Lauda krempelt die Ärmel hoch, arbeitet und fightet, reorganisiert, pusht und motiviert – und schafft unerwartete Erfolge. In Monte Carlo steht sein Playboy-Rennfahrer Eddie Irvine als Dritter in der Fürstenloge, in Monza in der Startaufstellung vor beiden McLaren-Mercedes, worauf sich Lauda provokant vor den Silberpfeilen aufbaut, um seinen Ex-Chef Ron Dennis zu fragen: „Hast du nicht immer behauptet, Exrennfahrer und Weltmeister sind zu blöd, um ein Formel-I-Team zu leiten, das können nur Leute wie du?"
Dass Irvine im Grand Prix von Italien sensationeller Dritter wird, freut Lauda „mehr als manche meiner eigenen Siege." Und er überrascht mit einem unglaublichen Selbstversuch – Comeback mit 52 Jahren. „Um die heutige Technik und die Aussagen meiner Piloten besser zu verstehen", zieht Niki in Valencia

für ein paar Runden nochmals den Overall an, setzt den Sturzhelm auf – und steigt in seinen Formel-I-Jaguar. 20 TV-Stationen sind dabei und filmen.

„Keinerlei Angstgefühl, gleich einmal die Gerade mit 283 km/h runterzufetzen ... du wirst sofort wieder zum Autonarr ... das automatische Hinaufschalten ist unglaublich, du brauchst nur Vollgas zu geben, dann dreht der Motor bis 17.800 U/min und schaltet automatisch in den nächsthöheren Gang. Das Runterschalten ist vorprogrammiert. Einziges Problem: Das Bremsen mit dem linken Fuß. Du musst dir nur vom Boxenstopp an fest einreden: Links bremsen, ja nicht rechts, dort ist das Gaspedal."

Für 2003 wird Laudas Budget reduziert (unter 100 Millionen Dollar), er engagiert billigere, talentierte Fahrer, plant seine Strategien – und dann schlägt in Laudas Leben plötzlich, wieder einmal, der Blitz ein. „Einen Formel-I-Renstall", befindet Ford über Nacht, „kann nur ein Techniker leiten." Trotz Laudas 3-Jahres-Vertrag – mit dem sich später die Rechtsanwälte beschäftigen.

Ciao Ferrari, servus Lauda Air, goodbye Jaguar. Im Grund passiert immer das Gleiche: Neid und Eifersucht, mit dem das Phänomen Lauda bekämpft wird.

„Mach dir nichts draus", tröstet ihn Marlene am Telefon, „wer weiß, wozu es gut ist." Und Niki weiß: Marlene hatte schon oft Recht. Auch wenn sie jedes Mal in Tränen ausbricht, wenn sie den Rennoverall in Mathias' Zimmer sieht – denn Nikis jüngerer Sohn fährt 2003 seine zweite Rennsaison in der Formel Nissan. Ohne Hilfe, anfangs sogar ohne Wissen seines berühmten Vaters.

Der jetzt – „laut Vertrag ganz normal" – ein Jahr Arbeitsverbot in der Formel I hat, aber warten kann, was alles auf ihn zukommt. Zuletzt war Lauda „binnen zwei Wochen fünfmal im Manhattan-Fitnessstudio", so oft wie noch nie in seinem ganzen Leben – ausgenommen sein Training mit dem genialen Willi Dungl.

„Ich bin stolz drauf, dass der Willi noch Professor geworden ist, ich freu mich auch für den Professor Udo Jürgens ... aber mich machts bitte nicht zum Professor", hat Lauda diese hohe Auszeichnung erst jetzt dankend abgelehnt. Die „Klinik Lauda" im Wiener AKH war das Werk des Bruders seines Großvaters. Dort musste sich Lauda im April 1997 – Spätfolge des Nürburgring-Feuerdramas – einer Nierentransplantation unterziehen.

Unter strengster Geheimhaltung und registriert unter falschem Namen. „Wennst mich anrufst, verlangst das Zimmer vom Herrn Brezina – das bin ich". Nierenspender: sein jüngerer Bruder Florian, ein Buddhist, der auf Nikis ersten Anruf sofort reagierte: „Als er mich zum Essen eingeladen hat, ist mir das gleich verdächtig vorgekommen." Heute sagt Niki cool, aber dankbar: „Also habe ich auch das Ersatzteillager meines Bruders noch gut ausnützen können."

Niki Lauda: Stationen seiner Karriere

1968: 1. Start: Bergrennen Mühllacken auf Mini Cooper. - Tourenwagen auf Porsche: 1. Voralpe, 1. Tauplitz, 1. Stainz, 1. Zeltweg. 5. ÖM.
1969: Formel Vau auf Kaimann: 2. Belgrad, 2. Hockenheim, 3. Langenlebarn, 2. Nürburgring, 3. Salzburgring, 2. Innsbruck, 1. München. 3. ÖM Formel Vau.
1970: Formel III: 2. Brünn auf McNamara. - Tourenwagen auf Porsche: 1. Diepholz. - Sportwagen auf Porsche: 5. Norisring, 6. 1000 km Österreichring mit Peter, 3. Nürburgring.
1971: Formel II auf March Ford: 10. Thruxton, 6. Nürburgring, 4. Rouen. - Tourenwagen: 1. Salzburgring auf Chevron, 3. 6 Stunden Nürburgring mit Huber. - Formel-I-Debüt auf dem Österreichring mit March.
1972: Formel I auf March: 11. Buenos Aires, 7. Kyalami, 16. Monaco, 12. Nivelles, 9. Brands Hatch, 10. Österreichring, 13. Monza. - Formel II auf March: 2. Mallory Park, 1. Oulton Park, 3. Thruxton, 3. Imola, 6. Salzburgring, 2. Oulton Park, 9. Hockenheim. EM-5. Formel II. - Tourenwagen: 3. 4 Stunden Nürburgring mit Pankl und Hezemans auf BMW, 4. 9 Stunden Kyalami mit Scheckter auf BMW.
1973: Formel I auf BRM: 8. Interlagos, 17. Barcelona, 5. Zolder (erste WM-Punkte), 13. Anderstorp, 9. Le Castellet, 12. Silverstone. WM-17. mit 2 Punkten. Kein WM-Lauf: 5. International Trophy Silverstone. - Tourenwagen-EM auf BMW: 1. Monza mit Muir, 1. Spa, 7. 1000 km Spa mit Stuck, 1. 24 Stunden Nürburgring mit Joisten, 3. Nürburgring mit Joisten, 1. Innsbruck auf BMW, 1. Österreichring auf Ford Capri.
1974: Formel I auf Ferrari: 2. Buenos Aires (erster Podestplatz), 16. Kyalami, 1. Jarama (erster Sieg), 2. Nivelles, 1. Zandvoort, 2. Dijon, 5. Brands Hatch. WM-4. mit 38 Punkten. - Kein WM-Lauf: 2. Race of Champions Brands Hatch.
1975: Formel I auf Ferrari: 6. Buenos Aires, 5. Interlagos, 5. Kyalami, 1. Monaco, 1. Zolder, 1. Anderstorp, 2. Zandvoort, 1. Le Castellet, 8. Silverstone, 3. Nürburgring, 6. Österreichring, 3. Monza, 1. Watkins Glen. Weltmeister mit 64,5 Punkten. - Kein WM-Lauf: 1. International Trophy Silverstone.
1976: Formel I auf Ferrrari: 1. Interlagos, 1. Kyalami, 2. Long Beach, 2. Jarama, 1. Zolder, 1. Monaco, 3. Anderstorp, 1. Brands Hatch, Feuerunfall am Nürburgring, 4. Monza, 8. Mosport, 3. Watkins Glen. WM-2. mit 68 Punkten.
1977: Formel I auf Ferrari: 1. Kyalami, 2. Long Beach, 2. Monaco, 2. Zolder, 5. Dijon, 2. Silverstone, 1. Hockenheim, 2. Österreichring, 1. Zandvoort, 2. Monza, 4. Watkins Glen. Weltmeister mit 72 Punkten.
1978: Formel I auf Brabham Alfa: 2. Buenos Aires, 3. Rio, 2. Monaco, 1. Anderstorp, 2. Brands Hatch, 3. Zandvoort, 1. Monza. WM-4. mit 44 Punkten.
1979: Formel I auf Brabham Alfa: 6. Kyalami, 11. Österreichring, 4. Monza. Kein WM-Lauf: 5. Race of Champions Brands Hatch, 1. Imola. WM-14. mit 4 Punkten. - Procar auf BMW M 1: 1. Silverstone, 1. Hockenheim, 2. Monza, Gesamtsieger Procar-Serie. Rücktritt am 28. 9. in Montreal - Comeback zwei Jahre später.
1982: Formel I auf McLaren-Ford: 4. Kyalami, 1. Long Beach, 4. Zandvoort, 1. Brands Hatch, 8. Le Castellet, 5. Österreichring, 3. Dijon. WM-5. mit 30 Punkten.
1983: Formel I auf McLaren mit Ford, später Porsche TAG Turbomotor: 3. Rio, 2. Long Beach, 6. Silverstone, 6. Österreichring, 11. Kyalami. WM-10. mit 12 Punkten.
1984: Formel I auf McLaren TAG Turbo: 1. Kyalami, 1. Dijon, 1. Montreal, 1. Brands Hatch, 2. Hockenheim, 1. Österreichring, 2. Zandvoort, 1. Monza, 4. Nürburgring, 2. Estoril. Weltmeister mit 72 Punkten.
1985: Formel I auf McLaren TAG Turbo: 4. Imola, 5. Nürburgring, 1. Zandvoort. WM-10. mit 14 Punkten. Endgültiger Rücktritt in Adelaide.
1986: Berater für BMW-Motorsport.
1991: Flugzeugabsturz Lauda Air über Bangkok wegen Konstruktionsfehlers (Schubumkehr). Berater für Ferrari-Präsident Montezemolo (bis 1995).
2001-2002 Verantwortlicher für Jaguar, Cosworth und PI.

NIKI LAUDA:
171 Grand Prix, 3 WM-Titel, 25 Siege, 24 Polepositions, 25 schnellste Runden, 420,5 WM-Punkte, 1620 Runden = 7188 km in Führung

Rennen	Startplatz	Auto	Rennergebnis/Ausfallsgrund
1971			
Zeltweg	21	March 711	nach 22 Runden aufgegeben, schlechte Straßenlage
1972			
Buenos Aires	11	March 721	11. Platz, 2 Runden hinter Stewart
Kyalami	25	March 721	7. Platz, 1 Runde hinter Hulme
Jarama	25	March 721	ausgefallen – klemmender Gasschieber
Monte Carlo	22	March 721	16. Platz im Regen, 6 Runden hinter Beltoise
Nivelles	25	March 721	12. Platz, 3 Runden hinter Fittipaldi
Clermont Ferrand	21	March 721	ausgefallen – gebrochene Antriebswelle
Brands Hatch	19	March 721	9. Platz, 3 Runden hinter Fittipaldi
Nürburgring	24	March 721	ausgefallen – Leck im Öltank nach 4 Runden
Zeltweg	22	March 721	10. Platz, 1 Runde hinter Fittipaldi
Monza	20	March 721	13. Platz trotz Boxenstopp, 5 Runden hinter Fittipaldi
Mosport	19	March 721	disqualifiziert – auf der Strecke angeschoben
Watkins Glen	25	March 721	nicht gewertet
1973			
Buenos Aires	13	BRM P 160	ausgefallen – Motorschaden nach 66 Runden
Interlagos	13	BRM P 160	8. Platz, 2 Runden hinter Fittipaldi
Kyalami	10	BRM P 160	ausgefallen – Motorschaden in 6. Position
Barcelona	11	BRM P 160	ausgefallen – Reifenschaden nach 29 Runden
Zolder	14	BRM P 160	5. Platz trotz Tankstopp, 1 Runde hinter Stewart
Monte Carlo	6	BRM P 160	ausgefallen – gebrochene Antriebswelle, war Dritter
Anderstorp	15	BRM P 160	13. Platz, 5 Runden hinter Hulme
Le Castellet	17	BRM P 160	9. Platz, 1:45,76 min hinter Peterson
Silverstone	9	BRM P 160	12. Platz, 4 Runden hinter Revson
Zandvoort	11	BRM P 160	ausgefallen – kein Benzindruck nach 52 Runden
Nürburgring	5	BRM P 160	ausgefallen – Unfall in der 2. Runde, Handgelenksbruch
Monza	15	BRM P 160	ausgefallen – Bremsdefekt in der Parabolica
Mosport	8	BRM P 160	ausgefallen – defekte Kraftübertragung
Watkins Glen	21	BRM P 160	nicht gewertet
1974			
Buenos Aires	8	Ferrari 312 B 3	2. Platz, 9,27 sec hinter Hulme
Interlagos	3	Ferrari 312 B 3	ausgefallen – Ventilfederbruch nach 3 Runden
Kyalami	1	Ferrari 312 B 3	ausgefallen – Zündungsschaden nach 75 Runden, war Zweiter
Jarama	1	Ferrari 312 B 3	1. Platz, 35,60 sec vor Teamkollegen Reggazzoni
Nivelles	3	Ferrari 312 B 3	2. Platz, 0,35 sec hinter Fittipaldi
Monte Carlo	1	Ferrari 312 B 3	ausgefallen (in Führung liegend) – defekte Zündbox
Anderstorp	3	Ferrari 312 B 3	ausgefallen an 3. Stelle – Getriebe/Radaufhängung

142 | ÜBERFLIEGER, ABENTEURER

Zandvoort	1	Ferrari 312 B 3	1. Platz, 8,25 sec vor Teamkollege Regazzoni
Dijon	1	Ferrari 312 B 3	2. Platz, 20,36 sec hinter Peterson
Brands Hatch	1	Ferrari 312 B 3	5. Platz, 1 Runde hinter Scheckter, nach Reifenwechsel-Boxenstopp nicht mehr auf die Strecke gelassen
Nürburgring	1	Ferrari 312 B 3	ausgefallen – Kollision mit Scheckter in der 2. Runde
Zeltweg	1	Ferrari 312 B 3	ausgefallen – Ventilfederbruch in der 5. Position
Monza	1	Ferrari 312 B 3	ausgefallen – geplatzter Wasserschlauch im Motor, war Zweiter
Mosport	2	Ferrari 312 B 3	ausgefallen – Unfall, in Führung liegend ausgeschieden
Watkins Glen	5	Ferrari 312 B 3	aufgegeben – Stoßdämpferdefekt, in den Boxen als 14.

1975

Buenos Aires	4	Ferrari 312 B 3	6. Platz, 1.19,65 min hinter Fittipaldi
Interlagos	4	Ferrari 312 B 3	6. Platz, 1:01,88 min hinter Pace
Kyalami	4	Ferrari 312 T	5. Platz, 28,64 sec hinter Jody Scheckter
Barcelona	1	Ferrari 312 T	ausgefallen – Karambolage mit Regazzoni und Andretti in der 1. Kurve
Monte Carlo	1	Ferrari 312 T	1. Platz, 2,78 sec vor Fittipaldi
Zolder	1	Ferrari 312 T	1. Platz, 19,22 sec vor Scheckter
Anderstorp	5	Ferrari 312 T	1. Platz, 6,288 sec vor Reutemann
Zandvoort	1	Ferrari 312 T	2. Platz, 1,06 sec hinter Hunt, Laudas 50. Grand Prix
Le Castellet	1	Ferrari 312 T	1. Platz, 1,59 sec vor Hunt
Silverstone	3	Ferrari 312 T	8. Platz, 2 Runden hinter Fittipaldi, wegen schweren Regens abgebrochen
Nürburgring	1	Ferrari 312 T	3. Platz, nach Reifenwechsel 2:23,3 min hinter Reutemann
Zeltweg	1	Ferrari 312 T	6. Platz, 1:27,28 min hinter Brambilla, wegen Regens abgebrochen
Monza	1	Ferrari 312 T	3. Platz, 23,2 hinter Regazzoni, damit Weltmeister
Watkins Glen	1	Ferrari 312 T	1. Platz, 4,943 sec vor Fittipaldi

1976

Interlagos	2	Ferrari 312 T	1. Platz, 21,47 sec vor Depailler
Kyalami	2	Ferrari 312 T	1. Platz, 1,3 sec vor Hunt
Long Beach	4	Ferrari 312 T	2. Platz, 41,384 sec hinter Teamkollegen Regazzoni
Jarama	2	Ferrari 312 T	2. Platz, 31,00 sec hinter Hunt, der wegen Überbreite seines McLarens ursprünglich als Sieger disqualifiziert war
Zolder	1	Ferrari 312 T	1. Platz, 3,46 sec vor Regazzoni
Monte Carlo	1	Ferrari 312 T	1. Platz, 11,13 sec vor Scheckter
Le Castellet	2	Ferrari 312 T	ausgefallen (in Führung liegend) – weil der Motor blockierte (9. Runde)
Brands Hatch	1	Ferrari 312 T	1. Platz, 16,18 sec vor Scheckter, Hunt als Sieger disqualifiziert
Nürburgring	2	Ferrari 312 T	ausgefallen – Unfall in der 2. Runde, von Merzario aus dem brennenden Auto befreit
Monza	5	Ferrari 312 T	4. Platz, 19,4 hinter Peterson, sensationelles Comeback
Mosport	6	Ferrari 312 T	8. Platz trotz gebrochener Radaufhängung, 1:12,957 min hinter Hunt
Watkins Glen	5	Ferrari 312 T	3. Platz, 1:02,324 min hinter Hunt
Fuji	3	Ferrari 312 T	aufgegeben – wegen Regens und unverantwortlicher Bedingungen in der 2. Runde das Rennen beendet, wie Fittipaldi und Pace

ÜBERFLIEGER, ABENTEURER | 143

1977

Rennen	Platz	Auto	Ergebnis
Buenos Aires	4	Ferrari 312 T	ausgefallen – Einspritzungsdefekt nach 20 Runden
Interlagos	13	Ferrari 312 T	3. Platz, 40,28 sec hinter Teamkollegen Reutemann
Kyalami	3	Ferrari 312 T	1. Platz, 5,2 sec vor Scheckter, obwohl Auto durch den Pryce-Unfall beschädigt war
Long Beach	1	Ferrari 312 T	2. Platz nach spannendem Dreikampf, 0,773 sec hinter Andretti
Jarama	3	Ferrari 312 T	Startverzicht – Rippenverletzung im Aufwärmtraining,
Monte Carlo	6	Ferrari 312 T	2. Platz, 0,89 sec hinter Scheckter
Zolder	11	Ferrari 312 T	2. Platz, 14,19 sec hinter Nilsson, Regenrennen
Anderstorp	15	Ferrari 312 T	aufgegeben – nach 38 Runden, Auto unfahrbar
Dijon	9	Ferrari 312 T	5. Platz, 1:14,45 min hinter Andretti
Silverstone	3	Ferrari 312 T	2. Platz, 18,31 sec hinter Hunt
Hockenheim	3	Ferrari 312 T	1. Platz, 1,89 sec vor Scheckter
Zeltweg	1	Ferrari 312 T	2. Platz, 20,13 sec hinter Alan Jones
Zandvoort	4	Ferrari 312 T	1. Platz, 1,89 sec vor Laffite
Monza	5	Ferrari 312 T	2. Platz, 16,94 sec hinter Andretti
Watkins Glen	7	Ferrari 312 T	4. Platz, 1:49,615 min hinter Hunt, damit Weltmeister, letztes Ferrari-Rennen

1978

Rennen	Platz	Auto	Ergebnis
Buenos Aires	5	Brabham-Alfa BT 45	2. Platz – 13,21 sec hinter Andretti
Rio	10	Brabham-Alfa BT 45	3. Platz – 57,02 sec hinter Reutemann
Kyalami	1	Brabham-Alfa BT 46	ausgefallen – Motorschaden nach 53 Runden, war Dritter
Long Beach	3	Brabham-Alfa BT 46	ausgefallen an 2. Stelle – Zündbox defekt nach 27 Runden
Monte Carlo	3	Brabham-Alfa BT 46	2. Platz, 22,45 sec hinter Depailler
Zolder	3	Brabham-Alfa BT 46	ausgefallen – Startkollision mit Fittipaldi und Hunt
Jarama	6	Brabham-Alfa BT 46	ausgefallen – Motorschaden in 4. Position
Anderstorp	3	Brabham-Alfa BT 46	1. Platz, 34,019 sec vor Patrese, einziges Rennen des später verbotenen Staubsaugers
Le Castellet	3	Brabham-Alfa BT 46	ausgefallen – Motorschaden, war Zweiter
Brands Hatch	4	Brabham-Alfa BT 46	2. Platz, 0,23 sec hinter Reutemann, von Giacomelli beim Überrunden behindert
Hockenheim	3	Brabham-Alfa BT 46	ausgefallen – Motorschaden nach 12 Runden, war Vierter
Zeltweg	12	Brabham-Alfa BT 46	ausgefallen – in Rindt-Kurve an 3. Stelle gedreht
Zandvoort	3	Brabham-Alfa BT 46	3. Platz, 12,210 sec hinter Andretti
Monza	4	Brabham-Alfa BT 46	1. Platz, 1,48 sec vor Teamkollegen Watson, Strafminute für Andretti und Villeneuve (Frühstart)
Watkins Glen	5	Brabham-Alfa BT 46	ausgefallen – Motorschaden an 3. Stelle nach 29 Runden
Montreal	7	Brabham-Alfa BT 46	ausgefallen – Bremsversagen nach 6 Runden, 100. Grand Prix

1979

Rennen	Platz	Auto	Ergebnis
Buenos Aires	22	Brabham-Alfa BT 48	ausgefallen – kein Benzindruck
Interlagos	12	Brabham-Alfa BT 48	ausgefallen – Schaltungsdefekt
Kyalami	4	Brabham-Alfa BT 48	6. Platz, 1 Runde hinter Villeneuve
Long Beach	9	Brabham-Alfa BT 48	ausgefallen – von Tambay in der ersten Kurve gerammt

Jarama	6	Brabham-Alfa BT 48	ausgefallen – geplatzter Wasserschlauch
Zolder	13	Brabham-Alfa BT 48	ausgefallen – Motorschaden nach 23 Runden
Monte Carlo	4	Brabham-Alfa BT 48	ausgefallen – Karambolage mit Pironi, war Dritter
Dijon	6	Brabham-Alfa BT 48	ausgefallen – Motor nach Dreher abgestorben
Silverstone	6	Brabham-Alfa BT 48	ausgefallen – Bremsdefekt (8.Platz)
Hockenheim	7	Brabham-Alfa BT 48	ausgefallen – Motorplatzer nach 28 Runden, war Fünfter
Zeltweg	4	Brabham-Alfa BT 48	ausgefallen – kein Öldruck nach 45 Runden
Zandvoort	9	Brabham-Alfa BT 48	aufgegeben – rechtes Handgelenk nach Trainingsunfall angebrochen, lag an 8. Stelle
Monza	9	Brabham-Alfa BT 48	4. Platz, 54,40 sec hinter Scheckter
Montreal			nach dem 1. Training aufgegeben, Laufbahn beendet

1982

Kyalami	13	McLaren MP 4	4. Platz, 32,113 sec hinter Prost
Rio	6	McLaren MP 4	ausgefallen – mit Reutemann kollidiert, war Achter
Long Beach	2	McLaren MP 4	1. Platz, 14,660 sec vor Rosberg
Zolder	4	McLaren MP 4	disqualifiziert als Dritter – Auto untergewichtig
Monte Carlo	12	McLaren MP 4	ausgefallen – kein Öldruck, schlechtes Handling
Detroit	10	McLaren MP4	ausgefallen – Karambolage mit Rosberg (war Zweiter)
Montreal	11	McLaren MP 4	ausgefallen – Kupplung, Handling
Zandvoort	5	McLaren MP 4	4. Platz, 1:23,720 min hinter Pironi
Brands Hatch	5	McLaren MP 4	1. Platz, 25,726 sec vor Pironi
Le Castellet	9	McLaren MP4	8. Platz nach Reifenwechsel, 1 Runde hinter Arnoux
Hockenheim		McLaren MP 4	Startverzicht – Handgelenksbruch im Training
Zeltweg	10	McLaren MP 4	5. Platz, 1 Runde hinter de Angelis
Dijon	4	McLaren MP 4	3. Platz trotz Sabotage (Reifen gestohlen), 1:00,343 min hinter Rosberg
Monza	10	McLaren MP 4	ausgefallen – Bremsdefekt nach 22 Runden
Las Vegas	13	McLaren MP 4	ausgefallen – kein Öldruck nach 53 Runden

1983

Rio	9	McLaren MP 4	3. Platz, 51,631 sec hinter Piquet, Roster als 2. aus der Wertung genommen
Long Beach	23	McLaren MP 4	2. Platz, 27,993 sec hinter Teamkollegen Watson
Le Castellet	12	McLaren MP 4	ausgefallen – nach 30 Runden Radlager blockiert, war 6.
Imola	18	McLaren MP 4	ausgefallen – Unfall wegen Bremsdefekts, war 9.
Monte Carlo		McLaren MP 4	nicht qualifiziert
Spa	15	McLaren MP 4	ausgefallen – Motorschaden nach 35 Runden, war 8.
Detroit	18	McLaren MP 4	aufgegeben nach drei Boxenstopps – Stoßdämpferdefekt
Montreal	19	McLaren MP 4	ausgefallen nach 12 Runden – Unfall mit Giacomelli
Silverstone	15	McLaren MP 4	6. Platz, 1 Runde hinter Prost
Hockenheim	18	McLaren MP 4	5. Platz, aber wegen Reversierens beim Boxenstopp disqualifiziert
Zeltweg	14	McLaren MP 4	6. Platz, 2 Runden hinter Prost, letztes Ford-Rennen
Zandvoort	19	McLaren-TAG	ausgefallen nach 25 Runden – Bremsen überhitzt (war 11.)
Monza	13	McLaren-TAG	ausgefallen nach 29 Runden – Zündungsdefekt (20.)
Brands Hatch	13	McLaren-TAG	ausgefallen nach 26 Runden – Turboschaden (10.)
Kyalami	12	McLaren-TAG	ausgefallen nach 72 Runden – lag an 2. Stelle - Elektrikdefekt

1984

Rio	6	McLaren-TAG	ausgefallen in Führung liegend - Defekt in der Elektronik (39. Runde)
Kyalami	8	McLaren-TAG	1. Platz, 1:05,950 min vor Teamkollegen Prost, erster Turbo-Sieg
Zolder	14	McLaren-TAG	ausgefallen - Motorschaden nach 36 Runden (12.)
Imola	5	McLaren-TAG	ausgefallen - Motorschaden an 3. Stelle (16. Runde)
Dijon	9	McLaren-TAG	1. Platz, 7,154 sec vor Tambay
Monte Carlo	8	McLaren-TAG	ausgefallen - Dreher im Regen vorm Casino
Montreal	8	McLaren-TAG	2. Platz, 2,612 sec hinter Piquet
Detroit	10	McLaren-TAG	ausgefallen - Motor/Elektronik
Dallas	5	McLaren-TAG	ausgefallen - Unfall in 3. Position, Radaufhängung
Brands Hatch	3	McLaren-TAG	1. Platz, 42 sec vor Warwick
Hockenheim		McLaren-TAG	2. Platz, 3,142 sec hinter Teamkollegen Prost
Zeltweg	4	McLaren-TAG	1. Platz, 23,525 sec vor Piquet trotz Getriebeschaden
Zandvoort	6	McLaren-TAG	2. Platz, 10,283 sec hinter Prost
Monza	4	McLaren-TAG	1. Platz, 24,249 sec vor Alboreto
Nürburgring	15	McLaren-TAG	2. Platz, 13,425 sec hinter Prost, Weltmeister

1985

Rio	9	McLaren-TAG	ausgefallen - Benzinzufuhr defekt
Estoril	7	McLaren-TAG	ausgefallen - Motorschaden
Imola	8	McLaren-TAG	4. Platz, eine Runde hinter Detiglis, Getriebeschaden
Monte Carlo	14	McLaren-TAG	ausgefallen - Dreher, Motor abgestorben
Montreal	17	McLaren-TAG	ausgefallen - Motorschaden
Detroit	12	McLaren-TAG	ausgefallen - Bremsdefekt
Le Castellet	6	McLaren-TAG	ausgefallen - Getriebeschaden
Silverstone	10	McLaren-TAG	ausgefallen - Elektrik
Nürburgring	12	McLaren-TAG	5. Platz, Boxenstopp (loses Rad)
Zeltweg	3	McLaren-TAG	ausgefallen - Motorschaden
Zandvoort	10	McLaren-TAG	1. Platz, 0,232 sec vor Prost, letzter Sieg
Monza	16	McLaren-TAG	ausgefallen - defekte Kraftübertragung
Spa			Startverzicht - Trainingsunfall, Handgelenksbruch
Kyalami	8	McLaren-TAG	ausgefallen - Turbodefekt
Adelaide	16	McLaren-TAG	ausgefallen - Bremsprobleme, gegen die Mauer, lag in Führung

Helmut Koiniggs letztes Foto: ernste Fahrerbesprechung unmittelbar vorm Start zum Grand Prix der USA in Watkins Glen 1974. Der junge Österreicher in der ersten Reihe Mitte, zwischen Regazzoni, Fittipaldi und Lauda. Links hinten Reutemann, in der Mitte Depailler mit Zigarette, daneben Bernie Ecclestone mit Sonnenbrillen. Unten: Die ersten Tastversuche in der Formel I: Helmut mit dem Finotto-Brabham Nr. 32 in Zeltweg.

ER WAR AM WEG ZUM GIPFEL

Die unvollendete Karriere des Helmut Koinigg. Ohne Geld in die Formel I, schuldloses Ende

Wann immer Ferrari-Präsident Luca Montezemolo in Maranello aus seinem feudalen Büro tritt, fällt sein Blick automatisch auf das Zeitungsfoto vis-a-vis an der Wand: Fahrerbesprechung vorm WM-Finale 1974 in Watkins Glen (USA). Ein junger, dynamischer Montezemolo, damals Ferrari-Rennleiter, mit seinen damaligen Stars Niki Lauda und Clay Regazzoni, ihrem großen WM-Rivalen Fittipaldi – und in der ersten Reihe, ganz vorn, ein neues Gesicht: erfrischend jung, ehrgeizig, hoffnungsvoll …

Das letzte Foto von Helmut Koinigg.

Jedes Mal, wenn ich es sehe, spür auch ich einen Stich, kehrt die Erinnerung schlagartig zurück. Letzter WM-Lauf, das Duell Regazzoni-Fittipaldi steht 52:52 – wer früher ins Ziel kommt, ist Weltmeister. Aber Ferrari hat die falschen Stoßdämpfer. Weil es 1974 noch keine Live-TV-Übertragungen aus den USA gibt, erlebe ich das Finale aus der Box, leide mit Ferrari und Regazzoni, der gerade zum dritten Mal an die Box muss – als plötzlich unser jahrelanger Freund Dieter Stappert angelaufen kommt, atemlos und verängstigt: „Heinz, komm schnell rüber zu Surtees. Der Koinigg hatte gerade einen ganz schlimmen Unfall."

Wir rennen, fluchen und beten: „Bitte, lieber Gott, nicht schon wieder ein Österreicher – vier Jahre nach Jochen."

Helmut Koinigg
Geboren am 03. 11. 1948 in Wien, gestorben am 06. 10. 1974 in Watkins Glen.
Ein Student, der es ohne Geld in die Formel I geschafft hat. Manche glauben noch heute: „Er hätte so gut werden können wie Lauda und Rosberg."

Er hatte eine kurze, viel versprechende Karriere, fast himmelstürmend: leider eine unvollendete Symphonie. „Helmut Koinigg war gut", sagt Niki Lauda heute, „aber er ist viel zu früh zu Tode gekommen, um überhaupt zu wissen, wie es weitergeht." Das Requiem von Hans-Joachim Stuck, der mit Koinigg oft beisammen war: „Wenn einer wie der Helmut weg ist, siehst du erst, was man an ihm versäumt hat."

„Ich hab ihm ein paar Mal in seiner etwas chaotischen Karriere geholfen", erinnert sich Helmut Marko. „Ein lieber Kerl, aber ein kleiner Chaot, der keine Organisation hatte – bis er mit seinen Verträgen zu mir kam."

Vater Koinigg, ein sehr gut situierter Industrieller, war immer dagegen, dass sein einziges Kind Rennen fährt – und hat ihn auch nie unterstützt. Wie es Helmut als Student trotzdem geschafft hat, wird heute noch bewundert. Sogar von Lauda: „Ein konsequenter, intelligenter Bursche, der mit allen Schwierigkeiten, die du nur haben kannst, versucht hat, sich in die Formel I durchzukämpfen – nämlich ohne Geld. Als er Formel Vau gefahren ist, konnte er am Nürburgring nicht einmal die Hotelrechnung zahlen ..."

Was auch mich an Koinigg immer beeindruckte: Wie unbeirrbar er seinen Weg ging. In seinem Premierenrennen in Aspern bei Wien kämpft er mit dem Ex-Lauda-Mini sogar dann noch tapfer weiter, als die Windschutzscheibe herausgekippt ist. Bei einem Bergrennen in der Schweiz ist er völlig verzweifelt und deprimiert, weil er um eine Sekunde verloren hat.

Helmut studiert Publizistik und Maschinenbau an der Wiener TU, wo ihn die zwei Genies Dr. Fritz Indra und Ing. Heinz Lippitsch kennen lernen – und direkt an Kurt Bergmann weiterreichen. Der „Master" aus Wien-Essling ist die international heißeste Adresse der Formel Vau. Seine Kaimann-Rennwagen fahren alles in Grund und Boden.

„Der Kaimann ist ein giftiges, aggressives Tier", lächelt Bergmann 30 Jahre später über sein Wappenzeichen. „Ein Meter groß, geht aufrecht. Viele haben das auf mich gemünzt." Bergmann, der Schöpfer des österreichischen Formel-Vau-Weltwunders, misst 1,67 m.

Seine Piloten von seinerzeit heißen Lauda (der sich gleich beim ersten Rennen in Aspern überschlägt), Rosberg, Ertl, Peter, Breinsberg, Riedl – und Koinigg. Als der Wiener Student in den Formel-Vau-Konvoi stößt, fällt er sofort auf: intelligent, sympathisch, obwohl manchmal sehr impulsiv.

„Vielleicht der netteste Mensch, den ich je kennen lernte – aber auch der schwierigste. Weil er so ehrgeizig war." Heute stellt Bergmann Koinigg mit Lauda und Rosberg auf eine Stufe: „Auch er wäre mit Sicherheit einmal Weltmeister geworden!" Ohne Geld, aber irgendwie hilft man ihm auf die Sprünge.

Talent zeigt er auch in der Formel Ford, im Werksteam von Ford-Köln. Aber vor allem wird Koinigg 1972 zum Superstar der Super-Vau-Szene, gewinnt den Europapokal, also den inoffiziellen WM-Titel, verteidigt ihn, wird Porsche-Werksfahrer. 1974 heiratet er seine Freundin, eine Stewardess: „Gaby muss das Geld verdienen, das ich beim Rennfahren ausgeb ..." Zum Doktortitel fehlt dem 25-Jährigen nur noch ein halbes Jahr. Und zum perfekten Rennfahrerglück nur noch die Formel I.

Für die Formel II reichen seine Sponsorengelder nicht, aber irgendwie kratzt Helmut die Finanzen für einen Finotto-Brabham 1974 in Zeltweg zusammen, kann sich zwar als 31. nicht qualifizieren, „aber ich hab wenigstens in die Formel I hineingeschnuppert." Dieter Quester auch, sogar als Neunter im Österreich-Grand-Prix, drei Runden zurück, aber er kritisiert den englischen Teamchef John Surtees im TV als „Schlitzohr" – was diesem die Neidgenossenschaft Formel I natürlich sofort brühwarm übersetzt.

„Quester ist zu emotionell für die Formel I", beschließt Surtees. Damit ist „Quastl" out, und „Big John" sucht neue Piloten. In Monza wird er vom Klagenfurter Businessman und Rennmanager Ernesto Huppert angesprochen. Im „Sant Eustorgio" haben Surtees und Koinigg ein langes Abendessen.

Sie finden sofort problemlos zueinander: Der starrköpfige, längst ergraute, oft gebeugte, aber immer ehrgeizige und verbissene Ex-Champion als Teamchef, der noch heute sagt: „Es waren immer nur Prinzipien, die mich in Schwierigkeiten brachten", und der junge Student und „grade Michl", Kopf durch die Wand, der anfangs seiner Karriere die wildesten Crashs überlebte, sich aber dann gefangen hat, jetzt charmant plaudert, bescheiden auftritt, aber zielstrebig und positiv ist.

„Ein extrem interessanter Mensch", denkt Koinigg über Surtees, „und so sensibel. Wahrscheinlich ist das der Grund, warum er nur mit so wenigen Leuten zusammenarbeiten kann." Surtees ist der erste und immer noch einzige Weltmeister sowohl auf zwei als auch auf vier Rädern, war 1966 Cooper-Maserati-Stallrivale von Jochen Rindt, nach einer stürmischen „Scheidung auf Italienisch" von Ferrari und einer noch stürmischeren Trennung von seiner Frau Patricia: „Das war zehn Jahre Krieg!", verriet er mir einmal. Surtees musste sich von einigen seiner geliebten Motorräder trennen – und auch von seinem Formel-I-Ferrari.

Zurück zu 1974. John lädt Helmut zu Testfahrten nach Goodwood: 40 Runden auf regennasser Bahn. Er signalisiert keine Rundenzeiten, verrät sie auch nachher nicht, und Koinigg fragt nicht, „weil das nur klingen würde wie: Na, wie gut war ich?"

Aber Surtees schmunzelt nur und offeriert Koinigg einen 2-Jahres-Vertrag.

Ohne Schecks oder Sponsorengelder zu fordern, nein: Koinigg wird sogar „ganz schön verdienen." Die Chemie stimmt, die Verträge auch, bestätigt Marko noch heute: „Koinigg hat sie mir gezeigt." Das Sponsorgeld vom „Zottelshop" ist minimal, eher ein Anerkennungsbeitrag für Surtees – der sich mit jungen Piloten (vorher: Arnoux) oft erstaunlich gut versteht.

„Ich will mit Koinigg nochmals von vorn anfangen, alles ganz neu aufbauen. Ich nehm Helmut wegen seines Talents, seines Könnens, seines Teamgeistes. Hätte er diese Eigenschaften nicht, ich hätte ihn auch mit viel Sponsorengeld nicht verpflichtet", sagt mir Surtees. Voll Freude packt Koinigg seine zwei Reisetaschen für Kanada und USA.

Auf der mörderisch buckligen, schmutzigen Mosport-Strecke, auf der WM-Anwärter Niki Lauda in Führung liegend auf Sand ausrutscht, bricht Koinigg der Stabilisator. Was tut er? „Ich häng mich einfach in den langsamen Kurven mit den Vorderrädern in den Randsteinen ein. Ein Wunder, dass das Auto gehalten hat."

So mutig bringt Koinigg seinen TS 16 auf Rang 10 ins Ziel. Hinter ihm: Stommelen, Donohue, Ickx, Hill, Laffite und Mass.

Alle gratulieren ihm herzlich. „Ah, du warst der Bursche im Surtees Nr. 19", macht ihm Fittipaldi ein Kompliment. „Ich hab schon krampfhaft überlegt, wer da drin sitzen könnte – weil ich rundenlang nicht an dir vorbeikam." Und Carlos Reutemann, verblüfft: „Pace und Mass wären für eine Million nicht mehr in dieses Auto gestiegen, und dann kommt dieser Boy from Austria und wird Zehnter!"

Koinigg feiert in Toronto, stöbert dort nach Antiquitäten, aber die meisten von uns fliegen auf die Bahamas. Oder schon zum Vortraining ins verlassene Goldgräbernest Watkins Glen – wo Rindt 1969 seinen ersten Grand Prix gewonnen hat, wo 1973 Cevert tödlich verunglückt ist.

Lauda hat „den ganzen Tag das blöde Gefühl, dass irgendwas passiert", und gibt besonders Acht. Die Strecke: noch rumpliger als zuletzt, mit noch schlimmeren Vibrationen. „Mich", gibt Koinigg zu, „treffen sie wie Elektroschocks. Ich seh fast nix mehr, und die Erschütterungen beuteln fast alle Schrauben los."

In der gefährlichsten S-Kurvenfolge (Cevert), genau dort, im Tunnel aus Stahlschienen, explodiert Koinigg bei 260 km/h der rechte Hinterreifen. Surtees rutscht weiter, zum Glück ohne anzuschlagen. Die Firestone-Ingenieure sind entsetzt und alarmiert. „Ein schreckliches Gefühl, wenn dir die Leitplanken ins Gesicht schauen, nur 3 cm von der Straße weg", sagt mir Koinigg leise.

Wenig später kracht Regazzoni gegen die Leitplanken. Der Ferrari ein Totalschaden, der „Unzerstörbare" im Rettungswagen. Lauter schlechte Vorzeichen. Das WM-Duell Fittipaldi-Regazzoni steht vor der letzten, entscheidenden Schlacht 52:52. Ferraris junger, dynamischer Rennleiter Luca Montezemolo, der die Saison strahlend wie ein Opernheld begonnen hat, ist bleich geworden, nervös, verängstigt – zu viele Unfälle.

Zur Sicherheitskonferenz der GPDA kommen gezählte fünf Piloten: Lauda, Koinigg, Hill, Hulme und Beltoise. Am schärfsten kritisiert Niki die Leitschienen: „Am liebsten tät ich da gar nicht fahren." Die Fangzäune sind mit streichholzdünnen Stiften im Sand verankert – ein stärkerer Wind bläst sie um. Und die Leitplanken sind aus altem Eisen, nicht aus verzinktem Stahl – gehalten werden sie von lächerlichen Achterschrauben.

Koinigg ist mit Startplatz 23 unzufrieden: „Mein Ziel waren die ersten 15." Aber einmal steigt Jarier vor ihm voll auf die Bremse, und Schenken blockiert ihn in seiner schnellsten Runde: „Ich weiß nicht, wo ich eine Sekunde holen kann, aber ich muss sie gewinnen, weil ich will."

Samstag versucht Helmut zwei Stunden lang, Gaby in Wien anzurufen, kommt aber nicht durch. Erst Sonntag früh klappt das Telefonat. Helmut frühstückt mit Huppert und Stommelen.

Vorm Start bittet ihn sein Manager noch: „Bitte, steh beim nächsten Mal weiter vorn, damit ich nicht wieder von Reutemann bis in die 12. Startreihe zurücklaufen muss –, aber versprich mir: Halt dich zurück, fahr nicht übers Häferl." Helmut nickt: „Da mach dir nur keine Sorgen." Teammanager George hält Koinigg ab dem 3-Minuten-Signal die elektronische Stoppuhr ins Cockpit. Helmut ist ruhig, absolut nicht nervös.

Bald nach Rennbeginn trickst er den bekannten Spätbremser Brambilla aus, fällt dann aber immer weiter zurück: erst hinter Stommelen, dann hinter Graham Hill. Auffallend, wie seine Rundenzeiten immer langsamer werden.

Nach der 9. Runde passiert er mit 40 Sekunden Rückstand auf den führenden Reutemann, nach der 10. kommt er nicht mehr vorbei.

Die Koinigg-Tragödie passiert im völligen Kontrast zum leicht überblickbaren Rennverlauf: keinerlei Alarm, kein Rettungswagen auf der Strecke, und kaum ein Pilot weiß nachher vom Unfall.

In der 2.-Gang-Kurve, die Regazzoni, Beltoise, Andretti nach Trainingsstürzen zu Fuß verlassen konnten, fällt die überhöhte Fahrbahn später nach außen ab. Dort ist die untere Leitschiene – beängstigend – durchbrochen. Lauda sieht im Vorbeifahren „nur die Spur von der Bremse und dahinter ein Häufchen Auto, von dem der Rauch aufsteigt – dampfendes Kühlwasser. Aus irgendeinem Grund bilde ich mir ein, es ist ein Ensign." Dann dringt in die Box Nr. 19 der Funkanruf: „John Surtees, would you please see race director Malcolm Currie" – und dann rennen auch Stappert und ich voll Angst los. In der leeren Garage steht George, der Teammanager, und sagt tonlos: „It's finished."

Die Rekonstruktion ergibt: Die zwei Fangzäune haben beim Anprall nachgegeben, als wären sie Vorhänge. Die beiden unteren der drei Leitschienen öffneten sich augenblicklich, weil die bleistiftdünnen Bolzen herausfielen. Der Wagen schoss unter der dritten Schiene durch. Koinigg blieb in einer 2.-Gang-Kurve nicht die geringste Chance – welcher Defekt auch immer den Surtees von der Fahrbahn abkommen ließ.

Niki Lauda nimmt nach zwei Boxenstopps erschüttert den Helm ab und sagt zu Montezemolo: „Luca, es ist für mich sinnlos geworden weiterzufahren." Sein Rennleiter begreift sofort.

Weltmeister Fittipaldi hat zum ersten Mal in seiner Karriere nasse Augen, als er aus dem Auto steigt – aber aus den Tränen der Freude werden bald Tränen der Trauer: „Ich widme meinen Titel dem Gedenken an Helmut Koinigg", sagt Emerson mit erstarrtem Gesicht in Dutzende Mikros und Kameras, „so wie meinen Watkins-Glen-Sieg 1970 Jochen Rindt – leider Gottes."

Zwei ehemalige Surtees-Piloten formulieren schärfer. Carlos Pace: „Ich hab immer gesagt: Dieses Auto ist gefährlich – aber keiner hat mir geglaubt." Und Jochen Mass: „Das hätte ich sein können, wäre ich drin geblieben. Aber ich habe Helmut gewarnt: Nimm nicht jede Formel-I-Chance wahr – nichts auf der Welt ist diesen Preis wert."

Surtees und sein Rennleiter sperrten mir die Garagenbox mit dem Koinigg-Wrack auf. „Aber du musst sofort vergessen, was du gesehen hast." Ich habe mir den kaputten Reifen gemerkt – in Firestones letztem Grand Prix. Einer zu viel. „Die Amerikaner hatten neue, größere Reifen und uns allen empfohlen sie zu nehmen." Nachher hatten es alle furchtbar eilig, aus Watkins Glen zu flüchten. Unfallanalysen kannte die Formel I noch lange keine. War etwas passiert, hieß es allenfalls: „Der arme Kerl, warum ausgerechnet er?"

Kein Teil des Autos, der gebrochen war, war nicht auch verbogen. Aber die innere Karkasse des linken Hinterreifens war in vollem Umfang schadhaft – und dieser Defekt war mit Gewissheit nicht durch die Berührung mit den Leitplanken heraufbeschworen.

Plötzliche Explosion? Oder der berüchtigte „slow puncture", ein schleichender Patschen, wie er 1968 in Hockenheim Jim Clark das Leben gekostet hat? „Glaub ich nicht", sagt Surtees heute, „Helmut war ein sensibler Rennfahrer. Das hätte er sicher gespürt." Aber eine andere Anklage von Big John: „Ich war immer gegen Leitplanken, hab sie immer gehasst. Und heute sind auch die anderen draufgekommen. Aber damals glaubte noch jeder: Leitplanken wären die totale Sicherheit – ein tödlicher Irrtum, wenn man sie nicht korrekt zusammenfügt."

Nach heutigem Sicherheitsstandard wäre Helmut unverletzt ausgestiegen und zu Fuß an die Box zurückgekommen – wie auch Rindt in Monza.

Aber das waren noch nicht Surtees' Gedanken, als er verzweifelt auf dem Tisch der Rennleitung lag, mit feuchten Augen, aschfahl im Gesicht – und als noch niemand begreifen konnte, dass Helmut Koinigg mit 25 gegangen war.

Was Surtees heute, fast 30 Jahre danach, über Koinigg sagt, klingt immer noch wie ein Requiem: „Helmut hatte so viel Potenzial, es war eine echte Tragödie – und so unnötig."

Am Begräbnistag holte der Wiener Sportwagenfahrer Kurt Rieder den traurigen Surtees vom Flugplatz ab. Und organisierte sich dabei gleich einen Formel I für ein Bergrennen – mit dem er beim Bergabfahren rausflog. Der berührendste Moment war Jahre später, als mich eine besonders liebenswürdige Frau Magister in einer Hietzinger Apotheke leise ansprach: „Ich bin die Mutter vom Helmut Koinigg ..." Da war Gaby, Helmuts Frau, bereits wieder verheiratet: mit einem Attaché der französischen Botschaft in Wien. Und Surtees hatte wieder einen österreichischen Piloten – Hans Binder.

Nur bei Ferrari in Maranello hängt unverändert Helmut Koiniggs letztes Foto.

Helmut Koinigg: Stationen seiner Karriere

1969: Tourenwagen: 3. in Aspern auf Austin Cooper.
1970: Formel Vau: 1. Chimay (auf McNamara), 3. Österreichring (auf McNamara).
1971: Formel Super Vau: 1. Zolder (auf Austro Kaimann), Formel Vau: 1. Zandvoort (auf Austro Kaimann). - Formel Ford: 1. Brands Hatch (auf Lotus). 3. Goldpokal Formel Super Vau.
1972: Formel Vau: 2. Mühllacken, 2. Alpl, 1. Braunsberg (alls auf Kaimann). - Formel Super Vau: zweimal 1. Hockenheim, zweimal 1. Nürburgring, 1. Zandvoort (alles auf Kaimann). 2. Goldpokal Formel Super Vau.
1973: Formel Vau: 1. Mühllacken, 2. Dobratsch, 1. Alpl, 1. Braunsberg (alle auf Kaimann). - Sportwagen: 4. im 4-Stunden-Rennen von Le Mans mit Schurti auf Porsche. 6. im 1000-km-Rennen Österreichring mit Schurti auf Porsche. - Formel Super Vau: 1. Zolder, 1. Mantorp Park, zweimal 1. Hockenheim, 1. Österreichring (alles auf Kaimann). - Tourenwagen: 1. Diepholz auf Ford. - 1. Österreichische Bergmeisterschaft. 1. Goldpokal Formel Super Vau.
1974: Tourenwagen: 1. Salzburgring auf Ford. - Sportwagen: 7. im 1000-km-Rennen Nürburgring mit Schurti auf Porsche. - Formel I: Debüt in Mosport, tödlich verunglückt in Watkins Glen.

HELMUT KOINIGG: 2 Grand Prix

Rennen	Startplatz	Auto	Rennergebnis/Ausfallsgrund
1973			
Zeltweg	31	Finotto-Brabham	nicht qualifiziert
1974			
Mosport	22	Surtees TS 16	10. Platz, 2 Runden hinter Fittipaldi
Watkins Glen	22	Surtees TS 16	ausgefallen - tödlicher Unfall in der 10. Runde, Reifenschaden

Wolfsrudel oder Wölfe im Schafspelz? Quester hat viele Jahre lang die rassige Tourenwagen-Szene mitbeherrscht. Viermal wurde er Europameister.

QUASTL, UNSER MARATHON-MAN

Die vielen Streiche des Dieter Quester:
Langzeit-Poleposition in der „Formel Fun"

Dieter Quester ist der österreichische Motorsportler mit der längsten Karriere. Er fuhr schon gegen Jochen Rindt, später gegen Niki Lauda, zusammen mit Gerhard Berger – und er fährt immer noch. An seinem 40. Geburtstag hat er im Sacher seinen Rücktritt vom Rennsport erklärt („wegen meiner Familie") – jetzt ist er inzwischen schon über 60.

Der berühmte Bergkönig Hans Stuck, der Vater seines Kumpels und Gegners „Striezel" Stuck, war mit 60 Jahren noch deutscher Tourenwagenmeister, fuhr mit 67 noch Rennen und hat mit 72 freiwillig seinen Führerschein zurückgelegt. Bei Quester? Noch lang keine Idee.

„Früher hätte ich ihn belächelt, heute muss ich ihn bewundern", sagt sogar Gerhard Berger. „Mit wie viel Freude und ungebrochener Leidenschaft der Dieter seine Rennen fährt." Erst letztes Jahr erfüllte sich Quester noch einen Jugendtraum: Autorennen mit einem Ferrari.

Er war viermal Tourenwagen-Europameister, bestritt insgesamt 44 (genau gezählt) 24-Stunden-Rennen, schlug 1970 in einem Formel-II-Rennen auf dem Hockenheimring den damaligen Europameister und Ferrari-Star Clay Regazzoni mit einer Karambolage in der letzten Runde – aber noch berühmter wurde Quester im Rennzirkus durch seine Einlagen außerhalb der Rennstrecke.

Hier sind nur ein paar davon.

Dieter Quester
Geboren am 30. 05. 1939 in Wien. Viermal Tourenwagen-Europameister, Formel-II-Sieger gegen Regazzoni. Die längste Karriere aller österreichischen Motorsportler: fuhr fast alle Autos in allen Formeln, auch mit über 60 ehrgeizig wie ein „junger Wilder".

Die Feuerschlucker-Nummer. 400 hochkarätige Gentlemen im Smoking mit eleganten Damen beim Abschlussbankett der Rennwoche in Macao, Galadiner im Stil der Wiener Hofburg: So viel Tradition gehört aufgelockert, findet jedenfalls Dieter Quester. Noch in Wien hat er sich eine Flasche Flüssiggas („schwer genug zu kriegen") besorgt: „Die musst in den Mund nehmen, unter Druck rausblasen und dann anzünden – und schon hast du den reinsten Flammenwerfer, fünf bis sechs Meter lang. Du darfst nur nicht einatmen", weiß Dieter.

Die heimliche Probe verhaut er jedes Mal, aber bei der Siegerehrung riskiert Quester seine Feuerschlucker-Nummer. „Ich will über den Nebentisch druberblasen – aber leider steht genau in diesem Moment der berühmte Stirling Moss auf und kriegt die Flammen voll auf seinen hohen Scheitel."

Stirling Moss – 16facher Grand-Prix-Sieger, durch Pech und Zufall nie Weltmeister, aber als Fangio-Teamkollege bei Mercedes heute noch vergöttert. Fuhr nie ein Rennen unter 1000 Pfund Startgeld, reist heute noch, mit 74, als großer Motorsport-Ambassador durch die Welt, hat fast jeden Tag irgendwo einen großen Auftritt.

Und jetzt verbrennt ihm ausgerechnet Quester mit 200 Grad die letzten Haare. Moss erschrickt total, ist fast paralysiert, seine junge Ehefrau Suzy schwer geschockt. Alles ist in Aufruhr, manche glauben: ein Attentat der Rotchinesen – und dem Urheber ist die Sache furchtbar peinlich.

„Aber wenn wir uns heute treffen", sagt Quester, „lachen der Stirling Moss und ich über diese Geschichte." Wirklich?

Die Fischjagd im Swimmingpool. Kaum sind die Bahamas als Ferienziel aufgekommen, trainiert Quester in seinem Haus in Wien-Sievering das Tauchen und Harpunieren. „Ich kauf am Naschmarkt ein paar Karpfen, lass sie im Pool frei schwimmen und leg an mit der Harpune." Die Karpfenjagd im Pool wird ein Fiasko. „Alle Fische haben überlebt, ich hab keinen einzigen getroffen. Wir haben sie dann am Abend gegessen. Nur das Wasser musste ich auslassen und das Bassin komplett neu verfliesen ... Da hatte ich natürlich Erklärungsnotstand. Was sollte ich dem Fliesenleger erzählen?"

Eine ähnliche Story hat mir einmal Alex Zanardi verraten: Als 16-Jähriger holte er heimlich das Auto seiner Eltern aus der Garage, geriet draußen in einen Schneesturm und brachte das Auto, weiß überzuckert, nach Hause. „Nur meine Eltern wunderten sich: Wieso kommt, wenn das Auto den ganzen Tag in der Garage steht, so viel Schnee aufs Dach?"

Die Bärennummer. In den 80er-Jahren plante Willi Dungl, unser Fitnessprofessor, mit Niki Lauda, Dieter Quester und mir ein Fitnesscamp in Kanada. Mit

Überlebenstraining in der Wildnis, Kräutersammeln und Blättertrocknen, mit Schlafen im Zelt.

„Ihr müssts nur auf die Bären aufpassen", warnte Dungl. „So a Bär hat ja ka Mimik. Bei dem weißt du nie, ob er grad freundlich dreinschaut oder schlecht aufgelegt und grantig ist. Der kommt einfach ins Zelt reingetappt und tragt dich raus."

Quester, unser Bester, reagierte als Erster: „Du Willi, ich komm grad drauf: Im August hab ich sowieso ka Zeit ..." Womit das Überlebenstraining in Kanada geplatzt war.

Die Kängurunummer. Einmal in Australien, auf dem Weg vom Flugplatz zu irgendeiner Rennstrecke, hüpft Quester und seinem englischen Rennfahrerkollegen John Fitzpatrick ein Känguru vors Auto und bleibt regungslos liegen. Quester, zutiefst erschrocken, ist sowohl Tierfreund als auch Spaßvogel, aber der gehört ja auch zu den Tieren, also muss man eine solche Gelegenheit nützen, um andere zu schrecken.

Quester richtet das bewusstlose Känguru auf, lehnt es ans geparkte Leihauto und hängt ihm als Krönung noch dazu Fitzpatricks britisch-kariertes Sportsakko um. Mit Brieftasche, Reisepass, Führerschein und allen Kreditkarten.

Dann setzen sich die zwei gemütlich an den Straßenrand. Und warten voll diebischer Vorfreude, wie arg wohl ihre Teamkollegen erschrecken, wenn sie gleich heranbrausen – und da steht am Straßenrand das Känguru im Sportsakko.

Aber, du liebe Güte: Bevor noch das zweite Auto kommt, wacht das Känguru plötzlich auf – und hoppelt mit Fitzpatricks Sportsakko in den Busch hinaus. Mit Brieftasche, Pass, Führerschein ...

Die zwei Rennfahrer glauben, ein Gespenst zu sehen, rennen dann hinter dem Känguru her, haben aber keine Chance. Völlig entgeistert fahren sie meilenweit zum nächsten Sheriff, um Anzeige zu erstatten: „Ein Känguru hat unser Sakko mit allen Dokumenten gestohlen."

„Who?", fragt der Sheriff, sichtlich verärgert.

Sorgt seit bald 50 Jahren dafür, dass man von ihm redet – sogar vorm Parlament: eine Quester-Gösser-BMW-Präsentation vorm Hohen Haus.

„A cangaroo", schwören die beiden und schauen treuherzig. Daraufhin werden sie wegen Verarschung der Staatsgewalt um ein Haar gleich eingesperrt. In die Menschenzelle, nicht zu den Kängurus.

Quester und Fitzpatrick haben ihr australisches Abenteuer schon hundertmal erzählt. Mit jedem Mal wird die Brieftasche dicker, das Känguru größer, der Sheriff bedrohlicher. Aber wir haben immer alle sehr gelacht.

Die Peepshow. Riverside in Kalifornien, 1975. Hans Joachim Stuck hat seine Freundin Mucki – Tochter der berühmten Schirennläuferin Annamirl Buchner-Fischer aus Garmisch-Partenkirchen – mit auf der Rennstrecke. Als echtes Busenwunder sticht Mucki unserem Quester schon lang ins Auge – und das weiß auch der „Striezel".

Stuck hält Trainingsbestzeit und schaut sich, zusammen mit Mucki auf einer Düne stehend, gemütlich an, wie der ehrgeizige Quester mit viel Einsatz gegen die Bestzeit anrennt. Es ist heiß, und Mucki trägt nur ein T-Shirt – wie dem Dieter beim Vorbeifahren sofort auffällt.

Als Quester in der nächsten Runde vorbeikommt, reißt Stuck seiner Freundin mit blitzschnellem Griff das T-Shirt über den Kopf – und der heranjagende Quester starrt, unmittelbar vor der Bremszone, auf ein doppeltes Naturereignis. Natürlich verbremst er sich, rutscht von der Strecke, und Stuck bleibt Trainingsschnellster.

Dieters Pech: „Vor lauter Schreck, positiv natürlich, bleib ich am Gas, die Drosselklappe ist offen und der ganze Sand kommt in den Motor – und natürlich ist er kaputt."

BMW-Rennleiter Jochen Neerpasch, ein höchst korrekter Westfale, ist außer sich vor Zorn. Questers Entschuldigung („wir haben zum ersten

Dieter Quester im Herbst seiner Rennkarriere? Keine Rede – allenfalls im Spätsommer seiner langen Laufbahn. „Man muss ihn bewundern", sagt heute sogar Gerhard Berger.

Mal ABS, das funktioniert noch nicht so gut, ein bissl Verzögerung") wird abgeschmettert, weil Neerpasch den wahren Grund kennt. Seine Strafe: Stuck und Quester müssen alle Spesen (für Flug und Hotel) selbst bezahlen, zusammen über 30.000 Schilling – und diesen Verlust kann auch tags darauf die Siegesprämie nicht wettmachen.

„Aber die Peepshow", grinsen Stuck und Quester heute noch in seliger Erinnerung, „war es wert."

Die Flitzer-Nummer. Wenn Berger und Quester ein gemeinsames Rennwochenende hatten, war immer viel zu lachen. Der Tiroler völlig unbekümmert und locker – der Wiener methodisch, pedantisch, immer mit seinem großen „Gesundheitskoffer", in dem er Salben, Kräuter und Fläschchen für alle Gelegenheiten eingepackt hatte – vom Winter- bis zum Sommer-Muskelwärmer (die er manchmal auch verwechselte).

Donington Park in England. Berger drängt zum Aufbruch, ruft Quester von der Hotelrezeption aus im Zimmer an: „Dieter, wir müssen zur Rennstrecke. Wenn du in einer Minute nicht herunten bist, fahre ich ohne dich."

Quester: „Soll ich so runterkommen, wie ich grad bin?"

Berger: „Ja, natürlich – du brauchst ja jetzt keine Kosmetik."

Eine Minute später steht Quester tatsächlich in der stilvollen Halle des englischen Landhotels – splitternackt, nur mit seinem Gesundheitskoffer in der Hand. Berger brüllt vor Lachen, die vornehmen englischen Ladys hüsteln: „Shocking!", und der Direktor schmeißt die zwei Rennfahrer hochkant hinaus.

Die grüne Maske. Die gleichen Hauptdarsteller, aber ein anderes Jahr, ein anderer Blödsinn. Tourenwagen-EM-Lauf 1986. Quester weiß, dass Berger nach Donington kommt, das verlangt nach neuen Einfällen. Dieter besorgt sich noch in Österreich eine grüne Gummimaske, mit der er wie ein Monster aussieht, und will sie auf der Rennstrecke aufsetzen. Alle anderen, Berger, Ravaglia usw. wetten tausende Schilling dagegen: „Du traust dich nicht."

Sein Ehrgeiz wird nie nachlassen: Quester kriegt immer noch jede Kurve.

Natürlich traut sich Quester, aber klarerweise nicht in der Box, „weil ich ja den Helm aufhab." Aber dafür in der letzten Trainingsrunde: Er nimmt unterwegs den Sturzhelm ab, zieht die Gummimaske über den Kopf – und fährt so an die Boxen.

Berger und Ravaglia lachen Tränen, aber der Sportkommissär explodiert vor Zorn, zitiert Quester sofort vors Sportgericht, droht mit fürchterlichen Strafen und Lizenzentzug, weil Quester das Sportgesetz verarscht hat. Engländer verstehen, was Rennsport betrifft, keinen Spaß.

Bei der Verhandlung sitzt das Sportgericht mit dem Rücken zum Fenster – und genau dort schneiden Berger und Ravaglia ihre fürchterlichen Grimassen, bis auch Quester lachen muss. Worauf die Briten die Strafe sofort verdreifachen – tausend Pfund.

Nur dem österreichischen Spitzenfunktionär Martin Pfundner verdankt es Quester, dass er seine Lizenz behalten darf – normal hätte man ihn für zumindest ein Jahr gesperrt. Soweit Dieter Quester und die grüne Maske: Edgar Wallace auf der Rennstrecke.

Und wann immer bei Quester etwas schief ging, steckte meist Berger dahinter. Beim Langlauf-Trainingscamp in St. Moritz bekam Dieter heimlich Klebstoff auf die Skier – und wunderte sich, warum er im Schnee kaum weiterkam. Aber Quester sprang auch mit Langlaufskiern über Sprungschanzen, um eine Wette zu gewinnen: „Bezahlt habe ich das mit einer blutigen Nase, blauen Flecken und zerbrochenen Skiern."

Bei einer TV-Veranstaltung in Linz packte Quester der totale Ehrgeiz, als er hören musste: „Niki Lauda ist mit einem Trial-Motorrad über meterhohe Baumstämme drübergeklettert." Quester schwor: „Das kann ich auch." Immer wieder probierte er hartnäckig, das Hindernis zu meistern, stürzte aber jedes Mal ab.

Mitternacht war schon vorbei, plötzlich ein Jubelschrei: Quester reißt die Arme hoch, er hat tatsächlich das Hindernis überklettert.

„Tut mir leid, Dieter", muss ihm TV-Regisseur Lucky Schmidtleitner sagen, „wir haben vor fünf Minuten die Kameras abgeschaltet." Questers Wutschrei hört man heute noch in Linz.

Dieter Quester: Stationen seiner Karriere

1955, 1961: Europameister Rennboote: Außenboarder bis 500 ccm.
1955: Badener Herbstwertungsfahrt (Motorroller Lambretta).
1956: Bergrennen Horn: 1. auf VW-Porsche 1500.
1963-65: Motorrad-Rennen auf BMW, Norton, NSU.
1966: Österr. Tourenwagenmeister. - Gewinner der Intern. BMW-Motorsport-Trophy (BMW 1800 TISA).

1967: BMW-Werksfahrer.
1968: 1. Tourenwagen-EM (BMW 2002 TI). - 4. Berg-EM (BMW-Prototyp) hinter Mitter, Stommelen, Scarfiotti.
1969: 1. Tourenwagen-EM (BMW 2002 TI, 2002 Turbo). - 3. Berg-EM (BMW-Prototyp) hinter Stommelen und Mitter.
1970: 4. Formel-II-EM (BMW Dornier F2) hinter Regazzoni, Peterson, Schenken, 1. in Hockenheim.
1971: 3. Formel-II-EM (March-BMW F2) hinter Peterson, Schenken.
1972: 4. Tourenwagen-EM 2 Liter (Chevron-BMW).
1973: 2. Tourenwagen-EM (BMW CSL 3,5) hinter Hezemans.
1974: Formel-II: Team Surtees (Surtees TS9), Team Harper Hongkong (March BMW F2). Formel I: Debüt in Zeltweg (Surtees TS16), 25. Startplatz, 9. Platz im Rennen - 3 Runden hinter Reutemann.
1975: Tourenwagen-EM (BMW CSL 3,5) für Schnitzer.
1976: Marken-WM: 2 Gesamtsiege (BMW CSL G5) für Schnitzer: Österreichring und Nürburgring.
1977: 1. Tourenwagen-EM (Alpina BMW 3,5) mit Walkinshaw.
1978/79: Marken-WM, 3 Gesamtsiege (BMW 320 G5) mit Bell in Misano und Mugello, mit Stuck in Watkins Glen.
1980-83: Procar-Meisterschaft (BMW M1).
1983: 1. Tourenwagen-EM (Schnitzer BMW 635 CSI).
1984: Langstreckenrennen: Team Fitzpatrick (Porsche 956).
1985: Tourenwagen-EM (BMW 320). - Sportwagen-Rennen: Team Goodrich (Lola Mazda): 3. Nürburgring, 4. Monza.
1986: Tourenwagen-EM (BMW 320 G5). - Langstreckenrennen: Team Goodrich (Porsche 962). - 24 Stunden Le Mans: Team Sauber (Sauber-Mercedes).
1987: Tourenwagen-EM (BMW 3): 1. Spa. - 24 Stunden Le Mans: Team Sauber (Sauber-Mercedes).
1988-91: DTM (BMW M3): 3. in Mainz-Finthen, 3. auf der Avus, nach Überschlag auf dem Dach über die Ziellinie.
1989: Langstreckenrennen: Team Spice USA (Spice Pontiac).
1992: Tourenwagen-EM (BMW).
1993: Österr. Tourenwagenmeister (BMW M3).
1994: STW (BMW 320).
1995: IMSA (BMW M3). - Organisation für BMW in der US-GT-Rennszene mit Team PTG (Prototyp Technology).
1996: IMSA Championship: Team PTG (BMW M3 GT): 2. Watkins Glen, 1. Laguna Seca, 3. Sebring, 3. Lime Rock.
1997: IMSA Championship: Team PTG (BMW M3 GT): 2. 2 Stunden Daytona.
1998: US-Sportscar-Championship: Team PTG (BMW M3 GT). - Italienischer Touring Mastercup: Team Duller Motorsport (BMW M3).
1999: ALMS (American Le Mans Series) Championship: Team PTG (BMW M3 GT): 4. 12 Stunden von Sebring auf Porsche. - Italienischer Touring Mastercup: Team Duller Motorsport (BMW M3 GN): 1. Vallelunga, 1. A1-Ring. - FIA Special Cars: Team Duller Motorsport (BMW M3 GT): 2. Spa, 1. Le Castellet.
2000: ALMS Championship: Team RWS (Porsche GT3): 2. Daytona. - FIA GT-Championship: Team RWS (Porsche GTN): 4. Budapest. - Italienischer Touring Mastercup: Team Duller Motorsport (BMW M3): 1. Vallelunga.
2001: Italienischer Touring Mastercup (BMW M3): 1. Vallelunga. - FIA GT-WM (Porsche GTN): 3. Monza, 1. Brünn, 3. Magny Cours, 1. Spa, 3. Jarama, 4. Nürburgring, 4. Estoril. WM-4.
2002: FIA GT-WM: Drei Rennen mit aufgeblasenem Porsche gefahren, ausgefallen in Daytona (als 3.) und Spa (als 2.). - Italienischer Touring Mastercup (BMW M3): 1. A1-Ring, 1. Misano. - Ab Herbst Ferrari: Team JAS.

DIETER QUESTER: 1 Grand Prix

Rennen	Startplatz	Auto	Rennergebnis/Ausfallsgrund
1974			
Zeltweg	25	Surtees-Ford	9. Platz, 3 Runden Rückstand

Der Außenseiter mit viel Herz: 1978 in Hockenheim fehlte Harald Ertl nur noch eine einzige Runde zu einem WM-Punkt – dann hatte sein Ensign Motorschaden. Kein Preis für Ausdauer und Durchkämpfen.

DER HARTE WEG IN DIE FORMEL I

Am Beispiel von „Rübezahl" Harald Ertl: Wie werde ich Grand-Prix-Pilot – gegen alle Wetten?

„Rübezahl" war sein Spitzname, der typisch alpenländische Zwirbelbart sein Markenzeichen. Auf den hätte er auch nie verzichtet, sonst hätten Kulturschock und Identitätsprobleme gedroht – weil ihn niemand erkannt hätte. Er sich selber im Spiegel wahrscheinlich auch nicht.

Denis Jenkinson, 1955 der Beifahrer von Stirling Moss beim legendären Mille-Miglia-Triumph, später gefürchteter Kritiker von Jochen Rindt, hatte seinen markanten Vollbart gewettet, „dass Rindt nie einen Grand Prix gewinnen wird" – und ihn (dank Jochen) prompt verloren. Wegen „Jenks" hatte Jochen sogar das atemberaubendste Überholmanöver seiner Karriere riskiert: Außen in der gefürchteten, abfallenden Paddock-Kurve von Brands Hatch gegen Jack Brabham, indem er dessen Auto zwischen seinen rechtsseitigen Rädern einzwickte. „Nach dieser Aktion darf mich Jenkinson nie wieder einen Feigling schimpfen!" Tat er trotzdem: Als Rindt & Co 1970 den deutschen Grand Prix vom gefährlichen Nürburgring nach Hockenheim verlegten, setzte sich Vollbart-Jenkinson am Renntag demonstrativ auf die Tribüne am Nürburgring – mutterseelenallein.

Als John Watson, auch ein überzeugter Vollbärtiger, ins amerikanische Penske-Team kam, traf er dort auf lauter Männer mit GI-Kurzhaarschnitt. „Sobald

Harald Ertl
Geboren am 31. 08. 1948 in Zell/See, gestorben am 07. 04. 1982 auf Sylt (Flugzeugabsturz).
Ein besessener Motorsportler, den man sich aufgrund seines Charakters gemerkt hat. Stark im Tourenwagen, beherzt in der Formel I – ohne Geld.

ich meinen ersten Grand Prix gewinne", musste er garantieren, „dürft ihr mir den Bart abschneiden." Das passierte prompt 1976 in Zeltweg. „Modell Babypopo": Danach hätte kaum mehr einer den glatt rasierten Watson erkannt.

So viel als Präludium zum berühmtesten Bartträger der österreichischen Renngeschichte. Harald Ertl – der acht Jahre nach Rindt und Marko das berühmte Internat von Bad Aussee besuchte – tat sich ohnehin schwer genug, in den Windschatten von Jochen und Helmut zu gelangen. Aber er blieb sich selbst immer treu. Sich, seinem Bart und seinen Sponsoren.

„Ein Spaßvogel!", so typisiert ihn Niki Lauda. „Aber eigentlich gut unterwegs, ein Allrounder aber mehr Tourenwagenfahrer und alles Mögliche ... Er ist zwar nie richtig weitergekommen, aber von der Persönlichkeit hat man sich den gemerkt."

Als der in Zell am See geborene Ertl mit Tourenwagen anfing, prügelte er einen alten, klapprigen Karmann Ghia über die Rennpisten. Dann tauchte er bald in der wilden, hungrigen Meute der jungen Formel-Vau-Piloten auf: im Stall von Kurt „Master" Bergmann, der Spuren nachzeichnet:

„Harald hat sein ganzes Leben Meilensteine hinterlassen. Als Rennfahrer war

Außer dem Hesketh fuhr Ertl in der Formel I auch den Ensign von Mo Nunn, dessen Motorsport-Laufbahn als Reifentechniker begonnen hatte. Ein harter Weg nach oben, genau wie bei Harald.

er Spitze, ist zwar sehr oft rausgeflogen, aber seine Linie war immer: Du musst alles geben, 110 Prozent. Geld hat er nie gehabt, aber immer so gerechnet: Wenn er gut wird, kommt das große Geld automatisch."

Das war die Zeit, in der Bergmann unbestritten die besten Autos hatte und nach Belieben Regie führte: „Wir teilten uns immer ein, wer die Rennen gewinnt. Erich Breinsberg musste den Europapokal und den österreichischen Titel gewinnen, Ertl die deutsche Meisterschaft – ist alles aufgegangen."

Die Taktik war – etwas anders als die heutige Strategie bei Ferrari – immer die gleiche. Bergmann erlaubte seinen Piloten „zu fahren, wie ihr wollt. Aber in den letzten drei Runden kommen meine Boxensignale: Ich befehle den Zieleinlauf."

Das Drehbuch galt immer, oft mit komischen Akzenten. In Langenlebarn blieb Breinsberg zwei Meter vor dem Ziel stehen, um den Kameraden vorbeizulassen. Umgekehrt musste Ertl auf dem Ö-Ring gewinnen, aber es kam zu einem mörderisch knappen Zieleinlauf Peter gegen Ertl: Rad an Rad über die Ziellinie. Die Rennleitung erklärte Peter zum Sieger – wogegen sich dieser mit Händen und Füßen wehrte: „Bittschön, ich hab nicht gewonnen, machts den Ertl zum Sieger."

Bei den Tourenwagen war der Durchbruch für einen Privatfahrer ohne Geld – aber auch ohne Stallorder – weitaus schwieriger.

Erste Sternstunde, das Rennen, mit dem sich Ertl international einen Namen machte: Tourist Trophy in Silverstone, 23. September 1973. Harald bekniete Burkhard Bovensiepen so lang, bis er ihn in einen Alpina BMW setzte, zusammen mit Derek Bell – später Rekordsieger beim 24-Stunden-Rennen von Le Mans. Die beiden schafften einen Sensationssieg. Siegerpreis: eine silberne Zigarettenschachtel mit Holzeinsatz und dem eingravierten falschen Namen: „Harold Ertl". Harold wie McMillan, wie Robbins, aber Ertl war keineswegs beleidigt. Sie würden ihn schon noch kennen lernen, die Engländer, spätestens in der Formel I.

Aber wie kommt einer ohne Geld und ohne große Beziehungen in die Königsdisziplin? Am Beispiel Ertl: indem man vor allem ganz fest dran glaubt. Trotz aller Rückschläge.

Erich Zakowski, der Chef von „Zakspeed", organisiert zwei Brabham BT 42 des italienischen Adeligen und Industriellen Finotto, der sich „sehr freuen würde, wenn Sie das Auto am Nürburgring einsetzen." Kurz darauf zieht er das Projekt wieder zurück, aber da hat Zakowski schon alles angeleiert. Und Ertl vor allem Benzin gerochen.

„Setzt euch mit Lord Hesketh in Verbindung" – ein guter Rat für Ertl und seinen Freund aus der Redaktion von „Rallye Racing", Jochen von Osterroth. „Seine Lordschaft verleiht seinen Hesketh 308 für nur 8000 Pfund für einen Grand Prix." Das gleiche Auto, mit dem James Hunt 1975 den Grand Prix von Holland in Zandvoort gegen Niki Lauda gewonnen hat.

Offenbar die Chance des Jahrhunderts.

Jochen rotiert, telefoniert, treibt wirklich 8000 Pfund Sponsorengelder auf: bei Goodyear, Shell, Fiat, beim AvD, bei der Warsteiner Brauerei. Aber dann kommt die Hiobsbotschaft: „Wegen der momentanen Motorknappheit", ist Hesketh-Teammanager Bubbles Horsley plötzlich very sorry, „können wir euch nur das Auto geben – aber keinen Motor." Wo also ein Triebwerk hernehmen? Am ehesten beim Sportwagenteamchef Georg Loos, der hatte Porsche- und Ford-Motoren – nur leider momentan keine verfügbar. Und seine Lordschaft, Hesketh, verdoppelt plötzlich die Leihgebühr auf 15.000 Pfund.

Ertl ist verzweifelt: „Jochen, mach irgendetwas!", fleht er Freund Osterroth an, „ich muss Formel I fahren! Ich kann jetzt nimmer zurück!"

Jochen, „der getreue Ekkehard", findet die Spur eines anderen alten Formel I: wieder ein Hesketh, der Siegerwagen der „Daily Express Trophy" in Brands Hatch 1974, auch Alan Jones ist ihn einmal in Anderstorp gefahren. Kompliziert ist nur die Suche nach dem Besitzer: Whisky-Erbe und Gentleman Rob Walker, der Jochen Rindt 1964 in Zeltweg zum Formel-I-Debüt verholfen hat, und ein gewisser Harry Stiller haben den Boliden mittlerweile an einen gewissen „Monkey" Brown weiterverkauft, und der wieder an – Bernie Ecclestone.

„Also musste ich direkt mit Bernie verhandeln", erinnert sich Jochen von Osterroth an die aufregenden Tage. Denn Bernie sagte ihm klipp und klar: „Leihen kann ich euch das Auto nicht – aber verkaufen!" Für 120.000 Mark, damals eine Unsumme. Aber Ertl, kurz entschlossen, ging direkt zu einem Mannheimer Industriellen – und auf die Knie: „Bitte, borgen Sie mir das Geld ... es geht um meine ganze Karriere."

Er hatte Glück. Osterroth packte die 120.000 Mark in einen Koffer und flog nach London. Bernie zählte, nickte wohlgefällig und sagte: „Okay – jetzt müsst ihr nur noch das Auto rechtzeitig nach Deutschland kriegen." Und das 10 Tage vor dem Nürburgring.

Die Warsteiner Brauerei schickt einen Lkw nach England, lackiert den Hesketh in den Sponsorfarben, aber am Nürburgring kriegt keiner den Formel I von der Ladefläche. Also werden in Hatzenbach heimlich ein paar Bäume angesägt, daraus wird eine Rampe gebastelt, und zehn Minuten vor Trainingsbeginn steht der Hesketh wirklich und leibhaftig im Fahrerlager.

Ein Auto, zwei Motoren, geliehene Reifen und Felgen, aber keine Regenreifen – und noch dazu gar keine Mechaniker. Dann taucht plötzlich, ein Segen des

Himmels, Ali Strasser auf, und als in den Boxen schon die Motoren laufen, meldet sich ein Engländer, von Horsley geschickt, zum Dienstantritt: „I am your mechanic."

Alles Garantien für ein Chaosrennen. Aber Ertl startet verblüffend, überholt gleich drei, vier Autos, verwechselt nur einmal Zündungsschalter und Benzinschalter, wodurch er den Motor beinahe abwürgt, er fliegt in der Südkehre fast raus, weil der Gaszug klemmt, die Lenkung hat verboten viel Spiel, die Reifen und Bremsen sind am Ende der gnadenlosen Hitzeschlacht komplett hinüber – aber im Ergebnis steht: 1. Reutemann, 2. Laffite, 3. Lauda ... und 8. Harald Ertl. Das zählt für ihn wie ein Sieg.

Der Mann mit zwei Heimrennen: Harald ist Österreicher, fährt auch immer mit österreichischer Lizenz, hat aber einen deutschen Wohnsitz: Mannheim. Dort hat er auch seine spätere Frau Vera kennen gelernt: medizinisch-technische Assistentin, im Labor tätig. Vielleicht hat sie sich die Formel I romantischer vorgestellt:

Während die Herren Superstars mit dem Hubschrauber zwischen dem Österreichring und ihren 4-Sterne-Hotels am Wörther See pendeln, während

Harald Ertl pilotierte Autos ohne Dach genauso gern wie Autos mit Dach. Sein draufgängerischer Stil hat viel dazu beigetragen, die Tourenwagenrennen in Deutschland populär zu machen.

im Fahrerlager die ersten Luxus-Wohnmobile auftauchen, schlafen Harald, seine Vera und sein Manager Jochen beim Österreich-Grand Prix mangels Finanzen zu dritt in einem Bett auf einem Bauernhof bei Knittelfeld.

Ertl hat gerade genug Geld, um sich eine Dose Spray zu kaufen, fürs Regenrennen hätte er aber zwei Dosen gebraucht. In der 15. Runde streikt die Elektrik, die gefährliche Regenschlacht wird abgebrochen, Sieger Brambilla schmeißt seinen March nach der Zieldurchfahrt gegen die Boxenmauer – Totalschaden.

Keineswegs entmutigt, meldet Ertl auch gleich für Monza. „Damals fuhr man noch zwei, drei Rennen mit dem gleichen Motor." Für einen neuen hätte er auch gar kein Geld, nicht einmal genug zum Tanken des Transporters. Harald und Jochen müssen an der FINA-Tankstelle ihre Uhren hinterlegen, versprechen aber: „Die lösen wir nach dem Rennen mit unserem Preisgeld aus …"

Als Ken Tyrrell, der legendäre Jackie-Stewart-Boss, davon erfährt, schlägt er entsetzt die Hände über dem Kopf zusammen: „Um Himmels willen, erzählt das ja keinem Menschen! Richtig peinlich für die ganze Formel I. Was sollen bloß die Sponsoren denken?"

Die werden gut bedient. Ertl hat zwar schon in der ersten Runde Reifenschaden, fährt dann aber – ideal für die TV-Kameras – zehn Runden lang vor dem angehenden Weltmeister Niki Lauda. Danach vor Reutemann, dann vor Hunt, immer schön brav im Fernsehen. Die Geldgeber sind happy. Ertl wird Elfter.

„Und das Preisgeld reicht, damit wir an der Tankstelle unsere Uhren auslösen können."

Für 1976 bringt Ertl den alten 308 ins Hesketh-Team ein, froh, dass er ihn nach langem Hindernislauf doch gekauft hat. Und Jochen von Osterroth wird zum Dank befördert: „Du bist mein Teammanager!" Offizieller Werksfahrer bei Hesketh – aber was heißt das wirklich? Die Mutter seiner Lordschaft hat den Geldhahn zugedreht, sein Rennchef Bubbles Horsley mag auch nimmer richtig, folglich krebst Ertl in der Formel I nur noch herum.

Ein Haudegen, der mit allen Autos gut zurechtkam. Harald Ertl war ein echter Vollgas-Profi.

„Mit dem Geld, das er auftreiben konnte, hätte er in der Formel Vau bleiben sollen", rechnet Jochen heute nach, „wäre da nicht sein Ehrgeiz gewesen." Im so genannten „Eros Center" von Wiesbaden ziehen Ertl/Osterroth viele Fäden. Harald organisiert eine Party für seinen Bier-Sponsor, lädt alle Fahrer ein, muss aber dann blitzschnell die Gläser abwaschen, als sein zweiter Geldgeber aus der Bierbranche antanzt ... Er baut einen BMW M 1 für Geschwindigkeitsweltrekord-Fahrten um, einen Lotus Europa in einen für Gruppe 5, organisiert die Ertl-Racing-Show in Mannheim und schreibt Fachartikel und Testberichte, auf die seine Redaktion aber manchmal bis kurz vor Redaktionsschluss warten muss, denn Ertl hat, sagt er, „nur gute Gedanken zum Schreiben, wenn ich auf einem Baum sitz".

„Dann kraxel halt jetzt auf einen Baum und schreib endlich", bittet ihn die entnervte Redaktion.

„Geht nicht", trotzt Ertl, „wo ich gerade bin, ist kein Baum."

Er verhandelt ständig mit irgendwelchen Geldgebern und hat „keine Zeit für Hobbys, weil ich mich immer fragen muss: Wo kann ich fürs nächste Rennen Geld zusammenkratzen?"

Herr Bovensiepen gründet einen „Klub der Ertl-Geschädigten" und ist auch ihr Präsident.

1978: Das erste Jahr, in dem Harald richtig Geld hat. Von Fichtel und Sachs und vielen kleineren Sponsoren. Gutes Investment: Ertl gewinnt mit einem Schnitzer-BMW die hochkarätige deutsche Rennsportmeisterschaft (Gruppe 5), in der auch Superstars wie Ronnie Peterson als Gastfahrer agieren. Der Underdog, der Hungerleider, hat sein schönstes Jahr: Am 4. August 1978 heiratet er Vera, bald darauf kommt der kleine Sebastian zur Welt.

Zittern und Bangen in der Box: Vera Ertl wartete oft auf ihren Harald. Die Familie verunglückte mit dem Flugzeug.

Ertl ist happy, auch ohne die Rennfahrerei, die langsam ausklingt. Schade nur, dass er in den Formel-I-Statistikbüchern kaum vorkommt. Dabei hätte ihm 1978 in Hockenheim nur noch eine einzige Runde gefehlt, und er wäre mit dem Außenseiterauto Ensign Sechster geworden!

Alle waren für ihn sorry: Ein Motorschaden in der allerletzten Runde stahl Harald einen WM-Punkt, den er bis ans Ende seines kurzen Lebens gehütet hätte wie einen Diamanten – als Preis für Ausdauer und Durchkämpfen.

Harald Ertl hatte auch nicht das Glück von David Coulthard, der 2000 einen Flugzeugabsturz überlebte. Er verunglückte wie so viele andere Grand-Prix-Piloten – Ron Flockhart, Graham Hill, Tony Brise, Carlos Pace, Lance Reventlow, David Purley – mit dem Flugzeug, einer sechssitzigen Beachcraft, auf einem Sylt-Ferienflug wegen Triebwerksdefekts infolge Vereisung. Die Maschine krachte in einen Weidenzaun. Harald, sein Schwager, seine Schwägerin und der Pilot kamen ums Leben. Vera und Sebastian, auf den Hintersitzen, haben schwer verletzt überlebt.

Typen wie Harald Ertl gibt es heute im stromlinienförmigen, gestylten Fahrerlager der Formel I – außer Juan Montoya – nicht mehr. „Er ist zwar als Rennfahrer nicht richtig weitergekommen", sagt Niki Lauda, „aber als Charakter, von der Persönlichkeit, hat man sich den Ertl gemerkt."

Harald Ertl: Stationen seiner Karriere

1969: Formel Vau: 1. Zandvoort, 1. Hockenheim (auf Austro-Vau), 2. Keimola, 1. Nürburgring, 1. Langenlebarn, 1. Zandvoort, 1. Österreichring (auf Austro Kaimann).
WM-2. Formel Vau, 3. ÖM.
1971: Tourenwagen: 3. 4-Stunden-Rennen Monza auf Alfa Romeo.
1972: Tourenwagen: 1. Salzburgring auf BMW.
1973: Tourenwagen: 1. 4-Stunden-Rennen Silverstone mit Bell auf BMW. - Formel Super Vau: 1. im Erdteilkampf Hockenheim.
1974: Tourenwagen: 1. 12-Stunden-Rennen Österreichring mit Quester und Rieder auf BMW.
1975: Formel II: 3. Nürburgring auf Chevron BMW. - Formel I: 8. Nürburgring, 9. Monza auf Hesketh Ford.
1976: Formel I: 15. Kyalami, 7. Brands Hatch, 8. Österreichring, 16. Monza, 13. Watkins Glen, 8. Fuji.
1977: Formel I: 9. Zolder. - Tourenwagen: 1. Zolder auf Toyota.
1978: Formel I: 11. Hockenheim auf Ensign-Ford. - Tourenwagen: 1. Nürburgring, 1. Berlin, 1. Kassel, 1. Hockenheim , 1. Norisring (alles auf BMW). Internationaler deutscher Rennsportmeister.
1979: Tourenwagen: 1. Zolder, 1. Monza (auf Ford Capri).
1980: Tourenwagen: 1. Nürburgring, 1. Spa, 1. Norisring, 1. Hockenheim (alles auf Ford Capri). 7. deutsche Rennsportmeisterschaft.
1982 bei einem Privatflugzeug-Absturz in Bischoffen (Deutschland) tödlich verunglückt.

HARALD ERTL: 18 Grand Prix

Rennen	Startplatz	Auto	Rennergebnis/Ausfallsgrund
1975			
Nürburgring	23	Hesketh 308	8. Platz, 7:41,9 min hinter Reutemann
Zeltweg	24	Hesketh 308	ausgefallen – Zündungsdefekt
Monza	17	Hesketh 308	9. Platz, 1 Runde hinter Regazzoni
1976			
Kyalami	24	Hesketh 308	15. Platz, 4 Runden hinter Lauda
Long Beach		Hesketh 308	nicht qualifiziert
Jarama		Hesketh 308	nicht qualifiziert
Zolder	24	Hesketh 308	ausgefallen – Motorschaden in der 31. Runde
Monte Carlo		Hesketh 308	nicht qualifiziert
Anderstorp	23	Hesketh 308	ausgefallen – nach Dreher im Sand stecken geblieben
Le Castellet		Hesketh 308	nicht qualifiziert
Brands Hatch	23	Hesketh 308	7. Platz, 3 Runden hinter Lauda
Nürburgring	22	Hesketh 308	ausgefallen – Unfall zwischen Ex-Mühle und Bergwerk
Zeltweg	20	Hesketh 308	8. Platz, 1 Runde hinter Watson
Zandvoort	24	Hesketh 308	ausgefallen – Dreher in der Panorama-Kurve
Monza	19	Hesketh 308	16. Platz, 3 Runden hinter Peterson
Mosport		Hesketh 308	Startverzicht – wegen Trainingskollision mit Amon
Watkins Glen	21	Hesketh 308	13. Platz, 5 Runden hinter Hunt
Fuji	22	Hesketh 308	9. Platz, 1 Runde hinter Andretti
1977			
Jarama	18	Hesketh 308-E	ausgefallen – Kühler und Auspuff gebrochen
Monte Carlo		Hesketh 308-E	nicht qualifiziert
Zolder	25	Hesketh 308-E	9. Platz, 1 Runde hinter Nilsson
Anderstorp	23	Heskeih 308-E	16. Platz, 4 Runden hinter Laffite
Dijon		Hesketh 308-E	nicht qualifiziert
1978			
Hockenheim	23	Ensign N 177	11. Platz, 4 Runden hinter Andretti
Zeltweg	24	Ensign N 177	ausgefallen – Startkarambolage mit Patrese
Zandvoort		Ensign N 177	nicht qualifiziert im Vortraining
Monza		Ensign N 177	nicht qualifiziert
1980			
Hockenheim		ATS-04	nicht qualifiziert

Gib Gummi, Hans! Mit dem Zillertaler hielt die Tiroler Speckjause Einzug ins Formel I-Fahrerlager. Was jahrelang ein Geheimnis blieb: Binder hätte 1978 Peterson-Nachfolger bei Lotus werden können.

200 MILLIONEN EURO PRO JAHR

... aber mit Holz statt mit Autos: Hans Binder.
Die zweite Karriere des ersten Formel I-Tirolers

Bernie Ecclestone war „not amused". Jeden Tag ab 5 Uhr früh das gleiche Theater: Kaum war der Formel-I-Zampano – vor 30 Jahren schon Brabham-Teambesitzer – wieder eingenickt, riss ihn Motorgeheul erneut aus dem Schlaf. Alle 2,15 Minuten, damals die Rundenzeit eines Formel-Ford-Rennwagens auf dem Österreichring. Bernie schlief im neuen Hotel direkt neben der Schönberg-Geraden. Wenn er konnte.

„Wer ist der Kerl?", fragte mich Bernie.

Hans Binder, talentierter und ehrgeiziger Nachwuchsfahrer aus Tirol. Trainiert fürs Formel-Ford-Rennen.

„Mir egal. Und selbst wenn er eines Tages Weltmeister wird – in mein Team kommt er nie! Zur Strafe – weil er mich aufgeweckt hat."

Hans Binder
Geboren am 12. 06. 1948 in Zell am Ziller/Fügen.
Der Tiroler war ein verlässlicher Rennfahrer, der das Risiko kalkulierte und kaum Unfälle hatte. Aber wie ehrgeizig war der Zillertaler wirklich? Heute ist er Holz-Millionär.

Er hat's trotzdem geschafft: Hans Binder, der erste Tiroler in der Formel I, sogar sieben Jahre vor Berger. Aber das „Heilige Land" Tirol war schon vorher nicht nur auf Bergsteiger, Skifahrer und Fußballer beschränkt: Der einarmige Otto Mathe, ein beherzter Fighter, hatte trotz seinem Handicap schöne Erfolge als Autorennfahrer. Genau wie der Kufsteiner Alfa-Sportwagenpilot Klaus Reisch, der in Imola tragisch ums Leben kam.

Binder stammt aus dem Zillertal. Von dort kommen die Ski-Champions Leonhard Stock, Stephan Eberharter, Ulli Spiess, Thomas Hauser – und Motorrad-Wüstenkönig Heinz Kinigadner, 12 km von Binder entfernt daheim.

„Wir Zillertaler", charakterisiert Hans Binder, „sind bodenständig, nüchtern, realistisch." Vater Binder, aus einer armen Bergbauernfamilie, hat 1957 in Fügen ein kleines Sägewerk aufgebaut, fuhr nebenbei Rallyes, war 1961 sogar Rallye-Staatsmeister auf DKW und Teilnehmer am Innsbrucker Flugplatzrennen.

„Damals hab ich den Papa begleitet", erinnert sich Hans, „und zum ersten Mal den Jochen Rindt erlebt: mit einem Alfa."

Hans Binder (geb. 1948) ist also vorbelastet, gibt aber erst mit 26 Jahren Gas: in der Rennfahrerschule Jim Russell. Wird Kursbester auf dem Ö-Ring, wo er Bernies süße Träume stört, siegt im deutschen Cup. Aber mit dem Schulauto war's mir zu mühsam. Darum kauf ich mir für 90.000 Schilling meinen eigenen Merlyn."

Auch später geht Binder schnurstracks seinen eigenen Weg. Er hätte einen Chevron-Werksdeal für die Formel II haben können, aber abgelehnt, obwohl es billiger gewesen wäre: „Das will ich nicht." Irgendwas hat ihn gestört – darum lieber ein selbst gestrickter BMW-March – mit Marko als Teammanager.

Der Rennfahrer Binder ist erstaunlich emotionslos, verblüfft aber oft mit absonderlichen Steigerungen. In Monaco zum Beispiel: lang nicht qualifiziert. „Jetzt musst aber Gas geben!", befiehlt Marko.

Vom brauchbaren Formel-I-Piloten zu einem Giganten der Holzindustrie: Hans Binder (Zweiter von rechts) macht im Zillertal längst Millionenumsätze.

Und Binder ist prompt, auf Anhieb, um drei Sekunden schneller. Nicht um drei Hundertstel oder drei Zehntel – um volle drei Sekunden! In der Formel II fährt er mit Laffite, Jabouille, Brambilla, alle spätere Grand-Prix-Sieger, durchaus auf dem gleichen Level.

Ein netter, angenehmer Kerl. Man kann auch sagen: von Kultur und Philosophie seines Unternehmer-Backgrounds „etwas Besseres".

Mir ist lang nicht klar, wie groß Binders Ehrgeiz wirklich ist. Und sogar für Marko ist Binder „heute noch ein Rätsel. Er weiß selber nicht, warum er das je gemacht hat – Formel I ..."

In Zeltweg 1976 springt er für einen plötzlich mutlosen Chris Amon (Ensign) ein, in Fuji für einen verletzten Jacky Ickx. Als sich Walter Wolf, der austro-kanadische Ölmagnat und Rennsportkönig, in Japan mit seinem auffallend langsamen Stammpiloten Merzario zerkracht, fordert er den zufällig eingeflogenen Binder auf: „Stell dich drohend in die Box. Wenn Arturo dich sieht, gibt er gleich viel flotter Gas."

Niki Lauda hört zufällig den Dialog mit, und sein Registrierkassen-Hirn rattert sofort: „Was zahlst, Walter, wenn ich mich hinstell ...?"

Aber wie groß ist die Chance, dass Binder als Profi für Wolf/Williams weiterhin fährt? In einer Phase der Übernahme sind der Austro-Kanadier und der Engländer zerstritten: kein Geld da, die Williams-Fabrik hat alle drei Tage eine neue Telefonnummer, weil die privaten Anbieter abschalten müssen ... da wären zahlende Piloten gefragt.

„Frank", sagt Wolf damals, „ist Mickymaus." Aber bald der Allergrößte.

Irgendwann an der Schnittstelle Wolf/Williams ein Symbolbild: Chefkonstrukteur Harvey Postlethwaite packt nach dem letzten Rennen zusammen, der junge Aerodynamik-Student Adrian Newey hilft ihm dabei und ein junger Konstrukteur schläft übermüdet, ausgelaugt von der Saison, im Cockpit ein: Patrick Head, heute 40-Prozent-Eigentümer von Williams.

Wäre eine heiße Adresse für Binder gewesen.

1977 knüpft Ernest Huppert – wie schon 1973 für Koinigg – die Fäden zu Surtees, der eine außergewöhnliche Geldquelle erschließt. Der Durex-Surtees TS 19 ist der erste und einzige Formel-I-Rennwagen der Welt, der von einem Präservativ-Erzeuger gesponsert wird – rund 15 Jahre nach der Pille und vielleicht fünf Jahre vor Aids ...

Mit Binder und seiner charmanten Andrea gibt's eine Premiere im Fahrerlager: den Einzug der Tiroler Speckjausen vor, zwischen und nach dem Training. Wie würdest du heute Binder als Formel-I-Pilot charakterisieren?, frag ich John Surtees.

„Sag mir lieber: Wie hast du ihn gesehen?", fragt „Big John" zurück. Zuverlässig, machte keine Fehler, ging nicht immer und überall ans Limit, weil er genau wusste: Da ist noch ein Privat- und Berufsleben nach der Formel I. Aber auch ohne letztes Risiko ein absolut fähiger Grand-Prix-Pilot.

Surtees hat aufmerksam zugehört: „Meine Worte. Genauso würde ich ihn auch beschreiben."

Einmal Rang 9, dreimal Rang 11: Binders Surtees-Ergebnisse in einer Saison, in der bis zu 34 Piloten um die Startplätze stritten – das verdient Respekt.

„Aber Hans ist besser gewesen als seine Resultate", analysiert Surtees. „Er hätte die Fähigkeit gehabt, mehr aus seiner Karriere zu machen – aber das wollte er wohl nicht um jeden Preis. Er mochte die Szene. Ihm gefiel die Idee, ein Formel-I-Pilot zu sein. Aber was ihm fehlte, war der kalte Ehrgeiz – ‚the cold inner determination.' Ich glaub, von Enzo Ferrari stammt der Satz: Ein Champion muss ‚fire in the belly' haben – Feuer im Bauch. Ich glaube, genau das ist es, was Hans nicht hatte – oder nicht nützen wollte."

Konkurrenzfähig? „Absolut, aber über ein gewisses Limit wollte Binder nicht hinaus", glaubt Surtees. Aber der Vergleich mit seinen früheren Spitzenpiloten Hailwood und Pace ist nicht ganz fair. Dazu kamen später Geldprobleme. „Wir glaubten, wir hatten einen gültigen Sponsorvertrag, aber wir mussten vor Gericht. Und das hat das Team gekillt."

1978, das letzte Jahr für Surtees in der Formel I. Und für Binder – nach einer Nichtqualifikation mit ATS in Zeltweg – eine letzte, lang geheim gebliebene Möglichkeit: So traurig die Umstände auch waren: Der immens populäre Schwede Ronnie Peterson – 1971/72 noch Teamkollege von Niki Lauda bei March, dann die Nr. 2 hinter Mario Andretti bei Lotus – war nach einer unglücklichen Startkollision in Monza ums Leben gekommen. Damit war Andretti Weltmeister, aber Lotus brauchte für die zwei restlichen Überseerennen in Watkins Glen und Montreal einen Ersatzpiloten.

Lotus-Chef Colin Chapman und Huppert waren gute Freunde. Also war die Idee nahe liegend: Hans Binder soll sich ins Weltmeisterteam einkaufen – für zwei Rennen um zwei Millionen Schilling! Damals schon sehr viel Geld, aber eine Superchance.

Hans überlegte, sagte aber letztlich frustriert ab. Erstens, weil er es finanziell nimmer geschafft hätte. Zweitens, weil schon starker Druck vom Vater da war: „Entweder du übernimmst in unserer Holzfirma jetzt ein neues Projekt – oder du entscheidest dich endgültig fürs Rennfahren!"

Nur, die Rennen in Nordamerika waren für Binder ein Stich ins Herz. Lotus engagierte statt ihn den Franzosen Jean-Pierre Jarier, der heute einen einsamen Rekord hält: 135 Grand Prix – aber kein einziger Sieg. Mit dem Lotus-Wunderauto war er knapp dran: schnellste Runde in Watkins Glen, bis ihm kurz vor Schluss das Benzin ausging – Poleposition in Montreal!

Binder, als Rennfahrer eine unvollendete Symphonie, als Holzindustrieller ein Gigant, war noch einmal im Formel-I-Zirkus: bei der tollen Wörthersee-Party 1986 im Schloss Seefels. Im TV sieht er regelmäßig zu, fachsimpelt oft und grübelt manchmal: Was wäre gewesen, wenn ... obwohl er es nicht zugibt.

Bis auch seinen jüngeren Bruder Franz die Droge Rennsport ergriff: „Seit ich als Kind den Hans im Formel-Ford gesehen hab, dachte ich mir: Das muss ich selber!" 1990 wird Binder II mit einem Mini-Budget, ohne Geld von zu Hause, aber dafür mit dem Ex-Auto von Michael Schumacher, deutscher B-Meister in der Formel III, rückt in die A-Meisterschaft auf und schnappt sich von Wend-

Zeltweg 1976: Binder beim österreichischen Heim-Grand-Prix, während Niki Lauda nach dem Nürburgring-Unfall noch um seine Gesundheit kämpft. Aber mehr als ein Platzhalter.

linger den legendären Mechaniker Sevignani. Alles verheißungsvoll, aber dann bremst ihn der große Bruder – mit den gleichen Worten wie ihn selbst früher der Vater.

Hans Binder: „Du musst aufhören mit der Rennfahrerei, wir brauchen dich im Betrieb. Du bist unabkömmlich." Für Franz das Ende der Karriere, aber nicht total: Heute ist er Teammanager des aufstrebenden HBR-Formel-III-Racing-Teams, für das Richard Lietz die Formel-III-Euro-Series bestreitet.

Und nicht nur: Die drei Binder-Brüder haben aus dem väterlichen Holzbetrieb in Fügen im Zillertal einen echten „global player" gemacht: 650 Mitarbeiter, 200 Millionen Euro Jahresumsatz.

Hans kümmert sich um Finanzen und Investitionen, Reinhard um Verkauf und Export nach Italien, Franz um Verkauf und Marketing im deutschsprachigen Raum. 30 Prozent sind Eigenkapital.

Acht Kilometer von diesem Modellbetrieb entfernt wohnt der Ski-Olympiasieger und Weltcup-Superstar Stephan Eberharter. „Natürlich auch ein Kunde von uns. Als er sein Haus baute, hat der Steff bei uns die Böden gekauft." Also zumindest ein Hauch von Goldmedaille – wenn schon kein Formel-I-Pokal.

Hans Binder: Stationen seiner Karriere

1972: Rennfahrerschule Jim Russell. - Formel Ford: 1. Salzburgring auf Merlyn.
1973: Formel Ford auf Merlyn: 3-mal 1. Salzburgring, 1. Österreichring. - 1. ÖM Formel Ford. 2. EM Formel Ford.
1974: Formel III auf March: 2. Hockenheim, 2. Kassel, 2. Jyland, 1. Nürburgring.
Tourenwagen: 1. Österreichring auf Ford Escort.
1975: Formel II: 5. Magny-Cours, 2. Salzburgring auf March BMW, 4. Zolder auf Chevron BMW. EM-13. Formel II.
1976: Formel II: 10. Salzburgring auf Osella-BMW, 5. Enna , 4. Estoril, 4. Nogaro, 4. Hockenheim auf Chevron BMW. EM-7. Formel II.
1977: Formel I: 10. Interlagos, 11. Kyalami, 11. Long Beach, 9. Jarama, 16. Monaco, 11. Watkins Glen auf Surtees Ford, dazwischen 12. Österreichring, 8. Zandvoort auf ATS Penske.

HANS BINDER: 13 Grand Prix

Rennen	Startplatz	Auto	Rennergebnis/Ausfallsgrund
1976			
Zeltweg	19	Ensign MN 05	ausgefallen – Gaszug in der 47. Runde gerissen
Fuji	25	Williams FW 05	ausgefallen – Radlager festgegangen
1977			
Bueno Aires	18	Surtees TS 19	aufgegeben – Handling zu schlecht
Interlagos	20	Surtees TS 19	ausgefallen – Unfall, Bremsdefekt (9. Stelle)
Kyalami	19	Surtees TS 19	11. Platz, 1 Runde hinter Lauda
Long Beach	19	Surtees TS 19	11. Platz, 3 Runden hinter Andretti
Jarama	20	Surtees TS 19	9. Platz, 2 Runden hinter Andretti
Monte Carlo	19	Surtees TS 19	ausgefallen
Zeltweg	19	ATS-PC 4	12. Platz, 1 Runde hinter Jones
Zandvoort	18	ATS-PC 4	8. Platz, 2 Runden hinter Lauda
Monza		ATS-PC 4	nicht qualifiziert
Watkins Glen	25	Surtees TS 19	11. Platz, 2 Runden hinter Hunt
Mosport	24	Surtees TS 19	ausgefallen – von Keegan gerammt
Fuji	21	Surtees TS 19	ausgefallen – Unfall, von Takahashis Rad getroffen
1978			
Zeltweg		ATS HS	nicht qualifiziert

Auf Du und Du mit den Giganten der schnellen Branche: Jo Gartner mit dem vierfachen Weltmeister Alain Prost. Unten: Tapfere Fahrten mit dem unterlegenen Osella in der Formel I.

LE MANS WAR SEIN SCHICKSAL

Ingenieur-Pilot Jo Gartner stand kurz vor dem Durchbruch zur großen Porsche-Karriere

Jo Gartner war ein tief religiöser Mensch. Genau wie Ayrton Senna, von dem sein Erzrivale Alain Prost vermutete: „Er denkt wohl, sein Glaube an Gott macht ihn unsterblich." Aber Senna und Gartner, die sich seit ihren Formel-Ford-Rennen in England grüßten, haben über dieses Thema nie geredet.

Senna fuhr damals noch als „Ayrton da Silva", Gartner immer als „Jo", weil seiner Schwester Helga, die den Overall bestickte, der Platz ausging: „Jo" mit Punkt, das blieb. Richtig hieß er Josef wie der Vater, später versuchte Dr. Marko, ihn zum alpenländischen „Seppi" umzufunktionieren – aber das passte auch nicht wirklich, außer zu Hause. Und in der Pfarre St. Nepomuk, wo Gartner seit Kindheit ministrierte. Sogar noch bei der Erstkommunion seiner kleinen Nichte Katharina zu Christi Himmelfahrt 1986 – in seinem letzten Rennfahrerjahr.

Jo Gartner
Geboren am 24. 01. 1954 in Wien, gestorben am 01. 06. 1986 in Le Mans. Der Wiener Ingenieur begann seine Karriere als Konstrukteur bei Bergmann in Essling. Ein großer Kämpfer, meist sehr schnell, aber oft ohne Glück.

Da glaubte Gartner auch an die Zauberkraft eines besonderen Talismans: an eine Kastanie, von einer Navajo-Indianerin stammend, die ein Amerikaner nach Lunz am See gebracht und später der Familie Dinstl vererbt hatte. Als Jo 1984 zum ersten Mal in den Osella-Formel-I stieg, gab Mama Dinstl die Kastanie an ihn weiter: „Sie hat uns schon oft in schweren Stunden geholfen – ab jetzt soll sie dir Glück bringen!" Ab sofort steckte Jo die Glückskastanie zu jedem Rennen in den Overall.

Begonnen hat der HTL-Absolvent Jo Gartner bei Kurt Bergmann als Technischer Zeichner – noch bewahrt der „Master" draußen in Wien-Essling interessante Gartner-Konstruktionszeichnungen auf, als wären sie Mozart-Partituren. Das Selbst-Fahren war nur eine Frage der Zeit, eiserner Geduld und großer finanzieller Opfer. Er hatte Talent und Speed, aber kein Geld, agierte meist als sein eigener Mechaniker mit zweitklassigen Autos. Jo Gartner machte Karriere „against all odds" – gegen alle Wetten.

Sein erster Überraschungserfolg: Dritter in der Formel-III-Europameisterschaft 1978. Im Jahr darauf trat Niki Lauda erstmals zurück, folgte der Albtraum der österreichischen Fans: Zwei Jahre ohne Austria-Piloten in der Formel I! Gartner hat sich am „Lauda-Nachfolgespiel" nie beteiligt, aber dem Chefredakteur einer Wochenzeitung gefiel der Typ: „Machen S' ein Interview mit dem Jo Gartner", befahl er seiner jungen, feschen Reporterin Doris.

Das Interview in einem Kaffeehaus dauerte lang. „Es hat zwischen uns augenblicklich gefunkt", weiß Doris heute noch wie damals. „Ab sofort waren der Jo und ich zusammen – genau sechs Jahre und drei Tage ..." An seinem 32. Geburtstag haben sich Jo und Doris beim 24-Stunden-Rennen von Daytona verlobt. „Dann hat der Stuck das Auto rausgehaut ..."

Fast die gleiche Love-Story wie zwischen Juan Pablo Montoya und seiner Connie, die 2000 nur zu einem Champcar-Rennen nach Amerika kam, um sich ein Autogramm von Juan zu erbetteln – und bis heute geblieben ist. Und noch länger bleibt.

Happy Times auch für Jo und Doris: Mit Bergsteigen in den steirischen Alpen, mit lauen Sommerabenden: „Oft saßen wir stundenlang beisammen und er hat mir Hermann Hesse vorgelesen. Er kannte alle seine Werke, am besten das ‚Glasperlenspiel'." Deutsche Literatur war sein Hobby. Ständig einen Schal zu tragen, Tradition. Leute, die Kaugummi kauten, hasste er. Aber die ausgeschnittenen Zehenkappen seiner Rennschuhe waren kein Spleen, sondern eine Notlösung: Sonst hätte Jo nicht in die kleinen Formel-II-Cockpits gepasst. Und darum vielleicht auch nicht 1983 den Grand Prix von Pau gewonnen – einen Klassiker.

„Die Formel II war damals sehr familiär", blickt Doris gern zurück. „Wir hatten oft Partys, zusammen gegessen oder getrunken. Die Minardi-Mechaniker brachten uns Spaghetti rüber und ich revanchierte mich mit Wiener Mehlspeisen."

Ein Einzelgänger war Gartner nie, hatte immer einen großen Freundeskreis – und alle brannten natürlich drauf, immer live dabei zu sein. Was Probleme schafft, wenn der Rennfahrer mit Training, Briefing, Qualifying usw. voll ausgelastet ist und sich auch noch um seine Freunde kümmern muss: Der erste braucht ein Boxenticket, der zweite hat Hunger, der dritte Durst, der vierte braucht Briefmarken, der fünfte muss telefonieren, der sechste Geld wechseln – und da hat der erste schon wieder Hunger.

Höchste Zeit, dass jemand Gartner an die Kandare nimmt. 1980 verunglückt Supertalent Markus Höttinger – unsere große Hoffnung – im Formel-II-Rennen in Hockenheim ohne seine Schuld: vom wegfliegenden Rad Derek Warwicks tödlich getroffen. Schock und Trauer sind gewaltig.

Und Marko steht mit einem Team und einem Auto da – aber ohne Fahrer. Da drängt sich – logisch – Jo Gartner als Einziger auf: Gelernter Kfz-Ingenieur, profundes technisches Wissen. Ein ganz anderer Typ als Höttinger. Aber als sich das neue Duo beim Heurigen offiziell präsentiert, haben wir für die Procar-Serie alle ein gutes Gefühl.

Der Anfang ist auch positiv: 4. Platz in Donington, Rundenrekord auf der Berliner Avus, wo Jo, sensationell aufholend, pro Runde eine Sekunde schneller fährt als die Grand-Prix-Piloten an der Spitze, durch keinerlei Boxensignale einzubremsen – bis er abfliegt.

Gartner im Procar ist ein Irrsinnskämpfer. „Aber wenn er sich technisch etwas einbildet, kann er auch wahnsinnig stur sein und verrennt sich in Ideen", erinnert sich Marko. Bei den M 1 ist durchs technische Reglement alles fixiert, also auch Getriebe und Hinterachsübersetzung. In Monte Carlo klagt Jo nach drei Runden: „Die Übersetzung passt nicht – ich kann so nicht fahren."

Das ist für Marko der Punkt, „wo ich mich zum ersten Mal frag: Was ist da los?" Die Chemie zwischen den beiden stimmt einfach nicht, und Jo hat zu viele Unfälle. „Er ist nur noch geflogen." Irgendwas fehlt ihm. Und Marko gibt heute zu: „Ich war immer noch tief betroffen vom Höttinger-Unfall und nicht so richtig bei der Sache."

Ende 1980 trennt man sich. Aber alle wissen: Gartners Liebe gilt sowieso der Formel I – und um dieses Ziel zu erreichen, fightet er weiter im Emco-Formel-II. Wartet, hofft und hungert.

Überzeugt, dass eines Tages die Chance kommen muss: „Einmal nur möchte ich Formel I fahren – nur einen einzigen Grand Prix ..."

Als ihn David Gulda 1983 als Galionsfigur für seine große Wiener Rennwagenshow einspannt, verspricht er ihm: „Ich helf dir dafür, in die Formel I zu kommen."

Aber wie und wo? Die utopische Forderung von Ken Tyrrell (zwei Millionen Dollar) schreckt alle ab. Daraufhin wird dort Stefan Bellof eingekauft und zur „Entdeckung des Jahres." Für Gartner bleibt nur der Osella-Alfa, damals sicher eines der schlechtesten Formel-I-Autos. Vertraglich vereinbart sind 2500 Testkilometer – abspulen kann Jo aber nur 100.

„Mein Hauptproblem", erzählt mir Jo, „ist, dass der Formel I um 10 cm breiter ist als der Formel II – weshalb ich auf der Alfa-Teststrecke in Balocco mit den Hinterreifen immer die Gummihütchen in der Schikane wegkicke. Und bei 11.800 U/min fahr ich wie gegen eine Gummiwand, weil der Motor keine 12.400 dreht." Aber Ermanno Cuoghi, der frühere Lauda-Chefmechaniker, lobt den achten Formel-I-Österreicher der Geschichte: „Er begreift das Auto sofort und gibt die gleichen Erklärungen wie unsere Nr. 1, Ghinzani." Der anfangs freundlich ist, aber später „umso unkooperativer", je schneller Jo wird.

Seine Grand-Prix-Premiere steigt in Imola. Helmut Zwickl fliegt uns runter nach Italien, Fritz Melchert filmt Jos Fahrt ins Autodrom, und ich fahr ihn Sonntagabend nach Hause. Soll keiner sagen, wir hätten uns nicht um ihn gekümmert.

Aber tut das auch Enzo Osella? „Auf den starken Turbo-Motor muss Jo bis Brands Hatch warten – bis dahin kriegt er nur den Saugmotor." Das heißt für Jo: Mit 500 PS gegen 900 PS im Training. „Die Turbos springen auf den Hügeln direkt auf mich zu ... springen beim Überholen wieder weg ... das ist ja kein Autofahren mehr." Mansell prallt Gartner gegen den Kühler, aber bei Nigel ist sowieso immer der andere schuld.

„Wenn einer von uns daherkommt", doziert Keke Rosberg in meine TV-Kamera, „dann haben die neuen Fahrer aber sofort sehr, sehr artig Platz zu machen! Nur – warum sagt ihnen das keiner?"

Gartners Einstand in die schnellste Liga ist mörderisch schwierig, aber Jo sagt mir: „Die sollen sich alle net aufregen. Jeder weiß, was für ein langsames Auto ich hab. Der Formel-II-BMW war spritziger. Aber entweder ich fahr ein Autorennen – oder ich pass auf."

Er probiert beides. Am Start bricht der Auspuff ab, das Kühlwasser kocht mit 120 Grad, dann geht das Getriebe k. o. – aber Jo Gartner fährt bei seinem Debüt länger als WM-Favorit Niki Lauda, den nach 15 Runden ein kapitaler Motorschaden aus dem Rennen reißt. In diesem Moment gewinnt Gartner eine Flasche Champagner von seinem Manager Gulda: „Wir hatten gewettet, dass ich den Niki über-

„Der Seppi" war ein sehr gläubiger Mensch. Jo Gartner bei der Erstkommunion mit seiner Schwester Helga – heute Frau Schuldirektor im zweiten Wiener Bezirk.

hol. Ob mit dem Auto oder zu Fuß, war nicht festgelegt ... aber der Niki ist zu Fuß beinahe schneller als ich mit dem Osella. Ich hab mich fast geniert."

Die Gartner-Premiere dauert immerhin 42 Runden, das freut auch das Team. „Cinquantuno secondi in TV", rechnet ihm Enzo Osella in der Box vor. „Du warst 51 Sekunden im Fernsehen." Alle Sponsoren natürlich auch. Gartner ist froh und auch ein bissl stolz.

Noch mehr in Monza: Sensationeller 5. Platz, obwohl ihm in der letzten Runde der Sprit ausgeht. Jo gurtet sich schon los, um auszusteigen, schaltet aber geistesgegenwärtig noch die elektrische Benzinpumpe zu und stottert mit den letzten Tropfen ins Ziel.

Lauda Sieger, Gartner Fünfter, Berger Sechster: Drei Österreicher unter den ersten sechs – ein Traumergebnis wie bei einem klassischen Ski-Abfahrtsrennen! Nur leider nie mehr wieder erreicht. Laudas dritter WM-Titel zeichnet sich bereits ab, aber auch sein letztes Formel-I-Jahr – 1985 – und damit entbrennt das knallharte Duell Berger/Gartner um die Nummer 1 in Österreich, um einen Fixplatz im Grand-Prix-Zirkus.

Am besten bei Arrows, mit dem Turbomotor von BMW.

Als Erstes fasziniert die Idee eines grünen Svarowski-BMW für den Tiroler Berger. Das Projekt ist relativ weit fortgeschritten. Budget: 10 Millionen Schilling. Dann kommt plötzlich aus der Ecke des Industriellen Assmann das gleiche Angebot mit Gartner als Fahrer – dazwischengeschaltet ist origineller Weise David Gulda (der heute längst für Berger arbeitet).

Formel I backstage entwickelt sich ein gnadenloser Ringkampf Berger/Gartner. Teamchef Jackie Oliver spielt die beiden gekonnt gegeneinander aus. Ich weiß es, weil ich täglich mit ihm telefoniere. Jeder der beiden hat seine Agenten. „Da glaubt ein Tiroler, der von den Bergen runterkommt: Nur weil er mit Piquet und Stappert Ski fahren geht, kann er schon Formel I fahren", ist sogar zu lesen.

Irgendwann beschließt Swarovski: Statt Formel I doch lieber Fußball. Und finanziert den Sensationstransfer des weltbesten Trainers Ernst Happel zum FC Tirol. Dann stellt sich heraus, dass Vater und Sohn Assmann bezüglich Formel I völlig verschiedener Meinung sind – und zehn Jahre später bricht das Elektronik-Hi-Tec-Imperium sowieso zusammen.

Genau wie Gartners Traum von der großen Formel-I-Karriere. Am Tag, an dem Berger den Arrows-Vertrag kriegt, Gartner also den großen Poker verloren hat, verschwindet Jo unauffindbar. „Total versumpert in einer Bar – und mit Gulda hat er bis in die Morgenstunden übers Leben philosophiert", weiß Doris. Wehmut und Sehnsucht bleiben zurück, aber auch ein bissl Trotz: „Fahr ich halt jetzt in Amerika!"

Abgeschlossen mit der Formel I? Dass er zurück will, hat er nie gesagt, aber auch nicht ausgeschlossen. Nur: Die familiäre Atmosphäre der großen Sportwagen- und IMSA-Rennen entschädigt Jo für vieles. Jo und Doris leben selten im Hotel, wohnen meist privat – eingeladen vom großen Chef der US-Rennszene, Bob Aikin.

Und das Duo Stuck-Gartner wird zum neuen, großen Publikumshit: Der „charming boy from Austria" und der immer lustige Bayer, der auf dem Siegerpodest jodelt. Das lieben die Amis.

„Jo ist ein hervorragender Techniker, auch menschlich okay, ich schätz ihn nicht nur als Teamkollegen – wir haben uns prima verstanden", blickt Stuck zurück. Glanzpunkt: bestimmt der Sieg im 12-Stunden-Rennen von Sebring, Florida, 1985, mit dem Porsche 962. In der vorletzten Runde – mit Gartner am Steuer – verliert der Porsche ein Rad. „Aber zum Glück haben wir eine Runde Vorsprung." Auf drei Rädern schleppt Gartner den 962 als Sieger über die Ziellinie – spektakulärer hätte das auch kein Villeneuve gekonnt!

Aber 1985 ist auch ein Tragödien-Jahr in der Sportwagen-WM: Stefan Bellof, das himmelstürmende Talent, eigentlich ein „Vor-Schumacher", verunglückt im Brun-Porsche in Spa nach Kollision mit Jacky Ickx – und Bergers erster Formel-I-Teamkollege Manfred Winkelhock wegen Reifenschadens in Mosport, Kanada.

War Jo Gartner eigentlich versichert? „Nein", weiß Doris, „weil wir das Geld für die Prämien nicht hatten." Beim Merzario-Formel-II-Team war Jo pari ausgestiegen, die Interserie-Läufe waren gut bezahlt, auch die Sportwagenrennen in Europa – aber Jos große Liebe galt doch den Monoposto-Rennwagen. Nur: In der Formel I war für ihn kein Platz.

„Aber die amerikanischen Rennfahrer", ist Doris überzeugt, „steckt er locker in die Tasche."

Es muss toll gewesen sein für Gartner, als er registrierte, welche Teams sich um ihn für 1987 bewarben. Als sein Teamchef Kremer seinen ewigen Rivalen Jöst verdächtigte, er wolle Jo abwerben, legte er ihm auf die Gage noch etwas drauf. Stuck war der große Gartner-Fürsprecher im Porsche-Werksteam und legte ihn dringend dem großen Rennchef Peter Falk ans Herz: „Wir brauchen den Jo für nächstes Jahr." Falk nickte: „Passt schon, Striezel. Wir holen ihn."

Auf Gartner wartete ein Superprogramm: Sportwagen-WM für Porsche, Champcar-Rennserie in den USA. „In seinem Kalender", verrät Doris zum ersten Mal, „waren alle Sportwagen- und USA-Termine angestrichen – in verschiedenen Farben. Mit ein paar Überschneidungen, da hätte man Ersatzfahrer gebraucht." Aber Gartner war dabei, das alles zu arrangieren, als er 1986 in Hochstimmung zum 24-Stunden-Rennen nach Le Mans kam – direkt vom Siegespodest aus Lime Rock.

Jo Gartner war ein Bewegungstalent mit viel sportlichem Ehrgeiz, was immer er anpackte. Ob Motocross, Wasserski oder Squash – und zur Stärkung der Hals- und Rückenmuskulatur quälte er sich in der Kraftkammer. Als Porsche-Werkfahrer hätte er viel Ausdauer-Kondition gebraucht – aber das Schicksal wollte es anders. Jo verunglückte in Le Mans.

Der Porsche von Gartner, vom Südafrikaner van der Merwe und dem Japaner Takahashi – ein neuer Wagen, von Kremer erst gekauft, ist von Harald Grohs mit ein paar Teststunden eingefahren worden. „Alles super", sagt Harald, „alles passt."

Aber was man in Le Mans oft vergisst: Das 24-Stunden-Rennen dauert so lang wie 15 oder 16 Grand Prix in der Formel I – wo man nach jedem Rennwochenende die Radaufhängungen wechselt. Oft sogar noch früher, denn das Schreckenswort heißt Materialermüdung.

Die lange Hunaudieres-Gerade, mit oder ohne Schikane, war schon oft der Albtraum vieler Piloten. Bis zu 420 km/h Topspeed. Ich erinnere mich an ein paar Le-Mans-Trainingsrunden mit den Porsche-Werkspiloten Gerhard Mitter und Rolf Stommelen, auf dem „heißen Sitz" daneben, wenn die Straße zum Nadelöhr wird, rechts und links gesäumt von Bäumen, später Leitplanken. Es wird stiller im Cockpit, die Atmosphäre, alle Farben ändern sich – nicht unangenehm, aber du bist plötzlich in einer anderen Welt.

„Im Cockpit zieht leichter Karbolgeruch auf. Es riecht schon eine Spur nach Jenseits", hat das unser „rasender Juwelier" Gotfrid Köchert einmal philosophisch ausgedrückt.

Während der Nacht kommt Gartner – im Lichtkegel der Scheinwerfer – nicht programmgemäß an die Box gerollt: ein Schaden an der rechten Hinterradaufhängung. „Geh bitte schauen, was die jetzt machen", ersucht er Doris, die sofort spionieren geht und alles berichtet. Jo wird nachdenklich: „Wenn dir so etwas passiert, wenn du an einer wirklich schnellen Stelle bist, hast du keine Chance!"

Um 0 Uhr 18, wieder mit Gartner am Lenkrad, wiederholt sich der Defekt offenbar links hinten, weil der ganze Unfallverlauf darauf hindeutet. Die spätere Vermutung, ein Hase wäre über die Strecke gelaufen und hätte Gartner irritiert, hat Doris „nie geglaubt". Und sonst auch keiner. Nur war allen klar, die das Feuer sahen: Da war etwas ganz Schlimmes passiert.

Drei Stunden lang Pace-Car-Phase. „Ich bin grad im Auto gesessen", erinnert sich Stuck, „und hab nicht mehr gewusst, wie ich mich wach halten soll. Vor allem hat keiner gewusst, wen es getroffen hat." Endlich an der Box, nahm Peter Falk den alarmierten Stuck zur Seite: „Striezel, es tut mir so leid. Ich muss dir sagen, es war der Jo."

Nach stundenlangem Chaos und völliger Verzweiflung nimmt die tapfere Doris ihren ganzen Mut zusammen, als sie bei der Familie Dinstl in Lunz am See anruft: „Die Kastanie … ist mit dem Jo … verbrannt."

Die Schatten von Le Mans sind auch heute noch nicht verblasst. Inzwischen hat Gartners Bruder Fritz, der mit Jo ministriert hat, die elterliche Kfz-Werkstätte übernommen, ist seine Schwester Helga, die Jo's Namen auf den Rennoverall gestickt hat, Schuldirektorin in der Novaragasse geworden – und die frühere Medizinstudentin Doris, inzwischen Betriebsärztin, hat den Ingenieur-Rennfahrer Klaus Werginz geheiratet.

Und Bob Aikin, Jo Gartners großartiger Teamchef bei den USA-Rennen, ist – erst 56-jährig – im Sommer 2002 bei einem Oldtimer-Rennen verunglückt.

Jo Gartner: Stationen seiner Karriere

1978: Formel Vau: 3. Nürburgring. Super-Vau: 1. Diepholz, 2. Österreichring (alles auf Lola), 3. Europacup Super Vau.
1979: Formel Vau: 1. Hockenheim (auf Ralt). - Formel III: 3. Kassel (auf Renault).
1980: Rennwagen I, Division: 1. Salzburgring (auf March), 1. Österreichring (auf March BMW). - Formel II: 7. Silverstone (auf March BMW).
1981: Formel III: 1. Österreichring (auf Toleman BMW). - Int. Rennwagen: 1. Österreichring (auf Toleman BMW). 19. Formel-II-EM.
1982: Tourenwagen EM: 1. Österreichring mit Vojtech auf BMW. 17. Formel-II-EM.
1983: Formel II: 4. Hockenheim, 1. Pau, 5. Pergusa (alles auf Emco BMW). 6. Formel-II-EM.
1984: Tourenwagen EM: 3. Nürburgring mit Cudini auf BMW, 4. Spa mit Thibaut und Guitteny auf BMW. - Formel I: 14. Zandvoort, 5. Monza, 12. Nürburgring, 16. Estoril (alles auf Osella Alfa).
1985: 4. im 24-Stunden-Rennen von Le Mans mit Hobbs und Edwards auf Porsche.
1986: IMSA: 3. in Miami mit Stuck auf Porsche. 12 Stunden von Sebring: 1. mit Stuck und Atkin auf Porsche. Interserie: 1. Thruxton auf Porsche. 1000 km Monza: 8. mit Niedzwiedz auf Porsche. 1000 km Silverstone: 3. mit Needell auf Porsche. In Le Mans tödlich verunglückt.

JO GARTNER: 8 Grand Prix, 2 WM-Punkte

Rennen	Startplatz	Auto	Rennergebnis/Ausfallsgrund
1984			
Imola	26	Osella Alfa Romeo	ausgefallen - Motorschaden
Brands Hatch	27	Osella Alfa Romeo	ausgefallen - Massenkollision nach dem Start
Nürburgring	23	Osella Alfa Romeo	ausgefallen - Turbodefekt
Zeltweg	22	Osella Alfa Romeo	ausgefallen - Motorschaden
Zandvoort	23	Osella Alfa Romeo	12. Platz, 5 Runden Rückstand
Monza	24	Osella Alfa Romeo	5. Platz, 2 Runden hinter Lauda
Nürburgring	22	Osella Alfa Romeo	als 12. gewertet - Benzinzufuhr defekt
Estoril	24	Osella Alfa Romeo	als 16. gewertet - Sprit ausgegangen

„Tiroler Bauernbub" springt in die Formel I: Gerhard Berger debütierte 1984 in Zeltweg und stieg 1997 in Jerez aus dem Cockpit. 210 Rennen - die längste Österreicher-Karriere im Grand-Prix-Sport.

GENIESS DEIN LEBEN, GERHARD

Warum Berger nach 20 Jahren Rennsport den Rat von Barry Sheene befolgt und Auszeit nimmt

In der Dämmerung seiner abenteuerlichen Rennfahrerkarriere – Spätsommer 1997 – fragte ich den damals 38-jährigen Gerhard Berger: Wo genau siehst du dich Anfang März 1998, am Wochenende des ersten Saisonrennens in Australien?

Der Tiroler dachte nur kurz nach: „Ich seh mich beim Tiefschneefahren in den Rocky Mountains ... beim Tauchen am Großen Barriereriff ... aber ich seh mich auch in Poleposition beim ersten Grand Prix in Melbourne."

Typisch Berger: weltoffen, ehrgeizig, voller Pläne – aber gleichzeitig von der leisen Angst geplagt, er könnte etwas in seinem Leben versäumen. „Die Zeit rennt so schnell davon." Erinnert mich an einen vertraulichen Satz von Jochen Rindt: „Keiner von uns weiß, wie lang er lebt. Jeder Tag bringt uns dem Ende näher. Darum hast du die Pflicht, möglichst viel möglichst schnell zu tun."

Gerhard Berger
Geboren am 27. 08. 1959 in Kundl. Dem Pulverdampf von 210 GP-Rennen (mehr als jeder andere Österreicher) gesund entronnen, tolle zweite Karriere als BMW-Motorsportdirektor, braucht aber jetzt etwas Pause. Einer der Beliebtesten im F1-Zirkus.

Den Melbourne-Grand-Prix 1998, wissen wir, ist Berger dann doch nicht mehr gefahren. Dafür wurde er BMW-Motorsportdirektor und baute sich, geschickt und erfolgreich, eine zweite Karriere jenseits der Leitplanken auf – an der anderen Seite der Boxenmauer. Der Fünfjahresvertrag endet im Spätsommer 2003. Und den halben Winter hat Gerhard nachgedacht, überlegt, analysiert: Soll er seinen BMW-Vertrag verlängern? In München weitermachen? Dauernd im Flugzeug sitzen, fast jeden Tag in irgendeinem Hotel einchecken? Oder lieber seine zwei kleinen Töchter heranwachsen sehen? Braucht er nicht mehr Zeit fürs Privatleben, für die Familie?

Ähnliche Überlegungen also wie schon 1987 – nach der längsten Karriere, die je ein Österreicher in der Formel I hatte: 210 Grand Prix, nur Riccardo Patrese (256) stand öfter im Kugelhagel der Formel I. Und Berger hatte oft philosophiert: „Rennfahren ist wie ein Scheckheft. Jeder Unfall so, als würdest du einen Scheck abreißen. Bis das Heft eines Tages leer ist ... und jemand anderer deine Koffer aus dem Hotel abholen muss."

Noch immer fragen Leute: Rindt Weltmeister, Lauda Weltmeister, aber Berger nicht Weltmeister – wieso nicht? Weil in Österreich Skiweltmeister normal sind, aber keine Formel-I-Champions, weil es in England tausendmal mehr Rennfahrer und Rennen gibt. Jeder Vorwurf muss abprallen. Berger war der erste Grand-Prix-Sieger für Benetton (Mexiko 1986), gleichzeitig der letzte mit einem BMW-Turbo. Er war der letzte Pilot, den noch Enzo Ferrari persönlich engagiert hatte, und der erste, der nach dem Tod des Commendatore für Ferrari gewann – noch dazu in Monza. Und der erste, der nach dem Ableben des genauso sagenhaften Soichiro Honda mit dem Honda-Motor im Grand Prix von Japan triumphierte.

Statistiken, hat Churchill einmal gesagt, interessierten ihn nicht, „außer diejenigen, die ich selbst gefälscht habe." Aber diese stimmen alle: Berger hatte 12 Polepositions, 10 Siege und kam 48-mal unter die ersten Drei – Lauda hatte 51 „Stockerlplätze". Berger führte insgesamt 696 Runden oder 3461 Kilometer. Er drehte 21-mal die schnellste Runde im Rennen – Ayrton Senna 19-mal. Und der war ja nicht gerade langsam.

Am besten aber passte Gerhard mit seiner überschäumenden Lebens- und Einsatzfreude – und auch seiner Risikobereitschaft – immer zu Ferrari. Wie Regazzoni, wie Villeneuve. Und mit 96 Grand-Prix-Starts für die Italiener war er jahrelang der fleißigste Ferrari-Pilot der Geschichte, bis Sommer 2002, bis zu Schumacher. „Seit Senna", sagt Berger, „ist Michael mit Abstand der beste Rennfahrer, den ich je gesehen habe."

Der Weg zu Ferrari ... Für Niki Lauda hat er 1973 in Monte Carlo begonnen, als er mit dem BRM, dem Ferrari von Jacky Ickx, auf und davon fuhr. Für Berger: 1986 in Imola, als er mit seinem Benetton den Johansson-Ferrari niederfightete. Zwei Manöver, die Enzo Ferrari vorm TV-Gerät imponierten: „Den will ich haben!" Ferraris Wünsche sind immer Befehl. „Noch im Sommer ruft mich Marco Piccinini an und fragt: Hast du Lust, für Ferrari zu fahren?", erinnert

„Tu felix Austria", hat Enzo Ferrari über seine Österreich-Connection immer gelächelt: Niki Lauda und sein „logischer Nachfolger" Gerhard Berger.

Caro Berger,

ho ammirato e sofferto la sua bella corsa. Bravo !

Sara' per la prossima volta, perche' lei merita una grande soddisfazione di cui la Ferrari ha bisogno e per la quale noi tutti lavoriamo.

Cari saluti,

Maranello, 22 settembre 1987

Für viele Fans war Berger der typische Ferrari-Pilot: sauschnell, unerschrocken, risikofreudig – und oft auf dem Podest. Nach Gerhards erstem Ferrari-Sieg 1987 in Suzuka gratulierte der Chef mit einem Fan-Brief. Als der Papst nach Maranello kam: Karol Wojtyła mit Piero Ferrari, Berger / Alboreto und Gerhards erster Tochter Christina. Links: Rennleiter Piccinini.

Draufgänger in jedem Sport: Konditionstraining und Kraftkammer haben Berger - genau wie Jochen Rindt - nie wirklich geschmeckt, Motocross, Eishockey und Schi fahren umso mehr. „Wäre ich Weltmeister geworden, hätte ich wochenlang nur noch Schnitzel und Schweinsbraten gegessen - aber der Schumacher trainiert sogar noch für die Kart-WM ..."

„Gerhard, du hast lang und hart genug gearbeitet. Und das Leben kann manchmal verdammt kurz sein - also genieße es, so gut du nur kannst." Diesen Ratschlag von Motorrad-Superstar Barry Sheene, einem Freund, den er später verlieren sollte, hat Berger schon immer befolgt. Das wichtigste Abendessen seines Lebens: erstes Lobster-Dinner mit seiner portugiesischen Frau Ana, die er gerade erst kennen gelernt hatte, in Estoril - welch Trost für ein vermurkstes Rennen.

„Ich hab nie auf mein Team geschimpft, als ich wegging – darum konnte ich auch jedes Mal wieder zurückkommen." Zu Benetton, wo Berger 1986 in Mexiko seinen ersten GP gewann (links unten), genau wie zu Ferrari: Oben in Monte Carlo, rechts unten in Suzuka. Dazwischen als „Tiefflieger" für McLaren, mit Supermann Senna als Freund und Stallkollegen.

Verkehrte Welt: als Berger noch für Ferrari und Schumacher für Benetton fuhr – für 1996 tauschten die beiden ihre Cockpits. Gerhard verrät in diesem Buch, wie leicht ein Ferrari-Team Berger / Schumacher Wirklichkeit geworden wäre. Und warum die Sensation platzte. Stattdessen ging der Tiroler zu Benetton und später als Direktor zu BMW.

Mixed Doppel: hinten Gerhard Berger und Dr. Mario Theissen, die BMW-Motorsportdirektoren, die immer prächtig harmonierten – vorne Sir Frank Williams und Patrick Head, die große Probleme mit der Aerodynamik bekamen. Oft half auch der superstarke BMW-Motor mit bis zu 19.050 U/min. nicht. Aber die Frage, ob BMW mit Williams weitermachen oder einen eigenen, „reinrassigen" Formel-I-Boliden entwickeln sollte, hat das Duo Berger / Theissen nicht gespalten, sondern Gerhards Wunsch nach mehr Privatleben.

sich Gerhard. Er hat Lust, „obwohl mich parallel auch zwei andere kontaktieren: Frank Williams und Ron Dennis."

Ferrari, der Traum aller Rennfahrer. Berger rekapituliert heute seine erste Fahrt ins Gelobte Land der Formel I so: „Piccinini hat mich eingeladen, nach Maranello zu kommen, um mich bei Enzo Ferrari vorzustellen. Ich fahr also runter, leg mich im Piccinini-Auto auf die Hinterbank, Decke drüber, damit niemand sieht, wie sie mich heimlich reinführen. Dann sind wir direkt zu Enzo Ferrari. Nicht ins Büro in der Fabrik, sondern in sein berühmtes Wohnhaus in Fiorano."

Legionen von Rennfahrern, Weltmeistern und Grand-Prix-Siegern sind schon dort gewesen, wo Berger dem legendären Herrn gegenübersteht. Drinnen ist alles dunkel. Bis auf die brennende Kerze am Schreibtisch, die Enzo Ferrari für seinen geliebten Sohn Alfredo entzündet – jung gestorben, aber in den Dino-Modellen lebt er weiter.

Enzo Ferrari sitzt Ehrfurcht gebietend da und spuckt alle 20 Sekunden ins Taschentuch.

„Berger, wenn wir beide überzeugt sind, dass wir zusammenarbeiten wollen, bist du am heutigen Tag in der Lage, einen Vertrag zu unterschreiben?", fragt Enzo Ferrari.

„Si, Commendatore, yes, Ingegnere", nickt Berger.

Ferrari will wissen, ob es irgendwo einen Manager gibt, der Rechte auf Berger hat.

„No, Sir." Damit sind die Verhandlungen eröffnet. Piccinini übersetzt. „Aber wie ich heute weiß (damals noch nicht), hat er mir die Hälfte falsch übersetzt", vermutet Berger 16 Jahre später, „und die andere Hälfte hab ich mit meinem schlechten Englisch net kapiert ... im Prinzip hab ich überhaupt nix verstanden."

Es ist ein 1-Jahres-Vertrag. Mit Option aufseiten des Teams (wenn Ferrari will, muss Berger bleiben). „Ich selber hab keine Option."

Und was ist 1987 deine erste Jahresgage bei Ferrari?

Berger, offen und ehrlich: „So um die 800.000 Dollar fürs erste Jahr. Keine Erfolgsprämien. Aber das war alles meine

Ehrfurcht vor Enzo Ferrari. Im Prinzip machst nix anderes als nicken. Er sagt dir, was passiert, und du nickst. Es ist ja nicht so, dass du groß anreist, als 25-Jähriger frisch im Motorsport, und zum Enzo Ferrari sagst, was du willst. Das kommt erst später, dass ich ihm sag, was ich will – zuerst gilt, was er möchte. Aber es war ein tolles Erlebnis damals, eine Riesengeschichte, für Ferrari zu unterschreiben."

Als es offiziell wurde, war ich mit Kamera und Mikro natürlich dabei. Enzo Ferrari beschwor eine feierliche Atmosphäre herauf, fast kaiserlich, als wir von der österreichischen Ferrari-Tradition sprachen: Rindt – Le-Mans-Sieger auf Ferrari, Lauda – (damals, bis Schumi kam) erfolgreichster Ferrari-Fahrer aller Zeiten. Österreich, mit Ferrari verheiratet.

„Matrimonia felice!", sagte Enzo Ferrari ins ORF-Mikro. Glückliches Österreich, noch glücklicherer Berger.

Seine ersten Ferrari-Testfahrten waren streng geheim. Aber ich kenne eine Marmorfabrik in Fiorano, direkt neben der Teststrecke. Wenn man dort im ersten Stock aufs WC geht, kann man aus dem Toilettefenster ideal filmen ...

Warum bist du Ende 1989 von Ferrari weg?

„Ganz einfach. Weil McLaren schon 1988 ein so brutal gutes Auto hatte: alles gewonnen, bis auf Monza, und bei Ferrari hat das Hickhack nie aufgehört: Enzo Ferrari, Piero Ferrari, John Barnard, Marco Piccinini – du hast schon gemerkt: Verschiedene Leute ziehen an verschiedenen Ecken – darum wird's ganz schwer werden. Bei McLaren dagegen hat alles ausgeschaut wie die Perfektion."

Mit Senna, wegen Senna, trotz Senna? Der alte Spruch: Dein Teamkollege, dein größter Feind – weil er der Erste ist, an dem du gemessen wirst. Oder hättest du Ayrton lieber als Gegner in einem anderen Team gehabt?

„Nein. Denn Senna, egal in welchem Team, wäre so oder so net zu schlagen gewesen."

Erstmals getroffen haben sich die beiden 1983 beim Formel-III-Rennen in Silverstone. Dort haben die Engländer alle Abstimmungen, wissen ganz genau, was zu tun ist. Also marschiert Berger schnurstracks zum Senna-Teamchef Dick

Ich nannte ihn den „Jochen Lauda aus Tirol", weil er Rindts kühnes Draufgängertum mit Nikis analytischem Talent vereinte. Zweite Berger-Station war Arrows.

Bennett: „Ich bin Österreicher, Tiroler, mit dem Dr. Marko da – aber wir haben kein Geld zum Testen. Kannst mir bitte eure Abstimmung verraten?"
Berger kriegt sie. „Die Engländer haben mich zwar ein bissl komisch angschaut, aber sie haben mir geholfen." Und Senna? „Der hatte auch so ein „Chinese smile", ein schiefes Grinsen, war aber net dagegen – wir waren uns, glaub ich, sofort sympathisch."
Dann kommt Macao. Ein Stadtkurs wie Monte Carlo, die inoffizielle Weltmeisterschaft in der Formel III. Hier ist der junge Mika Hakkinen nach Kollision mit dem jungen Schumacher einmal weinend auf den Leitplanken gesessen.
Senna gewinnt vor dem Kolumbianer Roberto Guerrero, Dritter Berger. „Ich krieg sogar offiziell die schnellste Runde im Rennen zugesprochen, seh aber auf meinen Aufzeichnungen: Stimmt gar nicht, die schnellste Runde ist Senna gefahren." Und der kommt bei der traditionellen Macao-Party, die immer die ganze Nacht dauert, direkt auf Berger zu.
„Ist dir eh klar, dass ich die schnellste Runde gedreht hab, nicht du?"
Berger: „Weiß ich, nur: Im offiziellen Ergebnis steht sie bei mir. Aber du kannst sie ruhig haben – für mich kein Problem." Aber die Macao-Diskussion war kein Zufall. Wenn man sich heute die ewige Formel-I-Statistik ansieht, dann hat Senna insgesamt 19-mal die schnellste Runde in einem Grand Prix gedreht, Berger aber 21-mal!
„Damals in Macao", sagt er heute, „hab ich zum ersten Mal Sennas Ehrgeiz gespürt."
Senna und Berger: praktisch gleich alt, keiner von beiden ein Kellerkind, beide sind ein bissl vom Schicksal verwöhnt – und sie kommen fast gleichzeitig in die Formel I. Ayrton fährt 1984 schon für Toleman, Gerhard noch Formel III.
Als er in Monte Carlo die Strecke lernt, kommt ihm Senna mit dem Fahrrad entgegen, erzählt von seinen Rennen und fragt: „Und wann kommst du in die Formel I, Gerhard?"
„Musst nur noch ein bissl warten", antwortet Gerhard, „I kimm gleich ..."

An ihrem ersten Monaco-Wochenende schaffen beide Platz 2: Berger im Formel-III-Klassiker vom 10. Startplatz weg, Senna im Regen-Abbruchrennen der Formel I. Gerhard hinter Ivan Capelli, der heute im Tross der Formel-I-Reporter untergetaucht ist, Ayrton hinter seinem späteren Erzrivalen – Alain Prost.
„Nach Monte Carlo haben wir uns dann richtig kennen gelernt: Anfangs waren wir ja nur die zwei Jungen, die sich aber schon duelliert haben." Im Sport und beim Reden. Am Wörther See dreh ich 1986 einen TV-Film über Rennfahrer privat: Im Motorboot, beim Wasserskilaufen, beim Fitnesstraining.

„Du schwindelst beim Jogging", protestiert Ayrton lachend. Berger grinst: „Und du dafür beim Formel-I-Reglement ..."
1987 fahren sie – der eine bei Lotus, der andere bei Ferrari – „schon ständig nebeneinander um die Kurven. Da lernen wir einander besser kennen, entwickeln auch Sympathie. Aber richtige Freunde werden wir erst dann später bei McLaren."
Einmal sitzen sie zusammen in einer Bucht auf Korsika und träumen: „Da gefällt's uns, da kaufen wir irgendein schönes Grundstück und bauen drauf ein Haus." Aber zwei Tage später geht dort eine Bombe hoch, weil irgendwelche Korsen durchdrehen. „Also wird's nix mit der Korsika-Villa. Ein anderes Mal kommt Ayrton mit der Idee: Jetzt kaufen wir uns ein Schiff zusammen. Aber da war wieder ich nicht so weit. Ich hatte ja schon meine MR 27, ein 20-Meter-Schiff, noch vor der PIA, und war damit eigentlich ziemlich happy. Aber wir haben schon immer Pläne geschmiedet, zusammen Ferien gemacht, vieles gemeinsam unternommen."

Und viel Hetz gehabt. Mit oder ohne Senna. Viele der lustigsten Berger-Storys, über acht Ecken weitergetratscht, waren ganz anders, als sie erzählt wurden. Und meist noch lustiger.

Wer war schon dabei, als Berger seinem McLaren-Teamchef Ron Dennis beim Tiefseetauchen am Great Barrier Reef die Luft zudrehte? „Aber es waren eh nur acht Meter." Wer sah den Frust in Rons Gesicht, als Berger nach einem Grand Prix – unaufgefordert – den Heimflug seines Chefs verschob? „Sorry, Mr. Dennis will erst morgen fliegen." Als Ron, wie immer mit federndem Schritt, den Privatflugplatz betrat, war sein Pilot bereits wieder heimgegangen und das Licht abgedreht ...

Während der heißesten Transferzeit – in Monza – deponierten Senna und Berger in diversen Hotels für alle Piloten, die noch auf Cockpit-Suche waren, geheime Nachrichten: „Dringend Ron Dennis anrufen, aber erst ab 3 Uhr früh." Einer nach dem anderen klingelte und riss den frustrierten McLaren-Boss aus dem Schlaf – und Berger und Senna hatten ihre Hetz. Oft aber auch auf Kosten des anderen.

Mitten im ärgsten Mailänder Stadtverkehr – Senna am Steuer eines Ferrari, Berger unschuldig daneben – zog der Tiroler den Zündschlüssel ab und warf ihn unters Auto. Sofort von allen Seiten Hupen, Blinken, Chaos. Ein wütender Polizist reißt die Tür auf, will den offensichtlichen Idioten am Steuer herauszerren – und schreckt zurück: „Madonna mia, das ist ja Senna!"

Nicht genug damit. Beim Hubschrauberflug von der Villa d'Este am Comosee zum Monza-Autodrom erspäht Berger den berühmten Senna-Aktenkoffer. Mit allen Dokumenten, geheimen Computer-Ausdrucken, Aktien-Kursen etc.

und will ihn „direkt über der Rennstrecke aus dem Fenster schmeißen, als wir grad übers Fahrerlager fliegen. Leider bin ich um zwei Minuten zu spät – darum ist der Koffer ins Feld geflogen."
In Magny-Cours klappt's besser. Berger befestigt das Senna-Leihauto an der Stoßstange mit einem starken Seil am Fensterkreuz des Hotelzimmers und reißt den Kollegen aus dem Schlaf: „Schnell aufstehen und anziehen, Ayrton – Testfahrten um eine Stunde vorverlegt. Wir müssen sofort auf die Strecke." Noch halb verschlafen steigt Senna ein, gibt Vollgas und reißt die halbe Hotelfassade mit.

Die zwei Rennfahrer flüchten mit Vollgas, verbissen verfolgt von ein paar französischen Motorradpolizisten. Aber bei jedem Kreisverkehr fahren Senna und Berger rundenlang im Kreis, die genervten Franzosen hinterher – Louis de Funès in der Formel I.

In Imola schlägt Berger Feueralarm und lässt das ganze McLaren-Stockwerk mitten in der Nacht evakuieren. Als er draufkommt, dass Ron Dennis penibel die McLaren-Box versiegeln lässt, damit ja kein Staubkörnchen in den Motor dringen kann, mischt er heimtückisch Klebstoff dazu – und prompt bleibt Ron picken wie auf einem Fliegenfänger.

Von hundert Stories nur noch die eine, wie Berger dem empfindlichen Senna in Mexiko die Nachtruhe vermiest. Er lagert den ältesten Käse, den er nur auftreiben kann, in der glühenden Sonne und steckt ihn dann im Senna-Zimmer in die Air Condition. Es stinkt fürchterlich. Zur Tarnung legt Berger dem Freund ein Stück Käse unters Bett.

Rast- und ruhelos stellt Senna das Zimmer total auf den Kopf, findet prompt den Käse unterm Bett und triumphiert still: „Ha, Berger, ich bin dir draufgekommen, jetzt kann ich endlich schlafen." Aber der Gestank wird immer schlimmer. Und ein Umziehen ist unmöglich – weil alle Hotels ausgebucht sind.

Senna blieb Berger nichts schuldig, Seine Revanche kam immer prompt. Aber haben die beiden nie diskutiert, nie gestritten?

Gerhard: „Nein. Das war sinnlos, weil er sowieso immer das Gefühl hatte: Er war nie schuld. Senna war immer ein Egoist, hat sowieso nix um ihn herum akzeptiert. Das war der Senna. Jeder Mensch hat seine positiven und seine negativen Seiten – aber dieses Negative war ja gleichzeitig auch seine Stärke."

Bergers Streiche dürfen nicht drüber hinwegtäuschen: Das war ein ganz schneller Bursche, leidenschaftlicher Rennfahrer mit viel Herz und Einsatz – und dem Talent und Speed, sogar Weltmeister zu werden. Sein Pech: Er geriet in eine extreme Ära der Formel I, in der fünf, sechs Fahrer Weltmeister werden konnten.

Tut dir heute leid, dass du nicht eine andere Zeit erwischt hast?" „Weißt eh, wie das ist mit Wenn und Aber. Doch stimmt schon: Ich bin in einer Phase gefahren, wo irrsinnig starke Konkurrenz war – aber gleichzeitig war's eine tolle Zeit. Wegen der starken Persönlichkeiten, mit denen du nicht nur aufregende Rennen hattest, sondern auch viel Spaß, weil jeden Tag etwas los war."

Und darum hier das Berger-Ranking: Die Rangliste seiner Gegner.

„Nr. 1: Ayrton Senna. Der Beste, gegen den ich je gefahren bin, überhaupt keine Frage. Als Rennfahrer ein Perfektionist, konditionell gut, hat in seinem Leben nix anderes gemacht. Dazu seine Erfahrung, sein unheimlicher Speed, seine Emotionen – aber gleichzeitig war er cool und überlegt. Keine Fehler, keine Schwächen.

Nr. 2: Michael Schumacher. Ich bin ihm schon begegnet, als ich noch aktiv war, und 1995/96 haben wir ja Autos getauscht: Ich zu Benetton, er zu Ferrari. Damals hätte ich nicht geglaubt, dass er einmal so erfolgreich sein würde, aber wenn man seine späteren Jahre kennt ... Ich dachte noch: Der Einzige, dem ich jemals zutraue, in die Nähe von Senna zu kommen – sportlich ist er mit ihm wahrscheinlich auf einer Ebene.

Nr. 3: Nelson Piquet, eigentlich. Den hab ich immer sehr stark eingeschätzt. Piquet war weich, schnell, clever, überlegt, ein Schlitzohr – der war einfach gut. Alain Prost war auch gut, auch sehr überlegt, aber Piquet war halt noch besser."

Soweit Berger über seine größten Gegner. Und jetzt: Berger über seine Formel-I-Boliden.

„Der ATS von 1984", überrascht Gerhard, „war ein Superauto. Zwar im Detail, Getriebe und so, nicht so gut, aber das erste Auto, bei dem das Chassis, das Monocoque, aus Composite-Material war, also aus einem einzigen Teil. Gustav Brunner hatte ein irrsinnig steifes, gutes Auto gebaut."

Perfekt jedenfalls für Gerhards Formel-I-Debüt in Zeltweg. „Ich bin am ersten Tag gleich 18. von 28, fürs zweite Training krieg ich in der Nacht heimlich den BMW-Motor von Piquet rübergeschoben, weil der mehr PS hat – aber ich komm wegen Getriebeschadens gar nicht zum Fahren, fall zurück, werde aber im Rennen 12. Ein wirklich tolles Auto, der ATS."

1985 fährt Berger – nach monatelangem Duell mit Jo Gartner, weil Teamchef Jackie Oliver die beiden Österreicher gegeneinander ausspielt – den Arrows. Hätte er sich sparen können. „Der Arrows war die reinste Katastrophe, verwindete sich, sogar auf der Geraden musste ich gegenlenken. Dieses Auto ging überhaupt nicht."

Dagegen war der Benetton von 1986 schon wieder „ein tolles Auto, aber nicht überall. Doch auf einigen schnellen Strecken sehr gut." Vor allem, weil sein Konstrukteur Rory Byrne – der seit einigen Jahren Schumachers Weltmeister-Ferraris baut – schon damals wusste, dass man mit den Frontflügel-Seitenplatten ground effect erzeugen kann. „Ein optimales, tolles Auto, und wie man ja gesehen hat, war ich bei einigen Rennen richtig schnell", blickt Gerhard dankbar zurück.

Vor allem auf Zeltweg und Mexico City. Beim Österreich-Grand-Prix muss er zwar seinem Benetton-Stallkollegen Teo Fabi die Poleposition überlassen, was ihm weh tut – aber dann kämpft er den Teamrivalen nieder und führt bis zum Boxenstopp. Dort geht leider die Batterie kaputt. Berger verliert drei Runden und wird noch Siebenter. Dafür gewinnt er in Mexico City sensationell seinen ersten Grand Prix. Dank cleverer Strategie, viel Herz, Pirelli-Superreifen und einem zuverlässigen Benetton.

„Aber mein Lieblingsauto war der Ferrari von 1989! Turbomotor, leicht untersteuernd, aber toll zu handeln, für mich maßgeschneidert – das Auto, in dem ich mich am wohlsten fühlte."

Und ein Jahr später? „Der Ferrari von 1988 war die modifizierte 87er-Version. Auch ein gutes Auto, nur kam damals das Pop-off-Ventil, das den Ladedruck begrenzt. Und damals haben die Japaner bei Honda einen Weg gefunden, wie man diese Ventilfeder überdrückt und dadurch höheren Ladedruck erzeugt." Osamu Goto, erst später bei Ferrari, damals noch bei McLaren-Honda, hatte alle überrumpelt, einen Trick gefunden, das Ventil auszuschalten. „Dagegen hatten wir mit Ferrari keine Chance."

Der Ladedruck war mit 4 bar begrenzt, später mit 2,5 bar. Alles relativ. Jedoch auffallend, wie beherzt und unverdrossen Berger gegen das unschlagbare McLaren-Honda-Duo Senna/Prost ankämpfte. In Silverstone

Die ersten TV-Interviews – Berger mit Heinz Prüller. Hochdeutsch war dabei nie Vorschrift.

hatte Berger erstmals Poleposition, im Rennen wurde der Sprit knapp. Dann kam Monza, vier Wochen nach dem Tod Enzo Ferraris.

Weil der führende Senna beim Überrunden von Williams-Ersatzfahrer Jean-Louis Schlesser – dessen mörderisches Eifersuchtsduell mit seiner Exfreundin Jutta Kleinschmitt bei der Wüstenrallye Paris-Dakar später weltweit Schlagzeilen macht – stolpert, liegt kurz vor Schluss plötzlich das Ferrari-Duo Berger/Alboreto in Führung. Monza ist ein Tollhaus, alle Tribünen trampeln Beifall, und tags darauf jubeln alle italienischen Zeitungen: „Enzo Ferrari hat Berger vom Himmel aus zum Sieg gelenkt." Aber mit Emotionen allein gewinnt keiner einen Grand Prix.

Die Zeit war reif für technische Revolutionen. Noch 1988 zauberte John Barnard das erste Formel-I-Auto mit automatischem Getriebe, den Schaltwippen am Lenkrad, und ließ Berger und Alboreto auf die Teststrecke Fiorano kommen.

Beide probierten, aber Alboreto stieg gleich wieder kopfschüttelnd aus: „So ein Scheiß, mit dem fahr ich nicht mehr weiter!"

Doch Berger drehte ein paar Runden und stieg begeistert aus: „Das ist das Getriebe der Zukunft! In ein paar Jahren werden das alle haben." Ein Hellseher.

Als der 3,5-Liter-Ferrari 640-V-12 rennfertig war, flog ich mit unserem TV-Kameramann zu den ersten Testfahrten nach Jerez. Auffallend: das unglaublich schmale Cockpit des Ferrari, viel bestaunt von ein paar japanischen Fotoreportern.

„Jetzt, mit dem automatischen Getriebe, brauch ich zum Fahren nur noch ein Bein. Das zweite hab ich mir amputieren lassen. Darum ist der Ferrari so schmal – wegen der Aerodynamik", erklärte Berger todernst den Japanern. Die nickten bedächtig, blitzten, stöhnten und brummten, aber wer kennt sich schon aus beim Berger?

Die Weltpremiere des automatischen Getriebes stieg 1989 in Rio mit Berger und Mansell. Unter Hochspannung, aber mit Angst: Im Training hatte das Auto nie mehr als ein paar Runden gehalten, worauf Ferrari-Rennleiter Cesare Fiorio eine groteske Strategie entwickelte: „Ich lass euch beiden nur ein paar Liter Sprit einfüllen. Dann habt ihr ein leichtes Auto, könnt in Führung ein Feuerwerk abbrennen, so lange das Getriebe hält – und wir haben wenigstens tolle Publicity."

Die Piloten protestierten stürmisch, bis Fiorio voll tanken ließ. Dann kollidierte Berger schon in der ersten Kurve mit Senna – aber Mansell gewann, sensationell und ein bissl verwirrt.

„Dieser Ferrari war ein Superauto. Typisch Barnard, wunderschön gemacht, mit echter Liebe zum Detail, speziell die Radaufhängungen." Berger gewöhnte

sich schnell dran, am Lenkrad zu schalten. „Es wär ein schnelles, tolles Auto gewesen, aber das ganze Drumherum, die Potentiometer, Sensoren und so, sind alle durch Vibrationen kaputtgegangen. Darum hatten wir wahnsinnig viele Ausfälle."
Einer hätte ihn fast das Leben gekostet: Imola.
Zur Hölle und zurück, anders kann man das Feuerdrama nicht bezeichnen. Thierry Boutsen, unmittelbar hinter Berger, sieht bei 285 km/h wie in Zeitlupe, wie Berges rechter Frontspoiler wegbricht. Der Ferrari wird zur unlenkbaren Rakete.
Die Video-Dokumentation: Nach 0,65 Sekunden kracht der Ferrari gegen die Mauer, der Anprall schlägt Berger bewusstlos. 2,40 Sekunden: Dem Auto werden die Räder weggerissen. 7,60 Sekunden: Nach einem 180-Grad-Dreher schlägt der Ferrari nochmals an und fängt Feuer. Der Ferrari brennt wie eine Fackel. 10 Sekunden: Die Feuerlöschposten rennen zum Löschauto. 19,64 Sekunden: Sie erreichen das brennende Wrack. 28,79 Sekunden: Feuer gelöscht. Eine irrsinnige Leistung. „Ich selber bin 1976 auf dem Nürburgring 55 Sekunden im Feuer gesessen – ohne Helm", vergleicht Niki Lauda.
Berger überlebt, die Brandwunden heilen mit Willi Dungls unendlicher Hilfe. Doch als Berger in Fiorano erstmals wieder in den Ferrari steigt, registriert er ein Phänomen: „Als ich die feuerfeste Unterwäsche anzieh, sträuben sich alle meine Haare. Der ganze Körper wehrt sich: Als ich letztes Mal diese flammensichere Wäsche anhatte, hat es sehr, sehr weh getan ..."
Ein Unfall an der gefürchteten Tamburello-Mauer, erinnert man sich in der Formel I an Piquet, Alboreto, Patrese, macht einen Rennfahrer um eine Sekunde langsamer. Wirklich, Gerhard? „Wenn das stimmt, dann muss ich einmal ein verdammt schneller Rennfahrer gewesen sein ..."
Und auch danach: schnell genug für einen Supervertrag mit McLaren-Honda, als Teamkollege von Senna. Mit einer tollen Premiere 1990: Poleposition gleich im ersten Rennen in Phoenix (Arizona), dann in Führung ein Dreher gegen die Mauer.
Ich fragte Bernie Ecclestone damals vor der TV-Kamera: Bekommen wir bei so viel Formel-I-Begeisterung je wieder unseren Grand Prix zurück?
„Nein", feixte Bernie, „bevor wir wieder nach Zeltweg kommen, wird eher noch der Berger World Champion." Dass sich Bernie doppelt irrt, kommt sehr selten vor.
Im ersten McLaren-Honda-Jahr kommt Berger gleich siebenmal aufs Stockerl, nur eine Strafminute wegen Frühstarts kostet ihn den Sieg in Montreal. Nur 14 Sekunden hinter Senna im Ziel – theoretisch hätte Berger um 46 Se-

kunden gewonnen. Den Kanada-Sieg holt er zwei Jahre später nach, davor gewinnt er Suzuka, danach Adelaide – dank strategisch cleverem, frühem Reifenwechsel-Boxenstopp.

135 WM-Punkte! Und dennoch: „Von meinen drei McLaren-Jahren kann ich mich an die Autos eigentlich gar nimmer richtig erinnern – die waren auch nicht gut. Dominierend war dort immer der Motor. 1990 hatte der 3,5-Liter-V-10 so viele PS, dass wir mehr Flügel draufgaben als alle anderen und sie trotzdem geschlagen haben – durch mehr Abtrieb."

Von Ferrari hat Berger heute noch jedes Auto, jede Schraube im Gefühl – aber bei McLaren kann er sich nur noch an ein paar Details erinnern: „Zum Beispiel an den Unterboden mit einer Art von Kanälen – alles irrsinnig sensitiv zum Boden, aerodynamisch nicht gut beherrschbar, aber der Motor war bombig."

1991 stellte Honda vom V-10 auf den V-12 um. „Der war nimmer so gut wie der 10-Zylinder – weder Leistung noch Drehmoment noch Fahrbarkeit." Und so irrsinnig sich die Japaner auch bemühten – Senna und Berger kritisierten immer offen: „Der 10-Zylinder war einfach der bessere Motor." Aber das vertuschten die Japaner: Sie hatten sich für ein Konzept entschieden und das verteidigten sie mit allem Starrsinn.

Der alte Spruch: Niemand kann sich in die Mentalität der Japaner hineindenken! Das sagte John Surtees schon vor bald 40 Jahren.

1993 ist Honda weg von McLaren. Die „Ritorno Glamoroso" drängt sich auf – Bergers Rückkehr zu Ferrari. Niki Lauda ist schon in Maranello, als Berater von Präsident Luca Montezemolo, und ich verpass ihm das Adelsprädikat „Piccolo Commendatore."

„Niki hat sehr für mich gepusht und Ferrari mir irrsinnig viel Geld geboten, um ihnen aus der Misere rauszuhelfen. Ich hab das gern angenommen, weil ich schon immer zu Ferrari zurück wollte." Denn: „Ich hab, wenn ich irgendwo wegging, nie auf das Team geschimpft. Darum hat man mich überall wieder gern genommen." Bei Ferrari, bei Benetton – und wenn er hätte wollen, später auch bei McLaren.

Chefs unter sich: Niki Lauda, als er noch Jaguar-Oberbefehlshaber war, und BMW-Direktor Berger vorm Rückzug.

Und genauso wenig ist er je über seine Stallkollegen hergezogen. Holen wir sie alle vor den Vorhang, offen und ehrlich präsentiert von Berger.

Manfred Winkelhock (1984 bei ATS): „Spektakulär, kämpferisch, körperlich irrsinnig stark, ein netter Kerl, vom Speed her schnell, aber schlagbar."

Thierry Boutsen (1985 bei Arrows): „Unangenehm, weil er so unauffällig und blass, nicht richtig einzuschätzen war. Keiner hat richtig gewusst, wo er ihn hintun soll. Trotzdem war er im Prinzip sauschnell, ein Fuchs, der genau gewusst hat, wie es geht – nicht ganz einfach zu schlagen."

Teo Fabi (1986 bei Benetton): „Ein ganz netter, ruhiger Kerl, butterweich, kein ernsthafter Gegner, aber ein sympathischer Kerl. Zwei-, dreimal im Jahr auf schnellen Strecken mit schnellen Kurven wie Indy oder Zeltweg unschlagbar."

Michele Alboreto (1987/88 bei Ferrari): „Typischer Italiener. Stark und schnell, wenn er vorn war, aber sobald Druck aufkam oder es unangenehm wurde: schwächer geworden, eher stagnierend. Im Prinzip ein netter Kerl, auch an verschiedenen Tagen ganz flott unterwegs. Mir hat's leid getan, als er verunglückte. Noch 2001 wollte er zusammen mit Stefan Johansson und mir in Le Mans starten. Ich hab ihm abgesagt: Sorry, Michele, aber ich will nicht mehr riskieren, mir weh zu tun ..."

Nigel Mansell (1989/90 bei Ferrari): „Spektakulär, aber doch in einer anderen Liga als Senna oder Piquet. Zwar spektakulär, im Rennen sehr stark und kraftvoll, aber nicht schwierig zu schlagen. Was Nigel entgegenkam, war damals die schwere Lenkung, weil er so viel Kraft in den Armen hatte. Wir sind damals mit einer Hand am Lenkrad gefahren, einer Hand zum Schalten, ohne Servolenkung – die hatte ich überhaupt nie. Das war schon wesentlich schwieriger als heute. Mansell war okay, ein Löwe, ein Kämpfer – aber von der Perfektion nix gegen Senna."

Ayrton Senna (1990–92 bei McLaren): Haben wir schon besprochen.

Jean Alesi (1993–95 bei Ferrari, 1996/97 bei Benetton): „Mein längster Teamkollege. Auch wieder italienisches Blut, Sizilianer, aber mit französischer Mischung. Irrsinnig emotionell, unheimliche Reflexe, wirklich sauschnell unter gewissen Umständen, aber nicht konsequent, nicht ausdauernd. Dafür lustig, im Team eine Zeitbombe. Gestritten haben wir jeden Tag dreimal, aber mit dem Jean konntest du nie wirklich Krach haben, eher so, wie man mit seiner Frau streitet ..."

Alesi, das war ein ganz Besonderer. Mit seinen verärgerten Funksprüchen an die Box wie: „Habt ihr alle an der Boxenmauer Würstchen gegrillt statt gearbeitet?" Oder: „Die Ingenieure können alle nach Hause gehen, ab jetzt stimm ich mein Auto mit den Mechanikern ab." Oder: „Wenn ich das Prost-Auto in Avignon auf die Brücke stelle, krieg ich bessere CW-Werte als bei euch im Windkanal."

Berger-Alesi, das war die Neuauflage der Berger-Senna-Turbulenzen. Auf den 200 Metern Fahrt zur Teststrecke Fiorano schaffte es Gerhard mit Jean am Nebensitz, den von Jean Todt ausgeborgten Lancia aufs Kreuz zu legen. Alesi kletterte blutend durchs zertrümmerte Heckfenster ins Freie, Berger ließ das Wrack abschleppen und zudecken.

„Wo ist mein Auto?", fragte Jean Todt, als er später auf die Rennstrecke kam.

„Dort drüben", sagte Berger, „es hat nur einen kleinen Kratzer."

Aber solche Abenteuer sind ab 1993 in Maranello und Fiorano das kleinste Übel. „Die Ferrari", erinnert sich Heimkehrer Berger, „sind nicht einmal mehr Mittelfeldautos. Die ersten Testfahrten: absoluter Wahnsinn. Kein Getriebe funktioniert, keine Kupplung, Motorleistung ist keine da, und aerodynamisch ist das Auto auch nicht Ordnung."

Langsam dämmert ihm: „Es wird schwierig und mühsam, da wieder hochzukommen, die Durststrecke ist irrsinnig lang – aber ich hab die Herausforderung akzeptiert: nicht nur schnell fahren, sondern auch mithelfen, bei der Autoentwicklung die richtigen Schritte zu setzen. Und das zieh ich durch!"

Sogar gegen das typische Ferrari-Casino. Jeder zerrt in eine andere Richtung. John Barnard konstruiert für Millionengagen in seiner englischen Ferrari-Fabrik, und eifersüchtige italienische Ingenieure faxen ihm falsche Windkanaldaten. Die Folge sind lebensgefährliche Defekte und Materialbrüche auf den Rennstrecken – und dazu kommen echte Attentate der „active suspension" (aktive Radaufhängung): fast Mordanschläge des Computers.

Als Berger zu einem kurzen Boxenstopp hereinkommt, glaubt der Computer irrtümlich, das Rennen wäre beendet – und senkt den Ferrari ab. Als Gerhard wieder ins Rennen stürmt, hat sein Auto kaum Bodenfreiheit, setzt auf, schlittert bei der Boxenausfahrt im rechten Winkel über die Straße wie ein Geisterfahrer, fährt dem mit 300 km/h heranjagenden Pulk beinahe entgegen – und Derek Warwick verfehlt den Berger-Ferrari zum Glück um wenige Zentimeter.

Millionen vor den TV-Geräten halten den Atem an. Danach wird die „aktive Radaufhängung" Gott sei dank verboten: Die unfreiwilligen Testpuppen überleben.

Keiner darf sagen, Berger hätte in seiner zweiten Ferrari-Ära sein Geld leicht verdient. 1994 feiert er einen Start-Ziel-Triumph in Hockenheim – endlich. Auf der einzigen Grand-Prix-Strecke der Welt, auf der alle drei großen Formel-I-Österreicher gewonnen haben: Rindt, Lauda, Berger.

Ende 1995 holt Ferrari den Benetton-Doppelweltmeister Michael Schumacher. Und das Sensationelle dran: nicht statt Berger – sondern zusammen mit Berger! Eines der großen Formel-I-Geheimnisse: Wie knapp es trotz anfänglicher Animositäten an einem Ferrari-Superteam Schumi-Berger vorbeiging.

Jean Todt hat die Fäden gezogen: „Gerhard, red doch einmal mit dem Michael. Ich glaub, ihr zwei müsstet euch sehr gut verstehen ..."

Die Wahrheit: Berger hat für 1996, als schon Schumi in Maranello ist, immer noch einen fixen, gültigen Ferrari-Vertrag mit einer Ausstiegsklausel. Ferrari kann nicht aus dem Vertrag raus, aber Gerhard kann. Und diese Option zieht er auch durch – aber nicht wegen Schumacher.

„Der Grund ist zum Schluss ein blöder. Ich hab immer gesagt: Mit Schumacher ist alles okay, aber ich will den Renningenieur Ascanelli auf meinem Auto." Das lehnt Ferrari ab, will Ascanelli auch nicht das Schumi-Auto anvertrauen – der Ingenieur steht drüber.

Ferrari glaubt nie, dass Berger deswegen geht, aber der Tiroler bleibt stur und geht wirklich. Als Ferrari einlenkt, ist es zu spät. Eddie Irvine kommt, und Berger schenkt ihm zum Einstand „mein kleines Telefonbuch mit den Nummern von allen Mädels ..."

Und warum bist du nie für Williams gefahren – in manchen Jahren eine Garantie für den WM-Titel? „Ganz einfach: Weil Williams immer weniger Geld geboten hat als die anderen Teams. Aber ein paar Mal war's knapp."

Am knappsten nach dem Ciao bei Ferrari. Für 1996 verhandelt Berger parallel mit zwei Teams: Williams und Benetton. Gerhard und sein Rechtsberater fliegen nach England, um bei Williams zu unterschreiben, aber dann kommen Frank plötzliche Termine dazwischen – und später muss er Berger vertrösten: „Sorry, ich komm aus dem Vertrag mit Damon Hill nimmer raus."

Berger ist ein bissl sauer: Hätte das Frank Williams nicht früher checken können, dass er mit Hill und Villeneuve fahren muss? Dann hätte man sich all die Gespräche sparen können.

Also unterschreibt er jetzt für Benetton, als Schumacher-Nachfolger. Aber kaum ist die Tinte unter dem 2-Jahres-Vertrag trocken, ruft ihn wieder Williams an: „Gerhard, ich will jetzt doch, dass du für mich fährst!" Dann passiert Hill ein wirklich schlechtes Rennen in Suzuka: nur 4. Startplatz, eine Stop-and-go-Strafe im Rennen, dann im Regen rausgeflogen – alles nicht so grandios.

„Frank ist richtig angefressen, kommt nachher zu mir und sagt: Ich muss mit dir reden. Ich will mit Hill nimmer weiterfahren!" Williams und Berger verabreden: Wir treffen uns auf dem Weg zum Australien-Grand Prix auf Hamilton Island – und verhandeln.

Berger zu Williams: die Fahrkarte zum WM-Titel! „Leider mach ich einen Fehler. Ich sag zu Frank: Ich hab schon bei Benetton unterschrieben, muss das also jetzt aussortieren – ich red mit Flavio Briatore, ob er mich freigibt." Besser wäre gewesen: Berger unterschreibt bei Williams und sagt zu Frank: „Geh bitte damit zu Flavio, kauf mich aus dem Benetton-Vertrag aus", ein bissl Bakschisch – das wäre der richtige Weg gewesen.

So aber – ohne Williams-Vertrag – verlangt Briatore irrsinniges Geld, und damit ist das faszinierende Projekt gestorben. Hill darf bei Williams bleiben und wird 1996 mühelos Weltmeister vor Villeneuve in seiner ersten Formel-I-Saison. Die Williams gewinnen 12 von 16 Rennen. Blöd gelaufen, Gerhard.

„Die zwei Benetton-Jahre", sagt er heute, „hätte ich mir eigentlich sparen können. Weder hat es Spaß gemacht noch war ich weiß Gott wie erfolgreich. Schumacher war weg und hat die guten Leute mitgenommen, bis auf Ross Brawn – aber der war auch schon am Sprung zu Ferrari. Es ist wahnsinnig schwer, dem Rest der Mannschaft zu sagen: Ihr seids nimmer gut – umgekehrt denken sie: Wir hatten zuerst den Schumacher und gewonnen, jetzt haben wir den Berger und Alesi und gewinnen nix …"

Zu erklären: Ihr hattet früher ein besseres Auto, und der Konstrukteur Rory Byrne bringt auch nichts: automatisch viele Diskussionen. Keine gute Zeit.

Aber fairerweise gibt Berger auch zu: „Ich war 1997 schon ziemlich ausgebrannt, einfach leer nach 14 Jahren Druck in der Formel I." Dazu kamen gesundheitliche Probleme, die Probleme des Vaters – und der fürchterliche Schock: Vater Berger mit seinem Privatflugzeug tödlich abgestürzt.

Wie Gerhard das erste Rennen danach – Hockenheim – mit Poleposition gewinnen konnte, ist heute noch für alle ein Wunder: Schon allein die Poleposition ist eine Sensation. „Aber da oben im Himmel", sagt Gerhard leise, „ist jemand, der auf mich Acht gibt." Manchmal ist nicht mit normalen Maßstäben zu messen, was in der Formel I passiert. „Ich hab an meinen Vater gedacht und im Cockpit geweint." Im Rennen ist Fisichella sein großer Gegner – bis dessen Hinterreifen explodiert. Berger erlebt seinen emotionellsten Sieg, wischt sich auf dem Siegerpodest die Tränen aus den Augen: „Irgendjemand da oben hat mir geholfen", sagt er leise und dankbar.

Hockenheim ist der letzte seiner zehn Grand-Prix-Siege.

Im Spätsommer 1997 redet Gerhard Berger noch mit McLaren, hört aber dort: „Wir behalten unsere zwei Fahrer." Also ist ihm klar: „Damit hab ich keine Möglichkeit mehr zu verhandeln." Aber dafür hätte er in Jerez beinahe den 210. und letzten Grand Prix seines Lebens gewonnen, hätten Villeneuve, Hakkinen und Coulthard über Funkbefehl noch ein bissl länger wegen ihrer Positionen gemauschelt. Nur 1,9 Sekunden zurück, wird Berger Vierter.

Bergers Wechsel auf die andere Seite der Leitplanken war logisch: BMW. „Mit den Bayern war ich immer stark verbunden, da war immer mein Herz dabei. Schon als aktiver Rennfahrer." Dr. Bernd Pischetsrieder, heute der Piech-Nachfolger als großer VW-Chef, hatte die Idee – und dann präsentierte BMW in einem Trommelfeuer von Mikros, Kameras und im Blitzlichtgewitter den „Direktor Berger".

„Gut, dass der Gerhard in seiner Pension auch etwas zu tun hat – sonst wär ihm ja fad", blödelte Niki Lauda damals. Aber Gerhard zeigte allen ab sofort: Er ist alles andere als ein Frühstücksdirektor.

„Wie geht's dem Gerhard?", fragte mich Luca Montezemolo oft.

Er arbeitet, antwortete ich.

„Impossibile! Unmöglich, das gibt's doch gar nicht", wunderte sich der Ferrari-Präsident.

Aber dank Berger gewann BMW schon im ersten Jahr die 24 Stunden von Le Mans. 2000 begann die Formel-I-Ehe Williams-BMW – mit einem 3. Platz von Ralf Schumacher gleich im Premierenrennen in Melbourne. Und als „Schumi II" ein Jahr später in Imola den ersten Grand Prix für die neue anglo-deutsche Partnerschaft gewann, kam McLaren-Besitzer Mansour Ojjeh ins BMW-Motorhome gratulieren.

„Gerhard, wieso hab ich dich diesen Winter nie am Arlberg gesehen?", fragte Mansour. Darauf Gerhard: „Weil ich keine Zeit zum Skilaufen hatte, sondern nonstop gearbeitet hab – um dich zu besiegen!"

Heute darf Berger stolz sein, was er draus gemacht hat. „Bin ich auch. Es war sicher keine einfache Geschichte. Mit vielen Stolpersteinen, die in der Öffentlichkeit nicht bekannt sind. Irgendwie bin ich da ganz gut herumgekommen, hab mich ganz gut eingefügt, fühl mich wohl dabei."

Berger mit Montoya: „Juan-Pablo ist so aggressiv wie Mike Tyson – und seine Wagenkontrolle ist fantastisch."

Wenn Rennfahren und Gewinnen von Rennen das Schönste an deinem Beruf ist – muss dann nicht das Zweitschönste sein, als Teamchef zu gewinnen? „Wenn ich die Uhr zurückdrehen und wieder Rennfahrer sein könnte – das wär das Allerschönste. Aber mein BMW-Job ist auch etwas sehr Schönes. Schön und schwierig – das hat man ja beim Niki gesehen. Eine Aufgabe, bei der du viel Kopfweh kriegst. Aber wenn es einfach wäre, würde es ja jeder machen."

Viele staunen über Berger. Der Tiroler Bersch, der nur die Hauptschule gemacht hat, parliert mit Industriegiganten und Konzernchefs auf Englisch, kapiert rasch, reagiert blitzartig. Rhetorikkurse oder Ähnliches hat er nie gemacht. „Ich hab aber immer versucht, zu erkennen, wo gute Leute sind, und daraus zu lernen." Biographien großer Unternehmer hat er nie gelesen. „Aber mir gefallen die Unterschiede. Einerseits mag ich die Welt, in der kontrollierte Prozesse ablaufen – wie bei BMW mit 100.000 Angestellten – aber genauso faszinieren mich Unternehmertypen wie Ecclestone, der aus dem Bauch heraus, unvorbereitet, blitzschnell Entscheidungen trifft, die einen Haufen Geld in die Kassa spielen."

Sein Führungsstil ist traditionell, nicht revolutionär.

Arbeitest du viel mit dem Computer?

„Fast überhaupt nicht, nur ganz wenig. Das ist nicht meine Generation, da tu ich mir schwer. Klingt zwar blöd, aber ich würde es gern beherrschen – nur bin ich ein Gewohnheitstier, ich hab immer noch am liebsten meine alte Zettelwirtschaft, Papier und Bleistift …"

Dr. Mario Theissen, sein kongenialer Partner, ist da fortschrittlicher – und zusammen sind die beiden unschlagbar. Beweis: Monza 2002. Zum ersten Mal schaffte ein Motor 19.050 U/min, und Juan Pablo Montoya fuhr die schnellste Formel I-Runde aller Zeiten. Der BMW-Motor bleibt das Maß aller Dinge. „Aber ab 19.000 U/min werden bereits alle zehn weiteren Umdrehungen eine Wissenschaft für sich. Und 20.000 U/min sind noch lang nicht realistisch."

Gerhard Berger heute: Lebt als solider, cleverer Businessman in Monte Carlo. Büro im 10. Stock des vornehmen „Gildo Pastor Center" in Fontvieille, Türnummer 09, Nachbar Keke Rosberg, im Lift ist leise und dezent Frank Sinatra zu hören.

Das Büro ist sehr hell, sehr elegant. In der Glasvitrine: Mini-Modelle aller Rennautos, die Berger je gefahren ist. Vielseitig, mit vielen Interessen und Visionen und einem enorm guten Herz: Das ist der Berger, den nicht alle kennen. Weihnachten 2002 stand die Transportfirma seiner Eltern, „in der ich aufgewachsen, der ich immer emotionell verbunden bin", vorm Konkurs. „Bitte, hilf uns", kam ein Hilferuf an Berger, den Hauptaktionär. Gerhard kämpfte, verhandelte, um die fehlende zweistellige Euro-Millionensumme aufzutreiben – und legte noch einen Tag vor Weihnachten aus eigener Tasche 100.000 Euro für die 600 Mitarbeiter auf den Tisch, „weil mir allein der Gedanke weh tut, dass vielleicht einige Kinder unter dem Christbaum kein Packerl finden könnten."

Glückliche Familien, strahlende Kinderaugen waren der Dank. „Ich bin selber erleichtert und sehr happy." Mit einem Grand-Prix-Sieg nicht zu vergleichen. „Da geht's zwar auch um Emotionen, aber jetzt viel mehr um Menschen."

Wie sogar in der Formel I – bei all der hochgestochenen Technik.

Berger war immer klar, „dass es sehr schwer ist, von der Formel I loszulassen." Darum warteten alle auf die Fortsetzung der Erfolgsformel: BMW-Berger macht weiter.

Aber es kam anders. Plötzlich wurden die Schatten länger. Gerhards Mutter war im Winter gestorben, seinem Freund Barry Sheene – zweifacher Motorrad-Weltmeister und Zweirad-Superstar – ging es immer schlechter. Der Engländer war längst mit Familie nach Australien ausgewandert. Jahrelang bildete er dort mit Ex-Beatle George Harrison und Gerhard – wann immer der Tiroler „downunder" auftauchte – ein „Trio Infernal".

Dann starb Harrison und Barry litt seit Frühsommer 2002 an Krebs.

Berger flog extra vorzeitig zum ersten Grand Prix 2003 nach Australien, um Sheene noch ein letztes Mal zu besuchen, aber der Freund bat ihn am Telefon: „Gerhard, es ist besser, wenn wir uns nicht mehr sehen. Machs gut und arbeite nicht zu viel. Genieß Dein Leben, so gut du nur kannst, es kann oft kürzer sein als man glaubt."

Berger erzählte mir betrübt, welches Vermächtnis ihm Sheene mitgegeben hatte. Tags darauf erklärte er seinen „schrittweisen Rückzug" bis September. Drei Tage später starb Sheene, 52-jährig.

Gerhard Berger: Stationen seiner Karriere

1981: Tourenwagen: 1. EC-Lauf Österreichring auf Alfasud. 7. EC Alfasud.
1982: Formel III: 3. Wunstorf, 2. Hockenheim auf Martini. - 3. deutsche Meisterschaft Formel III.
1983: Formel-III-EM auf Ralt Toyota: 3. Zolder, 6. Magny-Cours, 2. Österreichring, 7. Misano, 2. Knutstorp, 6. Imola. 8. Formel-III-EM. - 1. Bergrennen Alpl, 3. Macao.
1984: Formel-III-EM auf Ralt Alfa: 4. Donington, 4. Zolder, 7. Magny-Cours, 3. La Chatre. 1. Österreichring, 2. Monaco, 4. Silverstone, 3. Nürburgring, 1. Monza, 3. Pergusa, 2. Mugello, 3. Nogaro. - Tourenwagen: 8. Salzburgring mit Ravaglia auf BMW. - Formel I auf ATS BMW: 12. Österreichring, 6. Monza, 13. Estoril.
1985: Formel I auf Arrows BMW: 13. Montreal, 11. Detroit, 8. Silverstone, 7. Nürburgring, 9. Zandvoort, 7. Spa, 10. Brands Hatch, 5. Kyalami, 6. Adelaide. WM-17. mit 3 Punkten. - Tourenwagen-EM: 3. Brünn, 4. Estoril jeweils mit Ravaglia auf BMW, 1. 24 Stunden Spa mit Ravaglia und Surer auf BMW.

GENIESS DEIN LEBEN, GERHARD

1986: Formel I auf Benetton BMW: 6. Rio, 6. Jerez, 3. Imola (erster Podestplatz), 10. Spa, 10. Hockenheim (erstmals schnellste Runde), 7. Österreichring, 5. Monza, 1. Mexico City (erster Sieg). WM-7. mit 17 Punkten. - Tourenwagen-EM: 2. Donington, 1. Misano, 6. Brünn, 1. Nogaro, 2. Zolder jeweils mit Ravaglia auf BMW, 3. Spa mit Ravaglia und Pirro.
1987: Formel I auf Ferrari: 4. Rio, 4. Monaco, 4. Detroit, 4. Monza, 2. Estoril (erste Poleposition), 1. Suzuka, 1. Adelaide. WM-5. mit 36 Punkten.
1988: Formel I auf Ferrari: 2. Rio, 5. Imola, 2. Monaco, 3. Mexico City, 4. Le Castellet, 9. Silverstone, 3. Hockenheim, 4. Budapest, 1. Monza, 6. Jerez, 4. Suzuka. WM-3. mit 41 Punkten.
1989: Formel I auf Ferrari: Feuerunfall in Imola, 2. Monza, 1. Estoril, 2. Jerez. WM-7. mit 21 Punkten.
1990: Formel I auf McLaren-Honda: 2. Interlagos, 2. Imola, 3. Monaco, 4. Montreal, 3. Mexico City, 5. Le Castellet, 3. Hockenheim, 16. Budapest, 3. Spa, 3. Monza, 4. Estoril, 4. Adelaide. WM-4. mit 43 Punkten.
1991: Formel I auf McLaren-Honda: 3. Interlagos, 2. Imola, 2. Silverstone, 4. Hockenheim, 4. Budapest, 2. Spa, 4. Monza, 1. Suzuka, 3. Adelaide. WM-4. mit 43 Punkten.
1992: Formel I auf McLaren-Honda: 5. Kyalami, 4. Mexico City, 4. Barcelona, 1. Montreal, 5. Silverstone, 3. Budapest, 4. Monza, 2. Estoril, 2. Suzuka, 1. Adelaide. WM-5. mit 49 Punkten.
1993: Formel I auf Ferrari: 6. Barcelona, 14. Monaco, 4. Montreal, 14. Magny-Cours, 6. Hockenheim, 3. Budapest, 10. Spa, 5. Adelaide. WM-8. mit 12 Punkten.
1994: Formel I auf Ferrari: 2. Aida, 3. Monaco, 4. Montreal, 3. Magny-Cours, 1. Hockenheim, 12. Budapest, 2. Monza, 5. Jerez, 2. Adelaide. WM-3. mit 41 Punkten.
1995: Formel I auf Ferrari: 3. Interlagos, 6. Buenos Aires, 3. Imola, 3. Barcelona, 3. Monaco, 12. Magny-Cours, 3. Hockenheim, 3. Budapest, 4. Estoril, 4. Aida. WM-6. mit 31 Punkten.
1996: Formel I auf Benetton-Renault: 4. Melbourne, 9. Nürburgring, 3. Imola, 4. Magny-Cours, 2. Silverstone, 13. Hockenheim, 6. Spa, 6. Estoril, 4. Suzuka. WM-6. mit 21 Punkten.
1997: Formel I auf Benetton Renault: 4. Melbourne, 2. Interlagos, 6. Buenos Aires, 9. Monaco, 10. Barcelona, drei GP ausgelassen wegen Kieferhöhlenoperation, 1. Hockenheim, 8. Budapest, 6. Spa, 7. Monza, 10. Österreichring, 4. Nürburgring, 8. Suzuka, 4. Jerez. WM-5. mit 27 Punkten. Ab 1998 BMW Motorsportdirektor.

GERHARD BERGER:
210 GP, 10 Siege, 12 Polepositions, 21 schnellste Runden, 385 WM-Punkte, 696 Runden = 3.461 km in Führung.

Rennen	Startplatz	Auto	Rennergebnis/Ausfallsgrund
1984			
Zeltweg	20	ATS D 7-BWM Turbo	ausgefallen, 3 Runden hinter Lauda - Getriebeschaden
Monza	20	ATS D 7-BWM Turbo	6. Platz, 2 Runden hinter Lauda, erster WM-Punkt
Nürburgring	18	ATS D 7-BWM Turbo	ausgefallen - Unfall mit Surer
Estoril	23	ATS D 7-BWM Turbo	13. Platz, 2 Runden hinter Prost
1985			
Rio	19	Arrows A 8-BMW Turbo	ausgefallen - Aufhängung gebrochen
Estoril	17	Arrows A 8-BMW Turbo	ausgefallen - Dreher
Imola	10	Arrows A 8-BMW Turbo	ausgefallen - Motor-Elektrik
Monte Carlo	11	Arrows A 8-BMW Turbo	ausgefallen - Unfallschaden
Montreal	12	Arrows A 8-BMW Turbo	13. Platz, 3 Runden hinter Alboreto

Detroit	24	Arrows A 8-BMW Turbo	11. Platz, 3 Runden hinter Rosberg
Le Castellet	9	Arrows A 8-BMW Turbo	ausgefallen – Unfall mit Martini
Silverstone	17	Arrows A 8-BMW Turbo	8. Platz, 2 Runden hinter Prost
Nürburgring	17	Arrows A 8-BMW Turbo	7. Platz, 1 Runde hinter Alboreto
Zeltweg	17	Arrows A 8-BMW Turbo	ausgefallen – Turboschaden
Zandvoort	14	Arrows A 8-BMW Turbo	9. Platz, 2 Runden hinter Lauda
Monza	11	Arrows A 8-BMW Turbo	ausgefallen – Motorschaden
Spa	8	Arrows A 8-BMW Turbo	7. Platz, 1 Runde hinter Senna
Brands Hatch	19	Arrows A 8-BMW Turbo	10. Platz, 2 Runden hinter Mansell
Kyalami	11	Arrows A 8-BMW Turbo	5. Platz, 1 Runde hinter Mansell
Adelaide	7	Arrows A 8-BMW Turbo	6. Platz, 1 Runde hinter Rosberg

1986

Rio	16	Benetton B 186-BMW Turbo	6. Platz, Elektrikprobleme, 2 Runden hinter Piquet
Jerez	7	Benetton B 186-BMW Turbo	6. Platz, 1 Runde hinter Senna
Imola	9	Benetton B 186-BMW Turbo	3. Platz, erstmals auf dem Podest, 1 Runde hinter Prost
Monte Carlo	5	Benetton B 186-BMW Turbo	ausgefallen – Radmutterschaden
Spa	2	Benetton B 186-BMW Turbo	10. Platz, ohne Kupplung, 2 Runden hinter Mansell
Montreal	7	Benetton B 186-BMW Turbo	ausgefallen – Turboschaden, kein Ladedruck
Detroit	12	Benetton B 186-BMW Turbo	ausgefallen – Motoraussetzer
Le Castellet	8	Benetton B 186-BMW Turbo	ausgefallen – Getriebeschaden
Brands Hatch	4	Benetton B 186-BMW Turbo	ausgefallen – Elektrik
Hockenheim	4	Benetton B 186-BMW Turbo	10. Platz, 2 Runden hinter Piquet, langer Boxenstopp, schnellste Runde
Budapest	11	Benetton B 186-BMW Turbo	ausgefallen – Benzinleck, Kraftübertragung
Zeltweg	2	Benetton B 186-BMW Turbo	7. Platz, führte bis zum Boxenstopp, dann leere Batterie, 3 Runden hinter Prost, schnellste Runde
Monza	4	Benetton B 186-BMW Turbo	5. Platz, 1 Runde hinter Piquet
Estoril	4	Benetton B 186-BMW Turbo	ausgefallen – Dreher nach Kollision mit Johansson
Mexiko City	4	Benetton B 186-BMW Turbo	1. Platz und Sieg, 25,438 sec vor Prost

1987

Rio	7	Ferrari F187 V6 Turbo	4. Platz, 1:39,235 min hinter Prost
Imola	6	Ferrari F187 V6 Turbo	ausgefallen – Elektrik
Spa	4	Ferrari F187 V6 Turbo	ausgefallen – Turboschaden
Monte Carlo	8	Ferrari F187 V6 Turbo	4. Platz, 1 Runde hinter Senna
Detroit	12	Ferrari F187 V6 Turbo	4. Platz, 1:02,601 min hinter Senna
Le Castellet	6	Ferrari F187 V6 Turbo	ausgefallen – Dreher, Aufhängung gebrochen
Silverstone	8	Ferrari F187 V6 Turbo	ausgefallen – Dreher
Hockenheim	10	Ferrari F187 V6 Turbo	ausgefallen – Turboschaden
Budapest	2	Ferrari F187 V6 Turbo	ausgefallen – Differenzialschaden
Zeltweg	3	Ferrari F187 V6 Turbo	ausgefallen – Turboschaden
Monza	3	Ferrari F187 V6 Turbo	4. Platz, 57,979 sec hinter Piquet
Estoril	1	Ferrari F187 V6 Turbo	2. Platz, 20,493 sec hinter Prost, in Führung liegend gedreht, schnellste Runde

Jerez	3	Ferrari F187 V6 Turbo	ausgefallen – kaputter Ölkühler, Motorschaden, schnellste Runde
Mexiko City	2	Ferrari F187 V6 Turbo	ausgefallen – Motorschaden
Suzuka	1	Ferrari F187 V6 Turbo	1. Platz, 1:17,384 min vor Senna
Adelaide	1	Ferrari F187 V6 Turbo	1. Platz, 1:07,884 min vor Alboreto, schnellste Runde

1988

Rio Ferrari	4	Ferrari F1 87/88 C V 6	2. Platz, 9,873 sec hinter Prost, schnellste Runde
Imola	5	Ferrari F1 87/88 C V 6	5. Platz, 1 Runde hinter Senna, Leistungsverlust des Motors
Monte Carlo	3	Ferrari F1 87/88 C V 6	2. Platz, 20,453 sec hinter Prost
Mexiko City	3	Ferrari F1 87/88 C V 6	3. Platz, 57,314 sec hinter Prost
Montreal	3	Ferrari F1 87/88 C V 6	ausgefallen – Elektrikprobleme, Motorschaden
Detroit	2	Ferrari F1 87/88 C V 6	ausgefallen – Reifenschaden
Le Castellet	3	Ferrari F1 87/88 C V 6	4. Platz, 1 Runde hinter Prost
Silverstone	1	Ferrari F1 87/88 C V 6	9. Platz, Sprit ausgegangen, 1 Runde hinter Senna
Hockenheim	3	Ferrari F1 87/88 C V 6	3. Platz, 52,095 sec hinter Senna
Budapest	9	Ferrari F1 87/88 C V 6	4. Platz, 1:28,670 min hinter Senna
Spa	3	Ferrari F1 87/88 C V 6	ausgefallen – Elektrikdefekt, schnellste Runde
Monza	3	Ferrari F1 87/88 C V 6	1. Platz, 0,502 sec vor Alboreto
Estoril	4	Ferrari F1 87/88 C V 6	ausgefallen – Dreher, Feuerlöscher von selbst losgegangen, schnellste Runde
Jerez	8	Ferrari F1 87/88 C V 6	6. Platz, zusätzlicher Reifenwechsel-Boxenstopp, Sprit knapp
Suzuka	3	Ferrari F1 87/88 C V 6	4. Platz, 1:26,714 min hinter Senna
Adelaide	4	Ferrari F1 87/88 C V 6	ausgefallen – Unfall mit Arnoux

1989

Rio	3	Ferrari 640 V 12	ausgefallen – Kollision mit Senna
Imola	5	Ferrari 640 V 12	ausgefallen – schwerer Unfall in der Tamburello-Kurve, Feuer
Mexiko City	6	Ferrari 640 V 12	ausgefallen – Kraftübertragung
Phoenix	8	Ferrari 640 V 12	ausgefallen – Lichtmaschinenschaden
Montreal	4	Ferrari 640 V 12	ausgefallen – Riemen der Lichtmaschine gerissen
Le Castellet	6	Ferrari 640 V 12	ausgefallen – Getriebeschaden
Silverstone	4	Ferrari 640 V 12	ausgefallen – Getriebeschaden
Hockenheim	4	Ferrari 640 V 12	ausgefallen – Reifenschaden, Unfall
Spa	3	Ferrari 640 V 12	ausgefallen – Dreher
Monza	2	Ferrari 640 V 12	2. Platz, 7,326 sec hinter Prost
Estoril	2	Ferrari 640 V 12	1. Platz, 32,637 sec vor Prost, schnellste Runde
Jerez	2	Ferrari 640 V 12	2. Platz, 27,051 sec hinter Senna
Suzuka	3	Ferrari 640 V 12	ausgefallen – Getriebe-Elektrikprobleme
Adelaide	14	Ferrari 640 V 12	ausgefallen – Kollision mit Alliot

1990

Phoenix	1	McLaren MP 4/5 B Honda V 10	ausgefallen – Dreher, Boxenstopp, Kupplungsschaden, schnellste Runde
Interlagos	2	McLaren MP 4/5 B Honda V 10	2. Platz, 13,564 sec hinter Prost

Imola	2	McLaren MP 4/5 B Honda V 10	2. Platz, 5,117 sec hinter Patrese, schnellste Runde
Monte Carlo	5	McLaren MP 4/5 B Honda V 10	3. Platz, 2,073 sec hinter Senna
Montreal	2	McLaren MP 4/5 B Honda V 10	4. Platz, eine Strafminute wegen Frühstarts, schnellste Runde, nur 14,854 sec hinter Senna
Mexiko City	1	McLaren MP 4/5 B Honda V 10	3. Platz, 25,530 sec hinter Prost, Reifenwechsel-Boxenstopp
Le Castellet	2	McLaren MP 4/5 B Honda V 10	5. Platz, 42,219 sec hinter Prost, Reifenwechsel-Boxenstopp, 1. Gang verloren
Silverstone	3	McLaren MP 4/5 B Honda V 10	14. Platz, Gaszug gebrochen, 4 Runden hinter Prost
Hockenheim	2	McLaren MP 4/5 B Honda V 10	3. Platz, 8,553 sec hinter Senna
Spa	2	McLaren MP 4/5 B Honda V 10	3. Platz, 28,462 sec hinter Senna, Reifenwechsel-Boxenstopp
Budapest	3	McLaren MP 4/5 B Honda V 10	16. Platz, Kollision mit Mansell 5 Runden vor Schluss
Monza	3	McLaren MP 4/5 B Honda V 10	3. Platz, 7,404 sec hinter Prost, Reifenwechsel-Boxenstopp, Bremsprobleme
Estoril	4	McLaren MP 4/5 B Honda V 10	4. Platz, 5,896 sec hinter Prost, Reifenwechsel-Boxenstopp
Jerez	5	McLaren MP 4/5 B Honda V 10	ausgefallen – Kollision mit Boutsen
Suzuka	4	McLaren MP 4/5 B Honda V 10	ausgefallen – Dreher nach Kollision mit Senna/Prost
Adelaide	2	McLaren MP 4/5 B Honda V 10	4. Platz, 46,862 sec hinter Piquet, Reifenwechsel-Boxenstopp, Krämpfe

1991

Phoenix	7	McLaren MP 4/6 Honda V 12	ausgefallen – Benzinpumpe
Interlagos	4	McLaren MP 4/6 Honda V 12	3. Platz, 5,416 sec hinter Senna
Imola	5	McLaren MP 4/6 Honda V 12	2. Platz, 1,675 sec hinter Senna, schnellste Runde
Monte Carlo	6	McLaren MP 4/6 Honda V 12	ausgefallen – Unfall
Montreal	6	McLaren MP 4/6 Honda V 12	ausgefallen – Elektrikprobleme
Mexiko City	5	McLaren MP 4/6 Honda V 12	ausgefallen – Motor überhitzt
Silverstone	4	McLaren MP 4/6 Honda V 12	2. Platz, 42,293 sec hinter Mansell, Reifenwechsel-Boxenstopp wegen Vibrationen
Hockenheim	3	McLaren MP 4/6 Honda V 12	4. Platz, 32,651 sec hinter Mansell
Budapest	5	McLaren MP 4/6 Honda V 12	4. Platz, 21,856 sec hinter Senna
Spa	4	McLaren MP 4/6 Honda V 12	2. Platz, 1,901 sec hinter Senna
Monza	3	McLaren MP 4/6 Honda V 12	4. Platz, 27,719 sec hinter Mansell
Estoril	2	McLaren MP 4/6 Honda V 12	ausgefallen – Motorschaden
Jerez	1	McLaren MP 4/6 Honda V 12	ausgefallen – Motor-Ventilschaden
Suzuka	1	McLaren MP 4/6 Honda V 12	1. Platz, 0,344 sec vor Stallkollegen Senna
Adelaide	2	McLaren MP 4/6 Honda V 12	3. Platz, 5,120 sec hinter Senna, Rennen wegen Regens abgebrochen, schnellste Runde

1992

Kyalami	3	McLaren MP 4/6 B Honda V 12	5. Platz, 1:13,634 min hinter Mansell
Mexiko City	5	McLaren MP 4/6 B Honda V 12	4. Platz, 33,347 sec hinter Mansell, schnellste Runde
Interlagos	4	McLaren MP 4/6 B Honda V 12	ausgefallen – aus der Box gestartet, Motor überhitzt
Barcelona	7	McLaren MP 4/6 B Honda V 12	4. Platz, 1:20,647 min hinter Mansell
Imola	4	McLaren MP 4/6 B Honda V 12	ausgefallen – Kollision mit Alesi
Monte Carlo	5	McLaren MP 4/6 B Honda V 12	ausgefallen – Getriebeschaden
Montreal	4	McLaren MP 4/6 B Honda V 12	1. Platz trotz Getriebeproblemen, 12,401 sec vor M. Schumacher, schnellste Runde

Magny-Cours	4	McLaren MP 4/6 B Honda V 12	ausgefallen – Motorschaden
Silverstone	5	McLaren MP 4/6 B Honda V 12	5. Platz, 55,795 sec hinter Mansell
Hockenheim	4	McLaren MP 4/6 B Honda V 12	ausgefallen – Fehlzündungen, zwei Boxenstopps
Budapest	5	McLaren MP 4/6 B Honda V 12	3. Platz, 50,782 sec hinter Senna
Spa	6	McLaren MP 4/6 B Honda V 12	ausgefallen – Kraftübertragungsdefekt beim Start
Monza	5	McLaren MP 4/6 B Honda V 12	4. Platz, 1:25,490 min hinter Senna, aus der Box gestartet, Reifenwechsel-Boxenstopp
Estoril	4	McLaren MP 4/6 B Honda V 12	2. Platz, 37,533 sec hinter Mansell, vor Senna
Suzuka	4	McLaren MP 4/6 B Honda V 12	2. Platz, 13,729 hinter Patrese
Adelaide	4	McLaren MP 4/6 B Honda V 12	1. Platz, 0741 sec vor M. Schumacher, frühzeitiger taktischer Reifenwechsel-Boxenstopp

1993

Kyalami	15	Ferrari F 93 A V 12	als 6. gewertet – Motorschaden, 3 Runden hinter Prost
Interlagos	13	Ferrari F 93 A V 12	ausgefallen – Kollision mit Andretti in der 1. Runde
Donington	8	Ferrari F 93 A V 12	ausgefallen – Leck in der aktiven Radaufhängung
Imola	8	Ferrari F 93 A V 12	ausgefallen – Getriebeschaden
Barcelona	11	Ferrari F 93 A V 12	6. Platz, 1 Runde hinter Prost
Monte Carlo	7	Ferrari F 93 A V 12	als 14. gewertet – Kollision mit Hill 8 Runden vor Schluss,
Montreal	5	Ferrari F 93 A V 12	4. Platz, 1 Runde hinter Prost
Magny Cours	14	Ferrari F 93 A V 12	14. Platz, 2 Runden hinter Prost, Probleme mit der aktiven Radaufhängung
Silverstone	13	Ferrari F 93 A V 12	ausgefallen – aktive Radaufhängung defekt
Hockenheim	9	Ferrari F 93 A V 12	6. Platz, 1:31,516 min hinter Prost
Budapest	6	Ferrari F 93 A V 12	3. Platz, 1:18,042 min hinter Hill
Spa	16	Ferrari F 93 A V 12	als 10. gewertet – Kollision mit Brundle 2 Runden vor Schluss
Monza	5	Ferrari F 93 A V 12	ausgefallen – aktive Radaufhängung defekt
Estoril	8	Ferrari F 93 A V 12	ausgefallen – aktive Radaufhängung defekt bei der Boxenausfahrt, Dreher gegen die Fahrtrichtung, knapp an schwerem Unfall vorbei
Suzuka	5	Ferrari F 93 A V 12	ausgefallen – Motorschaden
Adelaide	6	Ferrari F 93 A V 12	5. Platz, 1 Runde hinter Senna

1994

Interlagos	17	Ferrari 412T 1-V 12	ausgefallen – Leck im pneumatisch gesteuerten Ventilsystem
Aida	5	Ferrari 412T 1-V 12	2. Platz, 1:15, 300 min hinter M. Schumacher
Imola	3	Ferrari 412T 1-V 12	aufgegeben – führte nach zweitem Start, wegen Senna-Unfalls freiwillig Rennen beendet
Monte Carlo	3	Ferrari 412T 1-V 12	3. Platz, 1:16,824 min hinter M. Schumacher
Barcelona	7	Ferrari 412T 1-V 12	ausgefallen – Getriebeschaden
Montreal	3	Ferrari 412T 1-V 12	4. Platz, 1:15,609 min hinter M. Schumacher
Magny Cours	5	Ferrari 412T 1 B-V 12	3. Platz, 52,765 sec hinter M. Schumacher
Silverstone	3	Ferrari 412T 1 B-V 12	ausgefallen – Motorschaden
Hockenheim	1	Ferrari 412T 1 B-V 12	1. Platz, 54,779 sec vor Panis

Budapest	4	Ferrari 412T 1 B-V 12	als 12. gewertet – Motorschaden 5 Runden vor Schluss
Spa	11	Ferrari 412T 1 B-V 12	ausgefallen – Motorschaden
Monza	2	Ferrari 412T 1 B-V 12	2. Platz, 4,930 sec hinter Hill
Estoril	1	Ferrari 412T 1 B-V 12	ausgefallen – Kraftübertragung

1995

Hockenheim	4	Ferrari 412T 1 B-V 12	1. Platz

1996

Melbourne	7	Benetton B197-Renault V10	4. Platz
Interlagos	8	Benetton B197-Renault V10	ausgefallen – defekte Getriebedynamik
Buenos Aires	5	Benetton B197-Renault V10	ausgefallen – gebrochene Radaufhängung
Nürburgring	8	Benetton B197-Renault V10	9. Platz
Imola	7	Benetton B197-Renault V10	3. Platz
Monte Carlo	4	Benetton B197-Renault V10	ausgefallen – Getriebeschaden
Barcelona	5	Benetton B197-Renault V10	ausgefallen – Dreher, Getriebeschaden wegen Kurzschlusses
Montreal	7	Benetton B197-Renault V10	ausgefallen – Dreher
Magny Cours	4	Benetton B197-Renault V10	4. Platz
Silverstone	7	Benetton B197-Renault V10	2. Platz
Hockenheim	2	Benetton B197-Renault V10	ausgefallen – Motorschaden, lag auf Platz 1
Budapest	6	Benetton B197-Renault V10	ausgefallen – Druckverlust, Getriebe- und Hydraulikschaden
Spa	5	Benetton B197-Renault V10	6. Platz
Monza	8	Benetton B197-Renault V10	ausgefallen – Druckverlust, Getriebe- und Hydraulikschaden
Estoril	5	Benetton B197-Renault V10	6. Platz
Suzuka	4	Benetton B197-Renault V10	4. Platz

1997

Melbourne	10	Benetton B197-Renault V10	4. Platz
Interlagos	3	Benetton B197-Renault V10	2. Platz
Buenos Aires	12	Benetton B197-Renault V10	6. Platz
Imola	11	Benetton B197-Renault V10	ausgefallen – Dreher, lag an 18. Stelle
Monte Carlo	17	Benetton B197-Renault V10	9. Platz
Barcelona	6	Benetton B197-Renault V10	10. Platz
Hockenheim	1	Benetton B197-Renault V10	1. Platz, Sieg aus Polepostition
Budapest	7	Benetton B197-Renault V10	8. Platz
Spa	15	Benetton B197-Renault V10	6. Platz
Monza	7	Benetton B197-Renault V10	7. Platz
Spielberg	18	Benetton B197-Renault V10	10. Platz, aus der Box gestartet
Nürburgring	7	Benetton B197-Renault V10	4. Platz
Suzuka	5	Benetton B197-Renault V10	8. Platz
Jerez	8	Benetton B197-Renault V10	4. Platz, Rücktritt nach Saisonende

1998

Motorsport-Direktor von BMW (bis 2003)

„Mein Traum war immer, Formel I zu fahren. Heute bin ich froh und dankbar, dass ich meinen Beruf weiter ausüben kann." Karl Wendlinger, ein Profi mit viel Herz, hat seine Karriere verlängert.

KARL: WAS WÄRE GEWESEN, WENN

... der Unfall von Monte Carlo nicht passiert wäre? Wendlinger war so schnell wie Schumi

Die hoffnungsvollen Youngster, beide angehende Superstars, stritten ums Leihauto. Geparkt im Fahrerlager von Silverstone, tags darauf war der Sportwagen-WM-Lauf, und eigentlich wollten beide längst zurück ins Hotel.

„Ich fahr", entschied Schumacher und hockte sich ans Steuer. Keine Widerrede.

„Nein, ich fahr", trotzte Wendlinger und klimperte mit den Autoschlüsseln im Hosensack. „Du hast ja kan Schlüssel."

„Und du hast keinen Platz, weil ja ich schon am Steuer sitz", triumphierte Schumacher.

Keiner wollte nachgeben. Der Deutsche blieb stur sitzen („is net vom Auto weggegangen, den hättest nie rausgekriegt"), während der Tiroler eineinhalb Stunden wie ein Raubtier durchs Fahrerlager schlich. „Dann hab ich Hunger gekriegt und dem Schumacher den Schlüssel zum Ins-Hotel-Fahren gegeben. Aber erst nach langer Zeit."

Karl Wendlinger
Geboren am 20. 12. 1968 in Kufstein. Stammt aus einer Motorsport-Familie, schlug Schumacher und Frentzen in der deutschen Formel III, bildete später mit beiden das berühmte Sauber-Mercedes-Youngster-Trio. Sein Comeback erregte Aufsehen.

Tags darauf wurde die Sauber-Mercedes-Besatzung Schumacher/Wendlinger Zweite. Die Schlüssel-Story von 1991 ist typisch schon für den blutjungen Schumacher: ehrgeizig, konsequent, wenn's sein muss: stur.

Bei den Testfahrten in Le Castellet waren auch ein Tischtennis- und ein Bil-

lardtisch im Hotel. „Schon beim Tischtennis", erinnert sich Heinz-Harald Frentzen, der Dritte im Bund der Mercedes-Youngster, „hat es der Michael gehasst zu verlieren." Und Wendlinger: „Wir spielten jeden Abend Billard. Der Schumi immer sehr ehrgeizig, aber man hat trotzdem mit ihm lachen können."
Aufeinander getroffen sind sie schon in der deutschen Formel III, 1990. Wendlinger, vom Team Marko, als Einziger mit Ralt-Chassis und Alfa-Motor – beides nicht das aktuellste Material. „Trotzdem sind wir von Anfang an schnell, bei den Punkten dabei – und am Ende sogar mitten im Titelkampf." Ein Championat mit Streichresultaten. Vorletzter Lauf am Nürburgring: Wenn Wendlinger gewinnt, hat er schon den Titel.

„Ich bin im Training Zweiter hinter Schumacher, hab einen guten Start, dann drängt er mich gegen die Boxenmauer, ich muss vom Gas, dann kommt schon die Meute, schiebt mich raus – und der Schumacher ist vorn allein weg und gewinnt."

Finale also in Hockenheim. Ein Außenseiter knallt Wendlinger schon in der ersten Runde in der Sachs-Kurve hinten drauf. Karl ist Letzter, stürmt wieder vor auf Platz 4, weiß aber, dass er für den Titel Dritter werden muss, überholt wirklich noch einen Gegner, wird nochmals gerempelt und humpelt mit kaputtem Vorderreifen als Sechster durchs Ziel. Bartels gewinnt vor Schumacher, und der Streckensprecher feiert seinen deutschen Formel-III-Champion.

„Scheiße, das war's", denkt Wendlinger, aber da kommt schon Dr. Marko angestürmt. „Die sind ja alle deppert – wir sind Meister! Ich hab die Streichresultate ausgerechnet." Und dann ist klar: Schumacher hätte für den Titel gewinnen müssen. So aber heißt der Endstand: 1. Wendlinger, 2. Frentzen, 3. Schumacher. Karl – der einzige Österreicher, der je die heiß umkämpfte deutsche Formel-III-Meisterschaft, das Sprungbrett für 21 (!) spätere Formel-I-Stars, gewonnen hat!

Ein Jahrzehnt später ist Schumacher fünffacher Weltmeister, Frentzen, in der Formel I out, in, out und jetzt wieder in, dreifacher Grand-Prix-Sieger. Und Wendlinger – nach 41 Grand-Prix-Starts mit drei vierten Rängen, also gerade nicht auf dem Stockerl – immerhin FIA-GT-Weltmeister, Sieger der 24 Stunden von Daytona. Heute kämpft er im deutschen Tourenwagen Masters (DTM). Aber sein größter Sieg: Wie er die Monte Carlo-Katastrophe von 1994 überlebt hat: mit 22 Tagen im Koma.

Aber vorher fuhr er mit Schumacher, Frentzen usw. auf einem Niveau. Und alle, die sich im Rennsport ein bissl auskennen, wissen, was noch alles möglich gewesen wäre – in der unvollendeten Karriere des Karl Wendlinger. Der bei den Fans, nicht nur in Österreich, nach Sympathiewerten immer aufs Stockerl gehört hat, heute noch.

Die Wendlinger-Rennfahrerdynastie kommt aus Kufstein. Die Tiroler Version der US-Family-Clans Vukovich, Bettenhausen, Unser, Andretti usw. Und so wie in Brasilien alle Barrichellos den gleichen Vornamen haben (Rubinho der Ferrari-Pilot, Rubens der Vater, Rubi der Opa) heißen alle Wendlingers aus drei Generationen Karl – erst jetzt kam das Break. Der Formel-I-Pilot taufte seinen Buben Jonas, „weil's mir einfach besser gfallt."

Der Opa (heute gesunde 84) fuhr Alpenrallyes, Wertungsfahrten, Flugplatzrennen vor der Österreich- und Salzburgring-Ära. Der Vater Steyr-Puch, Fiat, Abarth 1000, Alfa GTA, Alfa Junior, sogar zwei Jahre Super-Vau, dann machte er seine eigene Werkstatt auf und siegte im Alfasud-Cup – oft sogar im Rahmenprogramm zur Formel I.

Und da kam ein schlaksiger Tiroler Bersch aus Wörgl in die Wendlinger-Werkstatt und sagte: „Du fährst Autorennen, ich möchte jetzt auch anfangen ..." Sein Name: Gerhard Berger.

Und der junge Karli spielte statt Trapper und Indianer lieber mit Rennautos. „War eine lustige Zeit. Für mich das Größte, wenn ich zu den Autorennen mitfahren durfte. Das Training, die Rennen, Grillen am Abend – und oft haben wir alle in einem Riesenzelt geschlafen: Der Papa, sein Mechaniker, der Berger, sein Mechaniker, ich – und wer noch aller dabei war ..."

Happy family: Karli mit den Kindern und seiner bildhübschen deutschen Frau Sophie, die früher als Model gearbeitet hat und ihren Mann heute zu jedem Rennen begleitet. Aber „Karl den Vierten" gibt's in Kufstein und Monte Carlo nicht ...

Wer so viel Benzin schnuppert, muss zwangsläufig einmal selber anfangen. Karl junior mit 14 – Gokart natürlich. „Was ich schon immer wollte, aber in Richtung Freude und Spaß." Im Jahr darauf beendete Papa Wendlinger seine eigene Karriere, war fortan „Sponsor, Chauffeur, Mechaniker, hat mich überall hin kutschiert, weil er merkte: Das taugt mir. Wir kamen auf 20, 25 Rennen pro Jahr." Und fast so viele Siege, mit Bergers Rat: „Jetzt kaufts einen Motor von Rotax, bringts ihn zum Harald Bartol nach Straßwalchen, der tunt euch den Motor" – und es war der beste, den Wendlinger je hatte.

„Frage mit 18: Was tun wir jetzt? – Formel Ford. Aber mich in ein Team einzukaufen, war viel zu teuer. Also: einen alten Formel Ford gekauft, einen alten Mercedes-Bus zum Transporter umgebaut – und losgezogen." Oft auch mit Gerhard Berger zu dessen Rennen, von Wörgl nach Pau, nach Dijon, nach Monza. „Der Gerhard hat mir viel geholfen: zwei Sponsoren vermittelt. Später den heißen Draht zu Alfa gelegt, dass ich den Formel-III-Motor umsonst krieg. Und zum Dr. Marko, dass er mich nimmt."

Der Lohn waren der deutsche Formel-III-Meistertitel, die Sportwagen-WM-Läufe, eine Beinahe-Sternstunde in Le Mans: Platz 5 für Schumacher, Wendlinger und Kreutzpointner 1991. Das Foto der drei gestylten Youngster – Lederjacken, Haargel, kühner Blick – ging um die Welt. Auch die Formel 3000 war aufregend. Als Wendlinger einmal mit der heißblütigen Giovanna Amati kollidierte, verfluchte ihn die Italienerin wie in einer dramatischen Oper. Karl: „Darauf hab ich ihr a Watschn geben und bin weggangen."

Er mag soft wirken, aber Schüchti ist er keiner.

In der Sportwagen-WM kopierten Sauber und Mercedes die Idee mit den BMW-Junioren, die Jochen Neerpasch schon fast 20 Jahre vorher hatte: mit Surer, Winkelhock und Cheever. Jetzt bei Sauber-Mercedes fungierte anfangs der routinierte Jochen Mass als „Fahrlehrer", die drei Jungen Schumacher, Frentzen, Wendlinger wurden ihm abwechselnd als Partner zugeteilt.

Wendlinger wird mit Mass Zweiter in Suzuka, Zweiter in Monza, Sieger in Spa, mit Schumacher Zweiter in Silverstone (nach Streit ums Leihauto) und, toller Erfolg und versöhnlicher Abschluss, Sieger in Autopolis, Japan – nach einem Schock am Anfang: „Nach 300 Metern im Training gleich eine Riesen-Motorexplosion." Das Gesetz im Team: Wer im Qualifying der Schnellere ist, fährt den ersten und letzten Turn. Das ist Michael – um drei Tausendstelsekunden. Und darum kassiert er auch die Zielflagge.

„Wir haben eine Riesengaudi, gratulieren uns gegenseitig, aber es gibt keine große Feier – nur ein Bier im Fahrerlager." Und wer hat heute den tollen Pokal? „Ich nicht …"

Der große Schumi damals? „Ehrgeizig, aber net verbissen, ganz normal. Nicht viel Kontakt, keine großen Reden, aber wir haben immer Servus gesagt und guten Tag." In die Formel I kamen beide fast gleichzeitig: Michael 1991 in Spa, Karl Ende 1991 in Japan und Australien, mit dem türkisfarbenen Leyton-House-March mit Ilmor-Motor.

Richtig los geht's 1992 – mit fünf Runden Test in Silverstone als ganze Saisonvorbereitung. „Passt alles? Kannst sitzen? Kannst schalten? Fein – dann brauchen wir ja nimmer weiter testen", sagen ihm die March-Leute. Als Karl dann in Kyalami sensationell auf den siebenten Startplatz fährt, sind sie alle schrecklich aufgeregt.

Sein Teamkollege ist Paul Belmondo, der Sohn des legendären Filmstars, „aber den hab ich nur einmal gesehen: in Monte Carlo. ‚Hallo, freut mich', mehr war's net. Weil um ihn immer soviel Leut herum waren." Der junge Paul: sympathisch, nicht abgehoben, mit beiden Füßen am Boden – eine Zeit lang sogar liiert mit Prinzessin Stephanie. „Die Königskinder von Monaco", jubeln die Klatsch-Illustrierten auf ihren Titelseiten, ehe dem armen Paul ein noch berühmterer Grand-Prix-Pilot die Prinzessin ausspannt. Österreicher war's keiner.

Belmondo hat später in der FIA-GT-WM ein eigenes Team, setzt zwei Viper ein, eine fährt er selber.

Gegen Belmondo ist Wendlinger klare Nummer 1, sein Qualifying-Stallduell mit dem Finnen J. J. Lehto bei Sauber geht 8:8 aus. Mit Stahlgewitter, dicker Luft, Kollision in Monte Carlo – was Peter Sauber ziemlich ergrimmt.

„Du bist schuld", beklagt sich Lehto, was Wendlinger nicht auf sich sitzen lässt: „In der Loews-Haarnadelkurve ist doch kein Platz zum Überholen, wenn ich schon drin bin."

Typisch für die damalige angespannte Teamsituation. Lehto ist zwar freundlich und offen, „aber sobald es um irgendwas im Team geht, setzt er seine Ellbogen ein. Vom ersten Tag weg haben wir Konkurrenz, beinharten Wettbewerb, und ich lass mich davon anstecken. Viel haben wir nie geredet: Ja nicht dem anderen etwas verraten über die Abstimmung. Schon ein bissl übertrieben, was da passiert ist", weiß Wendlinger heute.

Heinz-Harald Frentzen, von Sauber aus Japan zurückgeholt, ist 1994 der neue Teamkollege. „Schneller als Lehto", qualifiziert ihn Wendlinger sofort, „und easy. Absolut in Ordnung. Mit dem gibt's nie Probleme, der lebt seinen Tag runter. Aber viel Rennen fahren wir leider nicht miteinander."

Weil im Donnerstagtraining von Monte Carlo – zwölf Tage nach Ratzenbergers, elf Tage nach Sennas Tod in Imola – plötzlich der Blitz einschlägt. Tagelang zittert die Formel I, bangt ganz Österreicher um den Tiroler, der natürlich zwar Konkurrenten, aber nur Freunde und nie Feinde hatte.

Was ist das Letzte, an das du dich noch erinnern kannst – vorm Unfall?

„Fußball. Das 0:1 von Austria Salzburg im UEFA-Cup-Finale in San Siro, am Abend davor. Ich kann mich sogar noch an Spielszenen erinnern, aber sonst weiß ich gar nix. Nicht einmal, wo der Transporter im Fahrerlager geparkt war, wo das Wohnmobil stand. Vom Jahr davor weiß ich alles. Von Monaco 1994 nix. Der Professor Schmutzer hat mir später erklärt: Das ist eine Schutzfunktion des Körpers, dass ein solcher Tag im Hirn total gelöscht wird."

Wendlinger crashte im Donnerstagvormittag Training unten am Hafen – wo 1955 der erste Ferrari-Weltmeister Alberto Ascari ins Meer gestürzt, wo 1967 der erste Österreich-Grand-Prix-Sieger Lorenzo Bandini in den Flammen umgekommen ist.

Unfallursache? „Eigentlich immer noch ungeklärt. Videobilder hat's nie gegeben. Du siehst nur, wie ich schon quer daherkomme – warum, weiß ich nicht. Die Sauber-Ingenieure können auch von der Telemetrie her nix sagen."

Wendlinger im türkisfarben March-Leyton-House war auf Anhieb eine Sensation: toller Startplatz in Kyalami, Filmstar-Sohn Paul Belmondo als Teamkollege, und die ersten WM-Punkte für Rang 4 in Kanada.

Problem mit einer Felge zwischen Randstein und Leitplanken? Zu spät gebremst? „Wennst zu spät bremst und die Räder blockieren, probierst in der Schikane immer noch über die Randsteine zu fahren – oder eben direkt in den Notausgang hinein. Aber das war alles nicht so, weil ich ja schon relativ früh quer gestanden bin."

Karl Wendlinger im Koma! Eineinhalb Wochen nach der Imola-Tragödie um Ratzenberger und Senna war die Formel I schon wieder in Angst und Panik. „Betet mit uns", sagte Mercedes-Rennleiter Norbert Haug mit Tränen in den Augen in die TV-Kameras. Tagelang schwebte der Tiroler in der Klinik von Nizza zwischen Leben und Tod – dann hatte Prof. Grimaud das Wunder vollbracht: Karl überlebte.

„Du bist im Krankenhaus, aber jetzt fliegen wir nach Innsbruck, das ist besser für dich, weil du dort alle verstehen kannst." Die Worte, die Wendlinger überraschten: „Wieso Innsbruck? Ich muss nach Barcelona – dort ist der nächste Grand Prix, und ich hab schon das Ticket." Der Zeitplan war noch total in seinem Kopf.

Die Tiroler Skirennläuferin Christine Putz, die nach ihrem Val-d'Isère-Unglück 1986 ebenfalls wochenlang im Koma war, sagte später zu ihrer Mutter: „Ich habe jedes einzelne Wort, das du zu mir im Krankenhaus gesagt hast, verstanden."

Wendlinger hat mit anderen Komapatienten kurz Erfahrungen ausgetauscht: „Da hörst fast gar nichts, da ist nichts da." An seinem Bett wechselten sich Tag und Nacht drei Menschen ab: der Vater, die Mutter, die wie seine ältere Schwester aussieht, und seine Freundin Sophie, geboren in Bielefeld, über Rosenheim nach München gezogen, Werbekauffrau und Model, Fotos in Printmedien, am Laufsteg nur wenig.

Karl hat sie in einem Kufsteiner Lokal über eine Freundin kennen gelernt, beim Kitzbüheler Jahrmarkt und Tennisturnier wieder getroffen – und 1993 nach Monza eingeladen:

„Kennst du die Formel I?"

„Nein, was ist das?"

„Autorennen. Magst dir nicht einmal eins anschauen?"

„Ja, aber was soll ich dort tun? Ich kenn ja niemanden ..."

Trotzdem kam sie mit nach Monza – wo Karl (4.) um ein Haar aufs Stockerl gefahren wäre. Ein halbes Jahr später war Sophie gleich mit der ganzen Härte des Autorennsports konfrontiert, erlebte jeden einzelnen Schritt zum Comeback – bis zu Willi Dungls Kopfhörer-Therapie, mit der der großartige Professor die beiden Gehirnhälften mit Musiktönen ausglich.

Das erste Mal wieder Auto fahren: Da hockte Karl im Mercedes als Beifahrer neben Sophie, die bald resignierte: „Ich kann deine Nörgelei nimmer aushalten." Darauf tauschten die beiden Platz. „Am Anfang war's echt schwierig, die Abstände richtig zu schätzen, wenn ein Auto entgegenkommt – aber nach einem halben Tag war alles wieder normal." Nächste Station: Salzburgring in einem Porsche-Cup-Auto, dann Formel I in Le Castellet – bei Regen!

Wendy was back.

Fühlst du dich als Held?, frage ich den Kufsteiner heute.

„Nicht als Held, weil ich ja nichts dazu getan habe. Gerettet hat mich die Kunst der Ärzte – und das rasche Erkennen, was mit mir los war. Aber genauso wichtig war die Rehabilitation in Innsbruck, einfach, um wieder die täglichen Dinge zu lernen."

Dort hab ich Karl auch besucht und das erste Interview mit ihm gemacht: mit Erlaubnis der Eltern natürlich und im Beisein der Ärzte. Beim Linzer Leichtathletik-Meeting war das Radiointerview über Lautsprecher zu hören, und die Österreicher, glaube ich, freute auch die fast unerwartete Schlagzeile: „Wendlinger: Ich fahre wieder Rennen!"

Wendlinger ist froh und dankbar, „dass ich heute weiter meinen Beruf ausüben darf." Die kritische Passage am Hafen ist längst umgebaut, besser abgesichert worden. Wenn Karl – der mit Frau und zwei Kindern heute noch im Fürstentum lebt – dran vorbeifährt oder vorbeigeht, spürt er da irgendwas? „Gar nix. Weil absolut keine Erinnerung da ist, kommen auch keine großen Gefühle hoch. Außer vielleicht: Scheiße, was da passiert ist. Aber ich fahr da jede Woche dutzende Mal vorbei."

Und doch – etwas hat sich geändert. Karl Wendlinger, den der österreichische Motorsport-Literat Herbert Völker einmal als „ganz jungen Tiroler mit der Seele eines uralten Indianers" charakterisiert hat, sagt selber: „Es heißt immer: Wenn du von einer so schweren Verletzung zurückkommst, bist nachher ein anderer Mensch – weil du das Leben anders siehst und andere Prioritäten hast. Bei mir ist alles dasselbe. Der einzige Unterschied: Ich war früher eher verschlossen, bin bloß dagehockt, wollte net reden – vielleicht aus Schüchternheit oder Unsicherheit. Ich hab auch immer ernst dreingeschaut. Aber seit dem Unfall bin ich offener, quatsch ich viel mehr ..."

Mika Hakkinen wurde nach einem Koma-Unfall in Adelaide gerettet durch einen Luftröhrenschnitt von Prof. Watkins, weil er sonst die Zunge verschluckt hätte – zweimal Weltmeister. Wendlinger hatte dieses Glück nicht.

Beim Dezember-Test in Barcelona sagte ihm das Sauber-Team: „Du musst schnell sein, dann kriegst du den Vertrag für 1995." Karl war schnell, auch im

Rennsport-Nation Österreich mit Stil und Tradition: Oben Schloss Pfaffstätt in OÖ, die Residenz von Prinz Max und Prinzessin Helga. Daneben: Heldenbüste von Jochen Rindt. Darunter Helmut Marko und sein tolles Schlossberg-Hotel in Graz. Familie Stuck (unten) lachte über alle Quester-Späße, am herzlichsten über den Trick mit der Gummimaske (links).

Keine Statisten, sondern starke Auftritte in Charakter-Nebenrollen des Formel-I-Zirkus: Oben der „Rübezahl" Harald Ertl, der den härtesten Weg in die Formel I ging und den man sich nicht nur wegen seines Zwirbel-Bartes merkte. Unten: der erste Formel-I-Tiroler Hans Binder, heute ein viel respektierter Großindustrieller im Holz-Business.

rinnerungen an Jo Gartner und seine beherzten Fahrten mit dem unterlegenen Osella bis zu einem erstaunlichen fünften latz in Monza 1984. Der „Seppi" war technisch sehr begabt und bestens ausgebildet (unten sein Ingenieurs-Patent vom 3. 11. 1972) und sehr religiös: 1984 ministrierte er bei der Erstkommunion seiner Nichte Katharina (Bild ganz unten).

ZI. 307.595/2-1/4/78

BUNDESMINISTERIUM FÜR BAUTEN UND TECHNIK

URKUNDE

GEMÄSS § 1, ABSATZ 1 DES BUNDESGESETZES VOM 23. NOVEMBER 1972, BGBL. Nr. 457/1972 (INGENIEURGESETZ 1973) WIRD HERRN

Josef GARTNER

GEBOREN AM

24. Jänner 1954

IN

Wien

DAS RECHT ZUR FÜHRUNG DER STANDESBEZEICHNUNG

„INGENIEUR" („ING.")

VERLIEHEN.

WIEN, AM 9. März 1978

DER BUNDESMINISTER:

Blitzlichter einer Karriere, die ganz nach oben führen hätte können. Karl Wendlinger war immer ein Fahrer, der zwar viele Gegner, aber nie Feinde hatte. Der Kufsteiner oben mit Peter Sauber und im Cockpit des Schweizer Rennwagens, unten im vollen Einsatz mit dem türkisfarbenen Leyton House-March und dem schwarzen Sauber. Ein „Racer" mit großem Herzen.

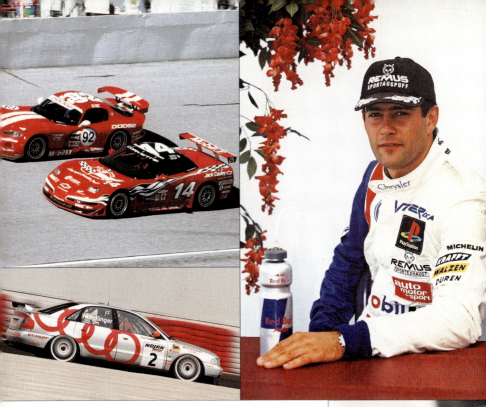

Die zweite Karriere: Karl Wendlinger als FIA-GT-Weltmeister mit der Chrysler Viper (rechts oben). In den USA begeisterte er die Fans genau wie zuvor in Europa (Startnummer 92), vor allem auch in Italien: Audi-Werkspilot in der italienischen Tourenwagen-Meisterschaft (oben und rechts). Bild unten: Wendlinger und Philip Peter waren schon 1996 Teamkollegen im Supertourenwagen-Cup, geholt von Audi-Sportchef Dr. Wolfgang Ulrich, einem gebürtigen Wiener.

Das kurze, stürmische Leben des Roland Ratzenberger: Formel-Ford-Weltmeister, viele Pokale und der erste Europäer, den Toyota als Werksfahrer engagierte. Roland triumphierte u. a. beim 1.000-Kilometer-Rennen von Fuji, wo Niki Lauda 1976 das dramatische WM-Finale gegen James Hunt verlor. Die Trophäen und Dokumente werden heute von Rolands Eltern in Salzburg wie Reliquien verwahrt.

Die Hochzeit, von der keiner wusste: Ratzenberger bei der Trauungs-Zeremonie mit der bildhübschen Norwegerin Bente auf Schloss Mirabell. Rechts oben: Drei Österreicher starteten 1994 in die WM – gesund überlebt hat die Saison aber nur Gerhard Berger. Mitte: Ratzenberger bei seinem letzten Einsatz in Imola. Er verunglückte im Samstag-Training wegen Defekts. Seine tragische Nähe zu Senna, der einen Tag später ums Leben kam, erschütterte viele Menschen – vor allem auch Gerhard Berger.

Der dritte Mann: McLaren-Testpilot Alexander Wurz beim Remake des Film-Klassikers aus dem Nachkriegs-Wien mit Orson Welles und der Zither-Musik von Toni Karas. Und wir alle hoffen, dass Alex nicht ewig im Schatten der Silberpfeil-Piloten Coulthard und Räikkönen bleibt, zumal er jetzt von Ehefrau Julia mit viel Liebe gemanagt wird. An Benetton (links in Monte Carlo) hat Wurz gemischte Erinnerungen, McLaren ist nicht nur Wunsch auf Weihnachtskarten.

direkten Vergleich mit Frentzen, der 15 kg leichter ist. „Außerdem sind die leichteren Teile eher auf sein Auto gekommen – und plötzlich hatte ich einen Gewichtsnachteil von 20 kg. Das ist in der Formel I eine Sekunde. So kam im Qualifying im Schnitt ein Rückstand von 1,6 Sekunden raus und das war einfach zu viel, um weiter in der Formel I zu bleiben."

Jean-Christophe Boullion, der halb wie Prost, halb wie Senna aussieht, sprang ein, riss aber auch keine Bäume aus. „Mit ein bissl Testen und ein bissl Erholungszeit könnte ich vielleicht zurückfinden", hoffte Wendlinger. Aber die Formel I kann oft grausam sein und gibt dir nicht immer eine zweite Chance.

Adelaide, Freitagvormittag. Die Sauber-Techniker setzen das Auto tiefer, prompt ist Karl schneller als zuvor, setzt aber beim Anbremsen der ersten Schikane auf, verliert die Kontrolle und fliegt von der Strecke: Schleudertrauma, extreme Nackenschmerzen. Tags darauf überlebt Hakkinen seinen alarmierenden Reifenplatzer-Unfall, muss aber lang in der Klinik bleiben.

Wendlinger startet tapfer ins Rennen, muss aber nach 10 Runden aufgeben: Die Nachwirkungen des Trainings-Crash. „Ich hör in der Formel I mit Schmerzen auf. Es hat mich getroffen, weil es immer mein Traum war: in der Formel I erfolgreich zu sein."

Bevor der Blitz einschlug: Wendlinger bei der Sauber-Präsentation fürs Jahr 1994. Neben dem Boliden steht Heinz-Harald Frentzen – zuvor Karlis Gegner in der deutschen Formel-III-Meisterschaft, jetzt zu Sauber zurückgekehrt.

Er hätte 1994 bei Lloyds eine gigantische Versicherungsprämie kassieren können, wäre er aus dem Rennsport ausgestiegen. „Aber ich wollte unbedingt weiter fahren."

Zwar nicht mehr ganz in der Königsklasse, aber höchst erfolgreich mit der Chrysler Viper in der American-Le-Mans-Series in der GT 2- oder GTS-Klasse, und sehr einsatzfreudig bei den 24 Stunden von Le Mans.

Die echte Sternstunde war aber sein Triumph im amerikanischen Klassiker, dem 24-Stunden-Rennen von Daytona, Florida mit dem 8-Liter-10-Zylinder, 1150 kg, typisch amerikanische Formel: viel Hubraum, wenig Drehzahl, schalten schon bei 6.200 U/min, 310 PS. Ein Auto, das man wie die Stock-Car-Piloten mit Stiefeln treten muss? „Nein, du musst mit dem Auto extrem sensibel arbeiten „damit du die Abstimmung richtig hinkriegst – denn du spürst wirklich jeden Millimeter."

Wendlingers Copilot: Olivier Beretta aus Monte Carlo, aber nicht aus der Waffenfamilie. Sein Vater besitzt eine riesige Baufirma, und das ist in Monaco immer gutes Business.

In Daytona brechen bei Beretta, von seinem Kind angesteckt, die Windpocken aus – blöderweise während des Rennens. Dem Rennfahrer geht's schlechter und schlechter, der Ausschlag wird immer schlimmer, Flecken bald überall – er kommt kaum zum Fahren. Der dritte Mann im Team kommt mit Auto und Strecke nicht zurecht. Also muss Wendlinger den Löwenanteil fahren: fast die ganze Nacht, und die dauert in Florida von 18 bis 8.30 Uhr. Aber Karl peitscht die Viper in Führung.

In der Formel III harte Gegner, in der Sportwagen-WM Teamkollegen – erst in der Formel I war Schumacher voran ...

Die letzte Stunde ist die schwierigste und schnellste Phase, weil die Corvettes attackieren.

„Eine Stunde vor Schluss hab ich noch eindreiviertel Runden Vorsprung – also locker und easy. 55 Minuten vor der Zielflagge dann die letzte Pace-Car-Phase. Wenn das Rennen neutralisiert wird, verlierst als Führender immer Zeit. Also pickt mir die Corvette plötzlich schon im Rückspiegel", schildert Wendlinger das Drama von Daytona.

Plötzlich knackt es im Bordfunk: „Karl, go on the limit!" Und der Tiroler folgt natürlich dem Befehl. „Ich fahr meine schnellsten Runden in den letzten Minuten. Als die Zielflagge rauskommt, hab ich 35 Sekunden Vorsprung." Ein Sieg, auf den er noch heute stolz sein muss.

Die Amerikaner kennen ihn heute nicht als den Rennfahrer, der Monte Carlo überlebt hat, schon gar nicht als den Tiroler, der (wie der eingewanderte Hans-Joachim Stuck) auf dem Siegespodest jodelt, sondern als den „Mann, der Daytona gewonnen hat. Das war Wahnsinn – und der war gut", sagen sie mir heute noch.

Untermotorisiert ist die Wendlinger-Family in Monte Carlo nicht. Schon frühzeitig hatten die Kinder ihr Fahrrad mit Stützen, den Traktor mit Pedalen zum Treten. Aber als Karl neulich einen Sauna-Kauf überlegte, einen Prospekt durchblätterte – welches alte Reklamefoto fiel ihm da in die Hände? Seine Frau Sophie, natürlich züchtig mit Badetuch, als Sauna-Model.

„Ich glaub, ich spinn", sagte Karl, aber Sophie lächelte: „So was hab ich früher als Model auch gemacht ..."

Karl Wendlinger: Stationen seiner Karriere

1984: Kart: 1. deutsche Juniormeisterschaft.
1986: Kart: 1. ÖM, 6. EM.
1987: Formel Ford: 1. Salzburgring, 1. Alpl.
1988: Formel III: 2 x 1. Österreichring. 1. ÖM Formel III.
1989: 1. Deutsche Meisterschaft Formel III.
1990: Sportwagen-WM mit Sauber Mercedes: 2. Suzuka, 2. Monza, 1. Spa mit Mass, 9. Montreal. - Formel 3000 auf Lola Ford: 5. Hockenheim, 9. Nogaro. 5. Sportwagen-WM.
1991: Sportwagen-WM mit Sauber-Mercedes: 2. Silverstone, 1. Autopolis mit Schumacher. 24 Stunden Le Mans: 5. mit Schumacher und Kreutzpointner. 9. Sportwagen-WM. - Formel 3000 auf Reynard: 5. Jerez, 3. Hockenheim. 11. Formel-3000-EM.
1992: Formel I mit March Ilmor: 8. Barcelona, 12. Imola, 4. Montreal, 16. Hockenheim, 11. Spa, 10. Monza. WM-12. mit 3 Punkten.
1993: Formel I mit Sauber Ilmor: 13. Monaco, 6. Montreal, 9. Hockenheim, 6. Budapest, 4. Monza, 5. Estoril, 15. Adelaide. WM-11. mit 7 Punkten.
1994: Formel I mit Sauber Mercedes: 6. Interlagos, 4. Imola, schwerer Trainingsunfall in Monaco. WM-18. mit 4 Punkten.
1995: Formel I mit Sauber Ford: 13. Barcelona, 10. Suzuka.

1996: Supertourenwagen Cup auf Audi: 5. Zolder, 5. und 5. Assen, 3. und 2. Hockenheim, 4. Sachsenring, 4. Wunstorf, 5. Avus, 5. Nürburgring. 5. im STW-Cup. - Langstrecken: 3. Le Mans (Gruppe 4) mit Dalmas und Goodyear auf Porsche.
1997: 5. Internationale italienische Tourenwagen-Meisterschaft.
1998: GT-2-WM auf Chrysler: 2. Dijon mit Donohue, 2. Suzuka mit Bell und Matsuda, 4. Donington mit Bell, 1. A1-Ring mit Bell. WM-3. GT 2.
1999: GT-1-WM auf Chrysler: 1. Monza, 1. Silverstone, 2. Budapest, 1. Zolder, 1. Oschersleben, 1. Donington, 1. Homestead, 2. Watkins Glen, 1. Zhuhai, alles mit Beretta. 10. 24 Stunden Le Mans mit Beretta und Dupuy. 9. 1000 km Atlanta auf Dodge mit Beretta und Duez auf Dodge (1. GT 2). 1. American-Le-Mans-Serie GTS Laguna Seca mit Beretta. Weltmeister GT.
2000: Langstrecken, GTS-Serie und ALMS: 1. 24 Stunden Daytona mit Beretta und Dupuy auf Chrysler. 7. und 1. GTS-Serie 12 Stunden Sebring mit Beretta und Dupuy auf Dodge. 7. und 1. GTS-Serie Charlotte mit Beretta, 7. und 1. GTS-Serie Silverstone mit Beretta, 7. und 1. GTS 24 Stunden Le Mans mit Dupuy und Beretta auf Chrysler, 8. und 1. GTS 1000 km Nürburgring mit Beretta und Duez, 9. und 2. GTS Sears Point mit Beretta auf Dodge, 4. und 1. GTS Mosport mit Beretta auf Chrysler, 10. und 1. GTS Portland mit Beretta auf Chrysler, 8. und 1. GTS Laguna Seca mit Beretta auf Chrysler, 1. GTA Las Vegas mit Beretta auf Chrysler, 3. Adelaide mit Beretta und Dupuy auf Dodge. - 2. American Le Mans Serie GTS.
2001: V-8-Star-Serie auf Jaguar: 10. und 8. Oschersleben, 4. Nürburgring, 17. Lausitzring, 6. Hockenheim, 12. Oschersleben. - 4. 24 Stunden Le Mans auf Chrysler mit Beretta und Lamy.
2002: DTM auf Audi: 6. Hockenheim, 5. Donington, 12. Norisring, 12. Nürburgring.

KARL WENDLINGER: 41 Grand Prix, 14 WM-Punkte

Rennen	Startplatz	Auto	Rennergebnis/Ausfallsgrund
1991			
Suzuka	22	Leyton House CG911-Ilmor V10	ausgefallen - Massenkolision in der 1. Runde
Adelaide	26	Leyton House CG911-Ilmor V10	20. Platz, Abbruch wegen Regens nach 14 Runden, 2 Runden zurück
1992			
Kyalami	7	March CG911-Ilmor V10	ausgefallen - Motor überhitzt
Mexiko City	19	March CG911-Ilmor V10	ausgefallen - Kollision mit Kappeli in der 1. Runde
Interlagos	9	March CG911-Ilmor V10	ausgefallen - Kupplungsdefekt
Barcelona	9	March CG911-Ilmor V10	8. Platz, 2 Runden Rückstand
Imola	12	March CG911-Ilmor V10	12. Platz, 3 Runden Rückstand
Monte Carlo	16	March CG911-Ilmor V10	ausgefallen - Getriebeschaden
Montreal	12	March CG911-Ilmor V10	4. Platz, 1 Runde zurück
Magny Cours	21	March CG911-Ilmor V10	ausgefallen - Getriebeschaden
Silverstone	21	March CG911-Ilmor V10	ausgefallen - Getriebeschaden
Hockenheim	10	March CG911-Ilmor V10	16. Platz, 3 Runden zurück
Budapest	23	March CG911-Ilmor V10	ausgefallen - Kollision mit Grouillard
Spa	18	March CG911-Ilmor V10	11. Platz, 1 Runde zurück
Monza	17	March CG911-Ilmor V10	10. Platz, 3 Runden zurück
Estoril	22	March CG911-Ilmor V10	ausgefallen - Ölkühler- und Getriebedefekte

1993

Kyalami	10	Sauber C12-Ilmor V10	ausgefallen – Elektronik
Interlagos	8	Sauber C12-Ilmor V10	ausgefallen – Überhitzung
Donington	5	Sauber C12-Ilmor V10	ausgefallen – von Avaretti in der 1. Runde gerammt
Imola	5.	Sauber C12-Ilmor V10	ausgefallen – Motorschaden
Barcelona	6	Sauber C12-Ilmor V10	ausgefallen – Motorschaden
Monte Carlo	8	Sauber C12-Ilmor V10	13. Platz, 4 Runden Rückstand wegen Kollision mit Teamkollege Lehto
Montreal	9	Sauber C12-Ilmor V10	6. Platz, 1 Runde zurück
Magny Cours	11	Sauber C12-Ilmor V10	ausgefallen – Getriebeschaden
Silverstone	18	Sauber C12-Ilmor V10	ausgefallen – Dreher
Hockenheim	14	Sauber C12-Ilmor V10	9. Platz, 1 Runde Rückstand
Budapest	17	Sauber C12-Ilmor V10	6. Platz, 1 Runde Rückstand
Spa	12	Sauber C12-Ilmor V10	ausgefallen – Motorschaden
Monza	15	Sauber C12-Ilmor V10	4. Platz, 1 Runde zurück
Estoril	13	Sauber C12-Ilmor V10	5. Platz, 1 Runde zurück
Suzuka	16	Sauber C12-Ilmor V10	ausgefallen – Gaspedal stecken geblieben
Adelaide	11	Sauber C12-Ilmor V10	15. Platz, Dreher wegen defekter Bremsscheibe, 5 Runden zurück

1994

Interlagos	7	Sauber C13-Mercedes V10	6. Platz, 2 Runden zurück
Adelaide	19	Sauber C13-Mercedes V10	ausgefallen – Unfall, gerammt von Alboretto
Imola	10	Sauber C13-Mercedes V10	4. Platz, trotz gebrochenem Auspuff
Monte Carlo			schwerer Trainingsunfall

1995

Interlagos	19	Sauber C14-Ford Zetec V8	ausgefallen – Elektrik
Buenos Aires	21	Sauber C14-Ford Zetec V8	ausgefallen – Kollision mit Gachot
Indianapolis	21	Sauber C14-Ford Zetec V8	ausgefallen – klemmende Radmutter
Barcelona	20	Sauber C14-Ford Zetec V8	13. Platz, 2 Runden Rückstand
Suzuka	16	Sauber C14-Ford Zetec V8	10. Platz, 2 Runden Rückstand
Adelaide	18	Sauber C14-Ford Zetec V8	Startverzicht – nach Trainingsunfall nicht wohl gefühlt

Das Ende der Straße: Ayrton Senna (helles Auto) und Roland Ratzenberger nebeneinander auf der Zielgeraden von Imola. Die traurige Nachricht im Teletext schockierte Österreich. Gerhard Berger hatte düstere Vorahnungen: „Ich fürchte, Rolands Unfall bleibt nicht der einzige an diesem Wochenende." Am nächsten Tag verunglückte auch Senna; wegen mutmaßlichem Bruch der Lenksäule. Williams hat das Unfall-Auto 2002 vernichtet, aber der Prozeß wird immer wieder neu aufgerollt.

REQUIEM FÜR ROLAND, THE RAT

Ratzenberger, seine japanischen Abenteuer und seine tragische Nähe zu Ayrton Senna

Das letzte April-Wochenende 1994 war der Albtraum der Formel I. Freitag rotiert Rubens Barrichello in der Todeskugel des Autodroms von Imola, als sein Auto mit 240 km/h in der Reifenmauer einschlägt. Rubens überlebt – sein großes Idol Ayrton Senna besucht ihn im Spital. Samstag prallt Roland Ratzenberger, weil Teile seines Heckflügels wegbrechen, mit 308 km/h gegen die Mauer in der Villeneuve-Kurve – der sympathische Salzburger hat keine Chance.

Manche Kameraden weinen, viele brechen das Training ab. Gerhard Berger, am ganzen Körper zitternd, weiß im Gesicht, geschockt, sagt mir: „So schlimm hab ich mich in zehn Jahren Formel I noch nie gefühlt, nicht einmal nach eigenen Unfällen. Wir hatten schon zu lange zu viel Glück." Zwölf Jahre (Ricardo Paletti) hatte es in der Formel I keinen tödlichen Rennunfall mehr gegeben, acht Jahre (Elio de Angelis 1986) war auch beim Testen nichts passiert – und jetzt Ratzenberger, der so aufopfernd um seine Karriere gekämpft hatte.

Roland Ratzenberger
Geboren am 04. 07. 1960 in Salzburg, gestorben am 30. 04. 1994 in Imola. Jener österreichische Rennfahrer, von dem man am wenigsten weiß. Formel-Ford-Weltmeister, große Erfolge als Japan-Legionär, kam spät in die Formel I. Ein tragisches Schicksal.

Aber die Grand-Prix-Autos waren 1994 – vor dringend notwendigen Reglementänderungen – Höllenmaschinen geworden. Und Bergers beklemmende Schreckensvision an jenem Samstagabend von Imola: „Ich fürchte, die schwarze Serie geht weiter – Roland war nicht unser letzter Toter in der Formel I."

Ayrton Senna weinte. Und hatte tags darauf, als bei der Fahrerbesprechung zur Gedenkminute für Ratzenberger aufgerufen wurde, nochmals Tränen in den Augen. Wenige Stunden später stürzte die Sonne vom Himmel, weil ein Gott starb: Ayrton Senna.

Die Nähe zu Senna hat „Roland the rat", wie ihn die Engländer nach einer populären TV-Serie nannten, weltbekannt gemacht. Auf vielen Rennstrecken stehen heute Senna-Denkmäler, dazu meist kleine Gedenktafeln: „Roland Ratzenberger".

Im Grand-Prix-Zirkus lebt er sowieso weiter – vor allem für jene Piloten, mit denen er jahrelang gemeinsam in Japan gefahren ist: Eddie Irvine, Heinz Harald Frentzen, Johnny Herbert, Mika Salo, der junge Villeneuve in der Formel III, usw.

Salo brachte aus Japan „mein schönstes Souvenir nach Europa" mit: seine japanische Frau Noriko. Als ihr Bub zur Welt kam, erinnerte sich Mika an sein Versprechen, das er Ratzenberger gegeben hatte, und taufte ihn Max Roland, „damit wenigstens ein kleiner Teil von ihm mit uns weiterlebt."

Roland Ratzenberger, ein netter, ruhiger Kerl mit verschmitzten Augen. Niki Lauda hat ihn so in Erinnerung: „Frauenschwarm, gut aussehend – eigentlich der typische Rennfahrer, wenn man jetzt einen Typ skizzieren müsste." Nur: Aufgrund seines mühsamen Aufstiegs, der langen Legionärsjahre in Japan, ist er bei uns der Grand-Prix-Pilot, über den man am wenigsten wusste. Und der am meisten unterschätzt wurde?

„Sicher", bestätigt mir Eddie Irvine. „Roland war schon ein bissl zu alt, als er in den großen Rennsport reinkam." Er hatte sich sogar zwei Jahre jünger gemacht, nicht aus Eitelkeit, sondern weil er fürchtete: Sponsoren misstrauen einem, der es mit 30 noch nicht bis in die Formel I geschafft hat. Aber diesen Trick hatte schon der legendäre Vater Stuck ausgepackt – und auch Damon Hill.

Aber weiter mit Irvine: „Wahrscheinlich schaute er auch noch ein bissl älter aus, als er war: dichtes schwarzes Haar, oft genug Bartstoppeln. Immer ein bissl ein Außenseiter, der Underdog, er kämpfte immer gegen alle – against all odds. Ein Fighter, always pushing hard. Er hat sich wirklich tief reingekniet, jedes Mal 110 Prozent gegeben. Rückblickend sag ich dir: Wahrscheinlich wäre es besser für ihn gewesen, er wäre in Japan geblieben. Aber die Formel I war halt der Traum seines Lebens ..."

Schon immer, seit ihn die Oma als fünfjährigen Buben erstmals zum Gaisbergrennen mitgenommen hat. Sein Vater Rudolf (Pensionsversicherungsdirektor) schickt ihn auf die HTL nach Graz – aber Roland flüchtet in die Jim-

Russell-Rennfahrerschule nach Monza. Als der Vater davon erfährt, ist er bös. „Mir wäre schon lieber gewesen, er hätte die HTL abgeschlossen und in Graz an der Uni studiert." Wegen sicheren Jobs, Pensionsanspruchs usw. „Aber er wollte unbedingt Rennfahrer werden."

Aus den Worten des Vaters – über acht Jahre nach Imola – klingt kein Groll, kein Hass, auch keine Anklage. „Roland lebt immer noch mit uns. Aber so richtig begriffen, was er geleistet hat, haben wir erst später." Wir sitzen in der hellen, freundlichen zweistöckigen Salzburger Wohnung, plaudern über Roland – und der einzige Sohn (neben zwei Töchtern) ist immer gegenwärtig. Durch unzählige Fotos, Pokale, Erinnerungen.

Und durch Briefe aus aller Welt, die immer noch eintreffen. Von Fans, von Rennfahrern, sogar vom berühmten Jack Brabham, Vater von Rolands letztem Teamkollegen David. „Er schreibt uns jetzt noch: Er ist überzeugt, es war nicht Rolands Fehler."

Das kurze, schnelle Leben im Zeitraffer: Roland ging den Weg über die Rennfahrerschule von Walter Lechner, kam dort als Mechaniker unter – so haben auch die Karrieren von Hermann Lang, Jacques Laffite usw. begonnen. Er arbeitete und schuftete, und wenn ein Wagen frei war, durfte er selber einsteigen. Oder er packte ein Rennauto in den Truck und fuhr los.

Salzburgring, Snetterton, Monza: Dort trainierte Roland die Bodyguards

„Ich hab schon als Kind von der großen Rennfahrerkarriere geträumt ..."
Rolands erster Wettkampfgegner war sein Freund Reinhold – noch ohne PS ...

italienischer Politiker, wie man sein Auto in Extremsituationen beherrscht. Aus jener Zeit stammt das Pickerl: „Rolando di Montagna."

Die Eltern heute: „Wir waren nur einmal live dabei, Formel Ford auf dem Salzburgring. Roland hat zweimal gewonnen. Aber er war nicht sehr happy, dass wir da waren …Wir wussten oft nie, wo er ist, was er macht – aber er wollte keine Hilfe, und wir sind keine Klammerer. Nie wäre der Roland gekommen und hätte gesagt: ‚Mir geht's sauschlecht, ich leb nur von Wurstsemmeln.'"

Oder von Benzin. In der englischen Formel Ford fuhren Roland und Irvine zusammen. „Er betrieb sein Racing wirklich ernsthaft – und er war damals besser als ich." Höhepunkt jedes Jahr: das „Formel-Ford-Festival" in Brands Hatch, die inoffizielle WM. Strenges Qualifying, fast hundert Piloten. Aber noch jeder, der dort gewann, ist berühmt geworden.

„Etwas wirklich Faszinierendes, weil jeder wusste: Wer in Brands Hatch gewinnt, dem gelingt als nächstem der Sprung in die Formel I – der wird der nächste Grand-Prix-Fahrer."

1984 gewinnt Ratzenberger das „Formel-Ford-Festival."

„In einem echten Foto-Finish", erinnert sich Irvine, „und phantastisch für ihn, weil er als Privatrennfahrer die Werksrennställe besiegt. Ich bin dann 1985 dran." Danach nehmen beide den Umweg über Japan. Aber Ratzenberger nimmt jedes Auto, das er in die Finger kriegt, packt jede Chance.

Als in Markos offiziellem Mercedes-Werksteam am Nürburgring ein Fahrer ausfällt, ruft Roland aus Japan an: „Kann ich einspringen und bei dir fahren?"

Markos Gegenfrage: „Du weißt aber schon: Wir fahren auf der 22,9 km langen Nordschleife. Kennst du die überhaupt?"

„Klar", sagt Roland, fliegt nach Europa und steigt in den Mercedes. 162 Kurven und 20 Sekunden Rückstand gleich im ersten Training.

„Was ist los, Freund?", fragt Marko. „Ich hab geglaubt, du kennst die Strecke?" Da muss Roland zugeben: Er kennt den Nürburgring gar nicht, war nie

In der Formel Ford wurde Ratzenberger sogar inoffizieller Weltmeister. Die kühlen Briten feierten ihn als „Roland the rat". Viel bejubelt: auch dieser Formel-Ford-Sieg auf dem Salzburgring 1985.

dort, ist aber selbstbewusst aufgetreten. Ein guter Schmäh – sonst hätte er nie diese Chance bekommen. Copyright. Michael Schumacher bei seiner Formel-I-Premiere 1991 in Spa ...

„Roland the rat": ein Mann für alle Strecken, alle Rennen, alle Kategorien. Für BMW in der FIA-Tourenwagen-EM, Formel II in England und Deutschland, dazu die britische Formel 3000. In Silverstone duelliert er sich mit Andrew Gilbert-Scott um die Führung – bis zum Getriebeschaden. Andrew fährt weiter – und nach einer Stunde fragt ihn die Ratzenberger-Crew: „Hast du Roland gesehen?"

„Nein, wieso?"

„Weil er verschwunden, noch immer nicht an die Box zurückgekehrt ist – wie vom Erdboden verschluckt." Die Wahrheit: Ratzenberger ist, immer noch mit Helm und Overall, direkt in seinen Pkw umgestiegen und nach Hause gebraust, ohne seiner Box irgendetwas zu sagen. So wütend war er über den Defekt. Wie Alesi einmal in Monza, Senna einmal in Monaco. „Er hasste es, wenn etwas schief ging", weiß Andrew.

Überall gute Ergebnisse, Respekt von allen Seiten – aber die Tür zur Formel I geht nirgendwo auf – noch nicht. Die große Chance heißt Japan.

Anfang der 90er-Jahre boomt die „Formula Nippon", wie die japanische Formel 3000 heißt: bis zu 80 Autos (!) im Qualifying, volle Tribünen, gigantische Sponsorengelder. Die großen japanischen Firmen reißen sich – ehe sie später den Fußball entdecken – förmlich um die Stars aus Europa, die im Fernen Osten sehr bald eine starke Enklave bilden: Piloten mit gestörter, teils zerrissener Karriere – oder Talente vor dem Sprung nach oben.

„Roland betrieb seine Rennen total ernst- und gewissenhaft", weiß Irvine noch, „aber wir hatten auch sehr viel Spaß miteinander."

Ein Schlaraffenland. Mit den Stewardessen meist im gleichen Hotel. Mit den Campaigngirls, den Racegirls, den Gridgirls. Und der jeweiligen „Racing Queen", die jedem europäischen Rennfahrer an die Hand geht. Sie bucht Flüge und Hotelzimmer, kümmert sich, dass der Overall immer frisch gewaschen ist, erledigt alles, was für Europäer in Japan so mühsam ist.

Das Team organisiert für Roland ein Appartement außerhalb von Tokio. Rennfahrer sind in Japan wirklich die Könige, arbeiten aber auch wie Stachanows – zumindest der Salzburger. Kein anderer hat ein solches Mammutprogramm: Tourenwagen meist mit dem BMW M 3 des Stellar-Teams, gesponsert vom japanischen Benzingiganten Kygnus, auch Formel 3000 für Stellar. Sportwagen für SARD, das Team, das Shin-Kato und der in Monaco lebenden Barbara Behlau gehört.

Roland ist der erste Europäer, den Toyota als Werksfahrer engagiert hat. Oft schließt er auch Verträge „one off", steht jedes Wochenende irgendwo am Start, dazwischen testet er.

Und er verdient gutes Geld – zirka 3000 Dollar pro Jahr. Wenig für Formel-I-Verhältnisse, viel, wenn man an seine hungrigen Anfangsjahre denkt.

Ratzenbergers japanische Legionärsjahre sind kaum dokumentiert, in Österreich fast unbemerkt geblieben – und das war schade. In Stuba kommt er bei 40 Grad Hitze als Führender zum Fahrerwechsel, springt raus, Gilbert Scott springt rein, die Mechaniker wechseln die Reifen – für Rolands Begriffe zu langsam. Er stößt, tobt, schreit. Fast kommt's beim Boxenstopp zur Schlägerei. Andrew: „Ich hab aus lauter Angst gleich mein Visier zugemacht ..."

Dieser Andrew Gilbert Scott ist heute noch heimlicher Jordan-Testpilot für Aerodynamik-Erprobungen. Und Manager der aktuellen japanischen Formel-I-Hoffnung Takuma Sato, Fünfter in Suzuka 2002.

In Suzuka überlebt Roland einen mörderischen Crash beim Testen, denkt sich aber fürs letzte Saisonrennen einen Supertrick aus. Weil Jaguar mit seinem neuen Superauto kommt, konstruiert vom heutigen Ferrari-Superhirn Ross Brawn, sieht Roland aus der zweiten Startreihe keine Chance. „Also provozier ich einen Superstart, nehm die Zeitstrafe dafür gern in Kauf." Er wird Siebenter. „Ich hab in jedem Rennen zumindest einmal geführt – wenn auch vielleicht nur eine Runde wegen der Boxenstopps."

Und zweimal gewinnt er: sein erstes Formel-3000-Rennen in Suzuka. Zweiter: Teamkollege Gilbert Scott – also ein Doppelsieg, der alle verblüfft. Und nur Sechster: ein gewisser Frentzen.

Noch toller sein Sieg in der japanischen Sportprototypen-Meisterschaft (JSPC) in Fuji, auf der berühmten Strecke am Fudschijama, Niki Laudas Schicksalsstrecke 1976, wo er nach zwei Runden im strömenden Regen ausgestiegen ist und James Hunt den WM-Titel überlassen hat.

„Am Fudschijama blüht kein Edelweiß ...", hat schon Toni Sailer im Film „König der silbernen Berge" gesungen.

„Eines der ganz wenigen Rennen, nach denen Roland bei uns zu Hause in Salzburg angerufen hat", wissen seine Eltern heute noch. „Er wollte uns sagen, dass er Erster geworden ist. Und: ‚Eine Million Schilling hab ich auch gewonnen!'"

Keiner der Japan-Legionäre, der sich nicht mit ihm freut. Fast eine Blutsbrüder-Bande. Von allen versteht sich Ratzenberger mit Heinz-Harald Frentzen am besten. Wenigstens einer, mit dem er deutsch reden kann. Einmal auch in einer Bar in Tokio – aber in einer lebensgefährlichen Situation.

Weil ein Businessman aus dem Mittleren Osten mit seiner japanischen Freundin heftig streitet, ja sogar handgreiflich wird, weist ihn Frentzen zurecht.

„Stop it!", worauf der Rüpel blitzschnell ein Messer zieht, um sich auf Frentzen zu stürzen. Geistesgegenwärtig greift Roland ein, packt den Kerl, das Messer fällt zu Boden.

„Roland hat mir das Leben gerettet", berichtet Frentzen heute noch dankbar. „Aber er konnte auch ein Schlitzohr sein. Als ich in Sugo ausfiel, hat er mich nach der Zieldurchfahrt auf der Strecke aufgelesen, als Autostopper an die Box mitgenommen. Nur – ich hockte auf dem glatten, rutschigen Seitenkasten, versuchte krampfhaft mich festzuhalten, und er fuhr 150 km/h ..."

Mit Ratzenberger, weiß Irvine heute noch, war uns halt nie langweilig. Am wenigsten in Le Mans, wo Eddie, der Schwede Eje Elgh und Roland ein Team bildeten. „Im Jahr darauf fuhr Roland für SARD, ich fürs Toyota-Team."

Und dann gab es noch einen kurzen Europa-Ausflug des „Japaners" Ratzenberger, der vielen – bis heute – verborgen blieb: um zu heiraten.

Jahrelang war Roland einer bildhübschen norwegischen Stewardess namens Bente – die damals anderweitig liiert war – nachgejagt, hatte alle Tricks angewandt, um sie rumzukriegen, und Ende 1991 im Salzburger Schloss Mirabell geheiratet. Am 13. 12. 1991 im kleinen Kreis, aber sehr feierlich. Die Rennfahrerkollegen in Japan waren überrascht, aber nach ein paar Wochen sagte ihnen Roland: „Es war ein Irrtum ..."

Aber bis Roland und Bente geschieden waren, verging ein Jahr. Das Hochzeitsfoto ist in diesem Buch zu sehen – mit schriftlicher Genehmigung der kurzfristigen Frau Ratzenberger.

„Mein Pech war nur", bedauerte Roland, „dass ich bei meiner Hochzeit mein kleines Telefonbüchlein mit allen wichtigen Nummern weggeschmissen hatte. Jetzt musste ich mir alles wieder neu erarbeiten ..."

Der wahr gewordene Traum: Roland Ratzenberger als Autorennfahrer. Er brachte es - über Umwege - sogar bis zur Formel I.

In Japan bröckelte die Enklave auseinander. Der als Erster den Durchbruch in die Formel I schaffte, war Eddie Irvine. „Und was mich besonders freute: Roland hat mich damals angerufen und mir gratuliert." Als der Ire bei seiner Premiere 1993 in Suzuka debütierte, lachte er außer Senna, Schumacher und Berger alle aus: „Ich verdien in Japan viel mehr als ihr." Hätten wir auch dem Roland gewünscht.

Herbert war in der Formel I nie wirklich out, Sauber holte anfangs 1994 Frentzen zurück, Lotus etwas später Salo. Und Jeff Krosnoff, der durch Faxe mit Soft-Porno-Zeichnungen jahrelang alle japanischen Hotelrezeptionistinnen verwirrt hatte, ging in die USA.

Blieb Ratzenberger, der seine Grand-Prix-Karriere fast schon abgeschrieben hatte. „Mehr Geld steck ich nicht mehr in die Formel I." Aber dann formierte sich ein kleines Privatteam namens Simtek um den jungen Teamchef und Konstrukteur Nick Wirth („sein erster Auftritt ‚on world stage' – auf der Weltbühne") und die Tür ging einen Spalt auf.

Als rettender Engel erschien Barbara Behlau, und MTV fettete das Budget mit einer halben Million Dollar auf. „Ich darf mir keinen Unfall leisten, bei

Sein letzter Teamkollege: David Brabham, einer der drei Söhne des dreifachen Weltmeisters Jack Brabham, mit Roland 1994 in Imola. MTV war einer der Sponsoren des Simtek-Teams.

dem ich das Auto zusammenhau", grübelte Roland, „wir haben nur 12 Millionen Dollar Budget. So viel, wie der Berger in einem Jahr verdient ..."

In seinem Premierenrennen macht er alles richtig: 11. Platz in Aida in Japan, „ohne letztes Risiko, das Auto immer innerhalb seiner Grenzen gefahren, damit ich ja nicht rausflieg – aber meine Grenzen wären höher gewesen." Alles ist aufregend: der erste Grand-Prix-Start, der erste Boxenstopp im Rennen, die erste ganz leichte Kollision mit Barrichello. „Aber der ist selber schuld: Ich bin schon auf die Bordsteine raufgeklettert, kann nimmer ausweichen – aber er lenkt zu früh ein. Aber aufgepasst hab ich beim Überrunden immer, besonders wenn Berger oder Wendlinger angeflogen kamen."

Wir sitzen im kleinen Simtek-Wohnmobil, kein schlossähnliches wie bei den großen, superreichen Teams, und Roland ist auf stille Art happy, dass er es geschafft hat: Formel I zu fahren – wie sein großes Idol Jochen Rindt.

Wenn sich Rennfahrerschicksale erfüllen, erlangen Daten rückblickend immer Bedeutung. Der letzte Besuch bei den Eltern in Salzburg, friedliche Gespräche übers Rennfahren: „Mein Vater ist fast schon ein Fan von mir." Danach Fitnesstraining mit Ski-Olympiasieger Leo Stock bei Heini Bergsmüller in Obertauern – wo heute Hermann Maier seine zweite Heimat hat. Das letzte Wochenende in Monte Carlo, im 54-Quadratmeter-Appartement. Ein paar Stunden auf der Yacht von Gerhard Berger, der eine Woche später wird sagen müssen: „Ich habe zwei kostbare Menschen, gute Rennfahrerfreunde verloren. Einen jahrelangen Teamkollegen und einen jungen Landsmann, den ich leider viel zu kurz gekannt habe."

Ratzenberger fährt mit J. J. Lehto zusammen im schwarzen Carrera 4 von Monaco nach Imola: weltmännisch, fröhlich, optimistisch.

Im Autodrom kehrt Barrichello – dem Tod von der Schaufel gesprungen – mit geprellten Rippen und Arm in Gips vom Krankenhaus zurück, gerade als Ratzenberger ein harmloses Missverständnis mit seinem Teamkollegen David Brabham hat: Der Australier in seiner schnellen Runde, der Österreicher in seiner Auslaufrunde. Beinahe eine Kollision bei 320 km/h. Dicke Luft? „Ach wo, wir haben schon beide wieder gelacht. Fast hätten wir uns berührt. Er hat halt net gschaut", sagt mir Roland, als er lachend wieder ins Auto steigt.

Danach, glaub ich, hat keiner mehr mit ihm gesprochen. Ein paar Minuten später versagen – genau an der gleichen Stelle! – die Schutzengel.

Eddie Irvine: „Ich weiß noch: Ich bin in meiner Box gesessen und hab ihm zugeschaut, als er seine letzte Runde begann. Und ganz merkwürdig: Als ich die rote Abbruchflagge sah, spürte ich sofort: Da muss etwas ganz Schreckliches passiert sein – und es ist Roland."

Videoaufnahmen beweisen: Teile des Frontflügels sind weggebrochen. FIA-Präsident Max Mosley hat die Telemetrie-Aufzeichnungen: Aufprall-Geschwindigkeit 308 km/h, aber wieso die Runde davor um 25 Meter länger? „Wahrscheinlich wegen Zickzack-Lenkbewegungen, weil Roland zu checken versucht, ob sein Auto in Ordnung ist – ob er voll weiterfahren kann." Ein verhängnisvoller Irrtum, aber die definitive Antwort auf diese Fragen hat Roland mit sich genommen.

30. April 1994, 13 Uhr 08. Rolands Eltern sind gerade aus Mexiko zurückgekommen, voll im Jetlag, in der Ecke läuft der Fernseher, Eurosport auf Englisch – und als das violette Wrack um die Kurve biegt, die geringe Hoffnung: Vielleicht ist es doch nicht der Roland.

Alles weitere läuft ab „wie im Film." In Bologna treffen die Ratzenberger-Eltern später die Senna-Familie, die Polizei muss den Weg freimachen, und in der Formel I beginnt das große Umdenken über die „Höllenmaschinen" – zu spät für Senna und Ratzenberger, beinahe auch für Wendlinger, aber mit Vorkämpfer Niki Lauda, der auch am Grab die richtigen Worte findet:

„Lieber Roland, alle, die selber Rennen fahren, verstehen, warum du deinen Sport so gern hattest, dass du dafür dein Leben riskiertest. Und den anderen, die nie Rennsport betrieben haben, kann man es sowieso nicht erklären."

Berger, zutiefst betroffen, überlegt eine Woche zwischen sofortigem Aufhören und Weitermachen, aber in einem Punkt ist er mit Lauda einig: „Noch nie haben wir bei einem Begräbnis so viele außergewöhnlich hübsche Frauen und Mädchen gesehen." Oder, wie Irvine weiß: „Roland mochte schon sehr die feineren Dinge des Lebens."

Am Le-Mans-Auto von Toyota wird „Eddie Irvine" neu aufgemalt, aber auch der Name Ratzenberger bleibt drauf. Das 24-Stunden-Rennen als Requiem für den verlorenen Piloten.

Imola, ein Jahr später: Ein Blumenmeer und Transparente in der Tamburello-Kurve, ein schlichtes Ratzenberger-Foto im 1. Stock des Simtek-Wohnmobils. In der Box: immer noch das violette Fahrrad, das Roland 1994 benützt hat.

Als ich Rudolf Ratzenberger in die Villeneuve-Kurve begleite, wo er Blumen niederlegt, sagt er leise: „Ich glaube, ich kann erst jetzt begreifen, was Roland in seinem Sport wirklich Tolles geleistet – und warum ihn die Formel I so fasziniert hat. Sie war sein größter Wunsch. Nur traurig, dass wir nie wissen werden, wie weit er in seinem Sport hätte kommen können."

Tragisch, dass ihm das Unglück passieren musste, als er gerade den Traum seines Lebens realisiert hatte: Formel-I-Pilot zu sein.

Roland Ratzenberger: Stationen seiner Karriere

1983: Formel Ford 1600: erstes Rennen, erster Sieg am Nürburgring.
1984: Formel Ford 1600: Deutsche und Europa-Meisterschaft.
1985: Formel Ford 1600: 1. Österreichring, 1. Salzburgring, österreichischer, deutscher und Europameister.
1986: Formel Ford 1600: 1. Brands Hatch, 1. Snetterton, 1. inoffizielle WM in Brands Hatch.
1987: Formel III : 1. Nürburgring auf Ralt VW, 5. Euroserie, Britische Meisterschaft mit West Surrey Ralt. Gruppe A: Tourenwagen-WM mit BMW: 2. Monza, 2. Dijon mit Ravaglia und Capelli, 4. Brünn mit Ravaglia, 3. Nürburgring, 3. Calder, 6. Wellington, jeweils mit Östreich.
1988: Formel III: Britische Meisterschaft mit Madgwick Reynard. Gruppe A: Britische Tourenwagen-Meisterschaft mit BMW.
1989: Formel 3000: 2. Brands Hatch auf Reynard. Formel III: 1. Donington. Sportwagen-WM: 4. Spa mit Larrauri auf Porsche. Britische Meisterschaft mit Travis-Reynard. Gruppe C: Japanische Sportwagenmeisterschaft mit Sard-Toyota. 24 Stunden von Le Mans mit Brun-Porsche.
1990: Formel 3000: Japanische Meisterschaft mit Lola. Gruppe A: Japanischer Tourenwagenmeister mit BMW. Gruppe C: Japanische Sportwagenmeisterschaft mit Sard-Toyota, Sieger 1000-km-Rennen Fuji mit Nagasaka, Entwicklungspilot fürs 1990/91-Projekt von TRD (Toyota Racing Development).
1991: Gruppe A: Japanischer Tourenwagenmeister mit BMW. Gruppe C: Japanische Sportwagenmeisterschaft mit Sard-Toyota.
1992: Formel 3000: Japanische Meisterschaft mit Stellar Lola: 3. Mine, 4. Sendai, 4. Gotemba, 1. Suzuka auf Lola. Gruppe A: Japanische Tourenwagenmeisterschaft mit BMW. Gruppe C: Japanische Sportwagenmeisterschaft und Le Mans mit Sard-Toyota. 24 Stunden von Daytona: 3. mit Haywood, Elgh und Brayton, 9. Le Mans mit Elgh und Irvine, 4. Gotemba mit Irvine.
1993: Formel 3000: Japanische Meisterschaft mit Stellar Lola: 3. Gotemba. 24 Stunden von Le Mans mit Sard Toyota: Klassensieger und 5. Platz gesamt mit Nagasaki und Martini.
1994: Formel I mit Simtek-Ford: 11. Aida, in Imola im Training tödlich verunglückt.
Gesamtbilanz: 186 Rennen, 33 Siege, 29 zweite, 26 dritte Plätze, 42 Polepositions; 25 schnellste Runden; 13 Rundenrekorde.

ROLAND RATZENBERGER: 2 Grand Prix

Rennen	Startplatz	Auto	Rennergebnis/Ausfallsgrund
1994			
Interlagos	27	Simtac S941 Ford V8	nicht qualifiziert
Aidelaid	26	Simtac S941 Ford V8	11. Platz, 5 Runden Rückstand
Imola			tödlicher Trainingsunfall

Crazy Days bei Benetton: Alex ist ein positiver Typ, der gern lacht, auch wenn seine Freunde schon bedauerten, „dass er sich langsam von seinen Träumen verabschieden muss." Sein Rekord, bevor er McLaren-Testpilot wurde: immerhin 52 gefahrene Grand Prix - sogar einer mehr als Fangio.

ALEX WURZ, DER DRITTE MANN

Vom Schatten zurück ins Licht? Wurz und seine realistischen Träume vom Comeback

Der Mann mit dem breitkrempigen Hut verschwindet unter einem Kanaldeckel, taucht hinab in die Wiener Unterwelt, rennt und flüchtet. Nachkriegs-Wien, 1946. Wir hören die Zither von Toni Karas, sein weltberühmtes Harry-Lime-Thema, denken an Orson Welles und sehen – Alexander Wurz. In Helmut Deimels Mercedes-Remake des Filmthrillers „Der dritte Mann":

The Third Man: Das sind in der Formel I die Test- und Ersatzpiloten. Männer im Schatten? Lichtdoubles für die Stars? Mit der vagen Hoffnung, einmal für den Stammfahrer einzuspringen? Als Michael Schumacher 1997 nach seinem Silverstone-Beinbruch für sieben Rennen ausfiel, gab Ferrari nicht seinem „Testpiloten auf Lebenszeit", Luca Badoer, die große Chance, sondern engagierte den Finnen Mika Salo. Badoer war tief enttäuscht.

Und McLaren-Testpilot Wurz stieg nach viel versprechender Formel-I-Karriere runter in die Schattenwelt der Formel I – ins Kanalsystem aber nur für den TV-Spot. „Das Schlimmste beim Filmen", findet Alex, „ist das Warten." In der Formel I auch.

„Wenn wir einen Piloten finden, der den Ehrgeiz von Dieter Quester, den Speed von Oliver Tichy, das Selbstbewusstsein von Alexander Wurz und die

Alexander Wurz
Geboren am 15. 02. 1974 in Waidhofen an der Thaya.
Der 12. und vorläufig letzte Österreicher in der Formel I. Begann als Testpilot und Berger-Ersatz 1997 bei Benetton, jetzt als McLaren-Tester beteiligt am Aufstieg der Silberpfeile.

Geschäftstüchtigkeit von Markus Friesacher vereint – dann hätten wir Österreicher wieder einen Rennfahrer, von dem die ganze Welt spricht!" So etwa philosophierte Dr. Helmut Marko, der große Talentscout unserer Rennszene, Mitte der 90er-Jahre.

Dann riskierte Friesacher das Abenteuer Australien, kam zurück, lotste Ralf Schumacher nach Salzburg – während der Stern des anderen Friesacher (Patrick) aufstieg.

Davor duellierten sich Tichy und Wurz auf der Strecke, aber auch hinter den Kulissen, zeitweise um einen Platz im Formel-3000-Team von Super Nova. Ein Schlagabtausch, der an Berger vs. Gartner ums Arrows-Cockpit erinnerte. Bis mir David Sears, der englische Teamchef, am Telefon zuflüsterte: „Sag deinen zwei Helden und vor allem ihren Leuten: Wenn sie nicht endlich aufhören, mich dauernd anzurufen, um den anderen anzuschwärzen, kriegt bei mir keiner von beiden ein Auto."

Blick zurück: zwei hoffnungsvolle Youngster in der Formel Ford: Wurz und Tichy. Leuchtende Augen, große Hoffnungen.

„Beim Abendessen", erzählt mir Alex, „sind wir uns einig: Eigentlich sollten wir beide in die Formel I kommen. Aber das wird vielleicht nur einer schaffen. Wir nehmen an, dass man irrsinnig viel Geld hat, wenn man in der Formel I ist – vielleicht nicht gleich am Anfang, aber zum Schluss dann schon ... Darum beschließen wir: Wer von uns beiden in die Formel I kommt, kauft dem anderen zur Entschädigung eine Harley Davidson."

Alex kaufte, Oliver reitet drauf herum. Die Karriere von Tichy (schnell, stark im Regen) ist versandet, die von Wurz nahm viele Wendungen.

Alexander wurde Österreichs 12. Grand-Prix-Pilot. Derjenige, der am schnellsten bei einer Formel-I-Siegerehrung aufs Podest kletterte: als Dritter bereits in seinem dritten Grand Prix, Silverstone 1997. Aber später auch derjenige mit der längsten Durststrecke: 22 Grand Prix ohne Punkte, ähnlich wie Niki Lauda ganz am Anfang seiner Karriere – aber mit miserablen Autos.

Als es 18:18 stand, fragte ihn die TV-Lady Tanja charmant: „Herr Lauda, wissen Sie, was Sie mit dem Wurz gemeinsam haben?" Antwort: „18 Rennen ohne WM-Punkt." Lauda schaute überrascht: „Wurz auch dreimal Weltmeister?" fragte er dann.

Nicht wirklich. Aber: mindestens zweifacher Weltmeister bis 2001, hatte sein engstes Umfeld – alles nachzulesen – prognostiziert. Und der Alex würde so viel gewinnen wie der Niki Lauda und so viel verdienen wie der Gerhard Berger. Vielleicht war genau das für den absolut talentierten, soliden und brauchbaren Grand-Prix-Piloten Wurz das größte Handicap: zumeist den Erwartungen und Prophezeiungen anderer hinterherjagen zu müssen.

Heute, da sich Wurz nach zwei McLaren-Jahren als Testpilot längst auf drei weitere Jahre im Schatten der Superstars Coulthard und Räikkönen eingerichtet hat, frag ich Niki Lauda, wie denn er die Wurz-Karriere sieht. Seine faire und logische Analyse ist hoch interessant:

„Der Alex ist sicher ein schneller Bursche, der gerade jetzt bei diesen McLaren-Testfahrten weiß, was man mit einem Formel-I-Auto tun muss, um schnell zu fahren. Das kann er. Nur hatte er jahrelang ein falsches Management – und er selber war eher auf der weichen Seite: immer zu erklären, warum etwas nicht gegangen ist. Also: Vom Image her war er schlechter, als er in Wirklichkeit ist. Und das ist eigentlich nicht direkt von ihm ausgegangen, sondern rund um ihn passiert. Wodurch, kann man schwer sagen, aber es ist so. Und das war in Wirklichkeit sein Handicap, warum dann nichts mehr weitergegangen ist. Dabei war er von der Leistung her absolut in Ordnung. Und ist sicher besser als manche andere, die hier fahren – wenn man das jetzt nur auf die Leistung bezieht. Aber leider ist halt rundherum alles schiefgegangen", hat auch Lauda beobachtet. „Als Rennfahrer wäre er gar nicht so schlecht, eher so ein Typ wie Frentzen."

Lauda hat die weitere Wurz-Entwicklung natürlich auch aus der Perspektive des Teamchefs betrachtet. Und sieht seine weiteren Chancen so:

„Weil jetzt so viele junge Piloten nachstoßen, teils aus der Formel III, teils sogar noch eine Stufe darunter, denkt sich natürlich jeder Teamchef, der fünf Jahre vorausplant: Ich hol mir lieber einen jungen Risikoglüher, den man puncto Erfahrungsammeln und Testen etc. ausbilden kann – und investier dorthin. Der Alex hat das Problem, dass er mit bald 29 bereits in einen Generationswechsel kommt – deshalb bekommt er im Moment kein Auto."

Die Zahlen lügen nicht. Seit Wurz Ende 2000 in Kuala Lumpur nach seinem letzten Benetton-Rennen aus dem Cockpit stieg, sind mehr als ein Dutzend neue Piloten in die Formel I vorgestoßen: Montoya, Bernoldi, Räikkönen, Alonso, Yoong, Webber, Sato, Massa, McNish, Davidson, Enge, Burti, da Matta, Pizzonia, Wilson, Firman – und Panis ist zurückgekehrt. Auch über den Umweg des McLaren-Testpiloten, den Wurz Ende 2000 eingeschlagen hat.

„Back to scratch" heißt das im Racing-English. „Back to square one": zurück zum Start, wenn man „Mensch-ärgere-dich-nicht" spielt. Notwendig war's nicht.

Niki Lauda hat sich seinerzeit, „um den Weg abzukürzen", mit 2,7 Millionen Schilling in die Formel I eingekauft. Ich erinnere mich an viele Stunden, die wir im „Café Billroth" hockten und krampfhaft überlegten: „Wer hätte so viel Geld – und womit zurückzahlen, falls nicht …?"

30 Jahre später: meine direkte Frage an Wurz und seine ehrliche Antwort: Wie viel Geld hast du in deine Rennkarriere wirklich investiert?

„Es ist ganz klar: Jeder, der Kart, Formel III oder Formel I fährt, muss investieren. Ich hab 7 bis 8 Millionen Schilling gebraucht. Teils selbst aufgetrieben, teils finanziert, teils zu Hause ausgeborgt – aber wie abgemacht von mir später zurückgezahlt, als ich Geld verdiente."

Und wenn der Plan nicht aufgegangen wäre, Alex?

„Dann hätte ich halt beim ÖAMTC als Instruktor gearbeitet und jeden Monat mein Geld abgeliefert."

10.000-Schilling- oder 1000-Euro-weise?

„Nein, der Autofahrerklub bezahlt seine Instruktoren gut …"

Sich seine Träume zu erfüllen, war dem Alex viel Geld wert. Sein Le-Mans-Sieg 1996 z. B. fast eine Million Schilling! „Für mich als 22-Jährigen ein Haufen Geld, um einen Bankkredit aufzunehmen." Er finanziert seine erste Sternstunde „teilweise mit Hilfe von Sponsoren, teilweise mit eigenem Geld."

Ein Poker, der aufgeht: „Ich könnte im Jöst-Team auch umsonst fahren, aber im Auto Nr. 8. Doch ich will unbedingt ins Auto Nr. 7 und steig dem Teamchef so lang auf die Zehen, bis er sagt: ‚Okay, kannst du, weil du besser in dieses Fahrertrio passt. Aber weil Davy Jones im Finsteren nicht so gut sieht, müsstest du die Nachtturns fahren.'"

Der dritte Mann: McLaren-Mercedes-Testpilot Wurz zwischen Coulthard und Hakkinen. Der Finne wurde gegen einen anderen Finnen (Räikkönen) ausgetauscht, der Österreicher bleibt bis 2005.

Jöst spürt genau, „wie heiß und unruhig ich bin. Okay, er setzt die Piloten um, aber dafür will er ein bisschen Kohle haben." Wurz ist „so überzeugt, dass wir gewinnen, dass ich sag: ‚Okay, ich mach das.'"

Das Trio Reuter-Wurz-Jones hält in der Nacht immer 30,40 Sekunden Vorsprung. „Wir merken, dass wir die Reifen beim Tankstopp nicht wechseln müssen. Allerdings: Fahrerwechsel, wenn man nur nachtankt, sind immer ein Risiko. Wir dürfen nicht einmal 5 Sekunden verlieren, müssen also Dreier-Turns fahren, sitzen jeder zweieinhalb Stunden nonstop im Auto. Das ist schon sehr hart für uns. Aber wenigstens regnet's nicht."

Weil sie einen Ölbehälter wechseln müssen, schrumpft der Vorsprung der drei. Um acht Uhr früh: nur noch 18 Sekunden. Verdammt wenig für ein 24-Stunden-Rennen. Am Ende kassiert Jones die Zielflagge mit einer Runde Vorsprung – Wurz und Reuter jubeln in der Box.

Le-Mans-Sieger mit 22 Jahren, als dritter Österreicher nach Rindt und Marko. Der Einsatz hat sich gelohnt.

Wir sind gerade beim Formel-I-Grand-Prix von Kanada, als ORF-Regisseur Fritz Melchert mit der Siegermeldung heranstürmt. „Ich hab's auch gleich dem Gerhard gesagt." Und wie hat der Berger reagiert? „Super, hat er gesagt."

Für Berger und Alesi ist Wurz 1997 Test- und Ersatzpilot bei Benetton. Eingekauft von A1 mit zwei Millionen Dollar. Auf dem internationalen Markt der Formel I nicht aufsehenerregend – für Österreich aber sehr viel Geld. Fußballmanager vereinbaren in Spielerverträgen oft so genannte „Auflaufprämien", Zahlungen pro Matcheinsatz, in der Formel I kann's bisweilen auch umgekehrt sein. Prämien für den Trainer.

Gerhard Bergers gesundheitliche Probleme und sein Familien-Drama hieven Wurz für drei Rennen ins Benetton-Cockpit. Montreal, Magny-Cours und vor allem Silverstone.

„Dort haben wir im Warm-up noch eine Zwei-Stopp-Strategie, stellen aber kurz vorm Rennen um. Das heißt: Ich fahr den Benetton zum ersten Mal im Rennen mit vollen Tanks – und das ist extrem schwierig." Villeneuve gewinnt, 10 Sekunden dahinter kreisen die Benettons. „Ich sitz hinter Alesi, könnte schneller sein, die Box lässt mich nicht überholen … aber das ist schon okay."

Zwei Wochen später, in Hockenheim, muss Wurz dem Heimkehrer Berger das Auto zurückgeben. Und der gewinnt sensationell.

Als der Tiroler Ende 1997 zurücktritt, beginnt für Wurz die Hochschaubahn dreier Benetton-Saisonen. „Wenn's laft, dann laft's", hat unser unvergessener Skichampion Rudi Nierlich einmal formuliert. Was Wurz nach dem Stahlgewitter von 52 Grand Prix bestätigt: „Wenn es läuft, ist das Rennfahren nicht so schwierig. Oft sind die Rennen, wenn es nicht läuft, viel schwieriger – und du brauchst viel mehr Einsatz."

Welcher, frag ich ihn, war eigentlich für dich persönlich dein bester Grand Prix?

„Budapest 1998, auch wenn's fast keiner gemerkt hat. Vom Start bis kurz vor Schluss – gebrochene Antriebswelle – am absoluten Limit. Kein Fehler, kein Rutscher, kein einziges Mal auch nur 50 cm neben der Ideallinie – gefahren wie im Qualifying. Ein Superrennen. Nur leider ohne Chance, in die Punkte zu kommen, weil vor mir keiner ausfällt."

Und Buenos Aires 1998 – mit der schnellsten Runde im Rennen?

„Auch ein Superrennen. Als es zu nieseln anfängt, überhol ich Eddie Irvine, der mit dem Ferrari im Nassen nicht so toll unterwegs ist. Dann überrunde ich den Japaner im Tyrrell, aber der sieht mich im Nieselregen nicht und drängt mich auf die Wiese. Ich dreh mich und verlier so den 3. Platz."

Oder Monte Carlo 1998, das Rad-an-Rad-Duell mit Schumacher?

„Ich soll in der 42. Runde an die Box, und Michael hat das gewusst. Vor mir: drei Autos, ich in zweiter Position. Ich weiß: Der Michael fährt im Rennen nicht unbedingt gegen mich – weil er noch einen Extra-Boxenstopp hat. Also denk ich mir: Wenn ich jetzt großartig gegen ihn kämpfe, verlier ich unnötig Zeit. Ich fahr also nicht Kampflinie, die drei vorn halten mich auf – und Schumacher sticht innen durch. Gemeinsam fahren wir durch die Loews-Haarnadel. Da denk ich mir: ‚Kann auch nicht sein, dass ich meine Position freiwillig aufgeb. Ich kämpf mich zurück, relativ brutal, dann fährt er mir seitlich rein, wobei er seine Aufhängung beschädigt – meine leider auch."

Aber das merkt Wurz beim Boxenstopp nicht. Bis am voll getankten, jetzt tief liegenden Benetton die Aufhängung im Tunnel bricht.

Sein aufregendster Start? Wahrscheinlich der Salto von Montreal. Und seine beste Überholaktion? Gegen Frentzen (damals Williams) 1998 in Brasilien, gleich nach Start und Ziel, beim Anbremsen der Senna-Schikane – wo 2001 Montoya zum ersten Mal gegen Schumacher frech geworden ist. Alex nickt: „War ein cooles Manöver."

In vier Jahren Benetton hatte er nur einen einzigen Fixpunkt: Giancarlo Fisichella, den Teamkollegen, gegen den die Punkteduelle 17:16, 3:13 und 2:18 enden. Dafür dauernd wechselnde Teamchefs: Flavio Briatore, Rocco Benetton, David Richards, am Ende wieder Flavio. „Dazu mindestens vier Chefkonstrukteure. Keine Kontinuität, viele innenpolitische Kämpfe. Das hat nie aufgehört, ist jedes Jahr schlimmer geworden." Und philosophisch: „Worum geht's denn in der Formel I? Immer ums gleiche – Macht und Geld."

Was hat dir Briatore angetan? Du wurdest mit vielen Sprüchen zitiert?

„Ich stell keinen an die Klagemauer. Aber wer es offen beobachtet, hat schnell gesehen, was da gespielt wird. Mehr brauch ich nicht zu sagen – finished."

Die Engländer kennen den Spruch, da wäre noch „a bill to settle" gewesen, was Alex bestätigt. Von 1997 war da noch eine Rechnung offen. Und darum platzte sein Langzeit-Traum, die Renault-Raketen beim großen Comeback zu lenken.

Sein jetziges Verhältnis zu Briatore? „Wir reden manchmal ein bissl beim Frühstück." – Stimmt's?, frag ich den Renault-Boss. „Ja", grinst Flavio, „jedes Mal, wenn mir Alex im Fahrerlager über den Weg läuft, sag ich goodbye."

Dass Wurz vom zweiten Mann bei Benetton zum dritten Mann bei McLaren wird, feiern seine Fans als Erfolg: „Vom drittbesten zum zweitbesten Team der Formel I." Alex sieht das pragmatischer: „Ich hab jetzt einen anderen Schritt gemacht als vielleicht andere Leute. Es ist ein höherer Poker – aber er kann sich auch viel höher auszahlen."

Und er wird Ende 2000 auch so zitiert: „Ich hätte nix dagegen, bis ans Ende meiner Rennfahrerkarriere Testpilot bei McLaren zu bleiben." – Will er das wirklich?

„Nein, ich möchte natürlich Rennen fahren. Weil ich Rennfahrer bin, will ich auch draußen fahren. Man hat mich nur gefragt: ‚Wenn dir McLaren einen lebenslangen Vertrag als Testpilot und Technik-Mitarbeiter anbietet, was dann?' Dann müsste ich mir das überlegen. Aber ich will Rennen fahren – das andere kann ich später immer noch machen."

Wie direkt hat sich doch Alain Prost ausgedrückt, als er eine Zeit lang „fahrender Testingenieur" von McLaren gespielt hat? „Nur Formel-I-Autos testen, ohne Rennen zu fahren, ist so, wie wenn du mit einer wunderschönen Frau verheiratet bist – und mit ihr keinen Sex hast."

Die Wurz-Abstinenz dauert schon lang. Und das Problem der Testpiloten: Rennfahrer sind alle Egoisten, aber jetzt wird Wurz zum Teamplayer, zum Mannschaftsspieler.

Wie kommst du damit zurecht?, frag ich ihn, ein Problem für dich?

„Hab ich mir gedacht, bevor ich den Job angenommen hab. Aber dann hab ich rausgefunden, dass McLaren seinen Fahrern gegenüber wirklich cool ist."

Nur beim ersten Mal hat Alex ein bissl die Krise. In Melbourne 2001, bei seiner Premiere als dritter Mann. „Du bist seit drei Jahren gewohnt anzureisen, kommst am Donnerstag auf die Strecke, gehst alles fürs Rennen durch. Dann bist du nur da, weil du von der Marketingabteilung eingeteilt bist, gehst aber nix durch und denkst dir: Shit – eigentlich fahr ich ja gar nicht", schildert er mir die Qualen des Alex W.

Aber natürlich hat er Bereitschaftsdienst – jeden Rennsamstag bis 12 Uhr. Bis eine Stunde vorm Qualifying kann jedes Team einen Fahrer umbesetzen. Für den Fall, dass der Herr Stammpilot „in der Badewanne auf die Seife steigt und ausrutscht" (Ron Dennis), plötzlich der Blinddarm rebelliert (Hakkinen), ein Unfall (Frentzen) oder eine Fischvergiftung passiert oder, Gott behüte, noch Schlimmeres.

„Wann haust du ab?", fragt Wurz anfangs 2001 noch seinen Kollegen Ricardo Zonta, der bei Jordan die gleiche undankbare Rolle spielt. Antwort: „Gleich nach 12 Uhr." – „Ich auch", sagt Wurz, „dann brauchen's mich nimmer."

Wurz und Zonta waren beide Kandidaten für den McLaren-Ersatzpilotenjob. Aber Zonta verlangte von Dennis die Garantie, „dass ich die Chance krieg, wenn einer der beiden Stammpiloten einmal ausfällt." Ron verweigerte die Zusage. Darauf ging Zonta zu Eddie Jordan – und bekam die Garantie. – Wurz bei McLaren auch? „Vertragsgeheimnis, darüber darf ich nicht reden." Zonta aber fuhr 2001 wirklich zwei Rennen für Jordan, Wurz keines für McLaren.

„Aber ich bin natürlich eingebunden in Taktik und Strategie, technische Entwicklungen. Und du merkst gar nicht, dass du nur da bist, um einfach da zu sein und auch für die Marketingabteilung – sondern sie wollen dich wirklich mit einbeziehen, und das ist schon lässig."

Wurz hat, wie schon 1997 bei Benetton, in der Box der Silberpfeile die Kopfhörer auf. Mit dem (verschlüsselten) Boxenfunk von Hakkinen, Coulthard oder jetzt Räikkönen? „Ich hab einen Scan. Je nachdem, wer spricht. Ich kann es mir aussuchen." Und natürlich kennt er den Schlüssel, um die Funksprüche zu dechiffrieren. Feind hört in der Formel I immer mit.

Und die monotonen Testfahrten – ohne Zuschauer, ohne Applaus, ohne Fernsehen, aber mit dem gleichen Speed, der gleichen Gefahr? Ein Testpilot muss immer gleich motiviert, gleich gut, gleich schnell sein, unheimlich konstant – weil sonst das Team bei Veränderungen nie weiß: Ist es der Fahrer oder das Auto?

Wurz bestätigt: „Wichtig ist, dass du einfach deine Linie durchziehst. Zum Beispiel beim Reifentest: Der dauert einen halben Tag. Du darfst nicht mittendrin, weil die Temperatur gerade günstig ist, plötzlich anfangen zu pushen und auf Super-Rundenzeiten losgehen – darauf musst du teilweise verzichten. Aber du weißt dann wenigstens für dich, wo du stehst. Von der Motivation her hab ich sicher kein Problem. Weil ich ja denen und dem Rest der Welt zeigen will, dass ich Auto fahren kann. Für mich ist jeder Test wichtig. Ich muss mir eine Basis im Team schaffen. Dass man nicht ewig testen soll, ist schon klar, aber das liegt auch ein bissl am Team, wie sie dich behandeln. Bei McLaren recht gut."

Soweit Alex 2001, als Schattenmann für Hakkinen und Coulthard. Grundsätzlich: Kann ein Testpilot ein Auto von der Technik her in die Richtung des einen oder anderen Fahrers entwickeln? Damit sogar Stallduelle entscheiden?

„Ich hab rasch gemerkt: Ich hab den gleichen Fahrstil wie Hakkinen: bissl mehr Fahrt auf der Hinterachse. Schwierig zu erklären: Mika verlangte mehr Arbeit von den Hinterrädern, während David eher der Sanftere ist und mehr die Vorderräder benützt, um in die Kurven reinzufahren – weil er es einfach langsamer macht, nicht so aggressiv wie Mika oder ich und jetzt auch Kimi Räikkönen: In die Kurve reinfahren, das Auto rutscht ein bissl, du kommst über alle vier Räder, hast ein bissl zu zaubern – und gehst durch."

Aber die Feinabstimmung müssen die Starpiloten natürlich schon selber machen. Kriegt Alex Lob? Reden wirklich alle offen miteinander, vor allem, wenn Wurz beim Test oft schneller gefahren ist? „Da kommt keiner zu mir und sagt: Bravo, Alex, du bist super, schneller als ich – das sagt keiner. Wir haben zwar keine Konkurrenz im Team, aber jeder denkt: Er will schneller sein als der andere, ganz klar. Das kannst aus einem Rennfahrer nie herausradieren."

In seinen ersten zwei Testjahren hat Wurz mit Ron Dennis noch eine Vereinbarung: Wenn er die Möglichkeit hat, in einem anderen Team Rennen zu fahren, geben ihn die „Silberpfeile" frei. Und prompt kommen schon die ersten Anfragen. Aber wen wollen sie wirklich? Den Rennfahrer oder den Testpiloten Wurz?

„Die sind natürlich alle heiß auf das Wissen, das du bei McLaren hast. Interessant, wie schnell das Interesse da ist, dass andere Teams nachfragen."

Testfahrer sind höchste Geheimnisträger, vor allem, wenn sie in Spitzenteams arbeiten. Das sind ungeheure Wissensschätze, die jeder im Hirn hat. Darum auch sagt Ron Dennis immer: „Ich will,

dass McLaren-Fahrer als McLaren-Fahrer abtreten." Als Olivier Panis – Wurz-Vorgänger als dritter Mann der „Silberpfeile" – zu BAR wechselte, versprach er hoch und heilig: „Ich würde nie alle Geheimnisse von McLaren an BAR verraten: aus Loyalität und Fairness, weil mir mein altes Team geholfen hat."

Glaubst du das, Alex?

„Auf keinen Fall ... Wenn ich zu einem anderen Team geh, nehm ich alles mit, was ich weiß. Ganz logisch, das macht jeder. Anders wäre er ja dumm ..."

Aber zuerst galt für den Niederösterreicher: „Ich will und muss so schnell sein, dass sie im Team nicht einmal eine Zehntelsekunde nachdenken, wen sie ins Auto setzen, wenn einer der beiden Fahrer aufhört oder weggeht ..." Als sich Hakkinen zu seiner „Babypause" entschloss, wähnte sich Wurz seinem Traum-Cockpit ganz nahe. Aber McLaren dachte ein bissl länger nach, kaufte Kimi Räikkönen für 20 Millionen Dollar aus seinem Sauber-Vertrag frei, und Wurz blieb ein zweites Jahr Testpilot.

Für 2003 setzte er ganz fest auf Toyota, verlor aber letztlich die Geduld, „weil sich ein paar ältere Herren bei den Japanern nicht entschließen können."

Ove Andersson, der Toyota-Teamchef, sieht es ein bissl anders: „Wurz musste sich bei McLaren sehr rasch entscheiden, ob er den Testjob weiter will oder nicht – Ron Dennis hat Druck gemacht." Klar: Laut Vertrag musste er Hakkinens endgültige Rücktritts-Entscheidung abwarten, erst dann durfte er ein Fahrertrio offiziell bekannt geben.

Alex Wurz unterschrieb für drei Jahre. Seine Gage liegt zwischen 2 und 3 Millionen Euro.

Wahrscheinlich der bestbezahlte dritte Mann in der Formel I.

Also, wenn keiner in der Badewanne ausrutscht: Testpilot bis Ende 2005. Dann ist Alex 32.

Sein Umfeld hat sich geändert. Wurz wirkt erwachsener, gereifter. „Ich bin relativ selbstständig, hab bei McLaren keine persönlichen Sponsoren mehr, sondern bin nur noch da als Fahrer." Gemanagt von seiner englischen Frau Julia Horden, der früheren Presselady von Benetton – obwohl dort noch die strenge Regel galt: Romanzen innerhalb der Firma streng verboten.

„Keine Ahnung, mir auch wurscht." Aber als Revanche hat er Briatore nicht die Pressedame weggenommen. „Ich bin kein Haifisch, der solche Sachen macht."

Seit der kleine Felix da ist, leben die Wurz in Monte Carlo zu dritt. Alex macht viel Radtraining mit Peter Luttenberger, liebt das Kite-Surfen und das Klettern, im Himalaya und an der Riviera. Sonstige Extremsportarten, Alex? „Ja – Formel I fahren ..."

ALEX WURZ, DER DRITTE MANN | 269

Nur leider vor meist leeren Tribünen, ohne Zuschauer, ohne Fernsehen. Der Job der Testpiloten ist knallhart. 2002 hat Alexander auf sieben Teststrecken inoffiziell Rundenrekorde gebrochen, vor dem Saisonstart 2003 hatten Alex, Coulthard und Räikkönen mit dem Interims-Modell MP 4-17 D zusammen unglaubliche 22.600 Kilometer zurückgelegt. „Mit drei Testautos und zwei bis drei Testteams", analysiert Alex.

Später half ihm auch Pedro de la Rosa, Niki Laudas verlorener Spanier bei Jaguar. Alex war „froh, dass auch Pedro da ist". Konkurrenz fürchtet er keine. Ron Dennis bescheinigt ihm: „Wurz ist als Testpilot besser und schneller, als er bei Benetton je als Rennfahrer war."

Fehlt nur, dass nach Arrows und Prost noch zwei Formel-I-Teams Pleite machen – dann könnten, müssten, dürften McLaren und die anderen ein drittes Auto einsetzen. „Eine kleine Hoffnung im Hinterkopf ..."

Wurz ist unser zwölfter und bislang letzter Pilot in der Königsklasse des Motorsports. Mit ihm endet – vorläufig – die faszinierende österreichische Erbfolge in der Formel I, der Habsburger-Dynastie nicht ganz unähnlich. „Austria felice", wandelte sogar Enzo Ferrari das historische Schlagwort ab. Auch wenn die Heiratspolitik („tu felix Austria nube") in der Formel I natürlich einen anderen Background hat ...

Jochen Rindt heiratete die Finnin russischer Herkunft Nina, Niki Lauda die in Chile und Venezuela aufgewachsene Marlene, Gerhard Berger die Portugiesin Ana, Karl Wendlinger die Deutsche Sophie, Dieter Quester (in zweiter Ehe) die Deutsche Catrin, Harald Ertl die Deutsche Vera, Roland Ratzenberger, wie kurzfristig auch immer, die Norwegerin Bente, Alexander Wurz die Engländerin Julia.

Nur Helmut Marko, Hans Binder und Helmut Koinigg sagten Ja zu A, heirateten „österreichisch", Jo Gartner war verlobt.

Aber wie geht's weiter mit der „Formel Austria"? Gelingt Patrick Friesacher in der Formel 3000 der große Durchbruch? Oder kommt die nächste Generation österreichischer Grand-Prix-Fahrer aus der Formel III oder Formel Nissan – mit Mathias Lauda, Norbert Siedler, Richard Lietz?

Bei den Zweirädrigen hat Heinz Kinigadner gegen seinen Fluch bei der Wüstenrallye Paris – Dakar angekämpft wie Gregory Peck gegen den berühmten Wal Moby Dick – und ihn als Teamchef endlich besiegt. Jetzt geht KTM auf die Straßen-WM los. Und das Comeback unseres Motorrad-Grand-Prix auf dem Salzburgring steht unmittelbar bevor – 50 Jahre nach Rupert Hollaus.

Mehr über die Sternstunden unserer „Formel Austria" auf zwei und auf vier Rädern dann im nächsten Buch. Und natürlich über die Comebacks von Lauda und Berger – wann und wo auch immer ...

Alexander Wurz: Stationen seiner Karriere

1986: BMX: Weltmeister, EM-2.
1988: BMX: österreichischer Meister.
1989: Kart: 2. österreichische Meisterschaft.
1990: Kart: 3. österreichische Meisterschaft, 4. Middle East-Meisterschaft, 2. österreichische Kart-Trophy.
1991: Formel Ford 1600: österreichischer Juniormeister, 2. österreichische Meisterschaft, 2. internationaler Formel Ford-Cup.
1992: Formel Ford 1600: deutscher Meister, österreichischer Meister, 4. Neuseeland-Meisterschaft, internationaler Formel Ford-Cup. – Formel Opel: 4. österreichische Meisterschaft, 9. Nationencup, 1. Gruppe B 24 Stunden Nürburgring, 7. gesamt.
1993: Formel III: österreichischer Meister.
1994: Formel III: 2. Platz deutsche Meisterschaft hinter Jörg Müller, vor Ralph Schumacher, 1. Platz Topic Formel III-Cup, 1. Platz Sebring-Cup.
1995: Formel III: 6. Platz deutsche Meisterschaft, 6. Platz Monte Carlo. ITC Opel Werksfahrer, Sieger im 24-Stunden-Rennen von Le Mans auf Jöst-Porsche.
1996: ITC-Serie auf Opel. Sieg im 24-Stunden-Rennen von Le Mans mit Manuel Reuter und Davy Jones. Erste Formel-I-Testfahrten für Benetton im November.
1997: Formel I: Benetton-Testfahrer, ersetzte Gerhard Berger in 3 Rennen, Platz 3 in Silverstone, WM-14. mit 4 Punkten.
1998: Formel I: Benetton, WM-7. mit 17 Punkten.
1999: Formel I: Benetton, WM-13. mit 3 Punkten.
2000: Formel I: Benetton, WM-15. mit 2 Punkten.
2001: Formel I: Testfahrer für McLaren-Mercedes. Vertrag bis 2005 verlängert.

ALEXANDER WURZ:
52 Grand Prix, 1 schnellste Runde, 26 WM-Punkte

Rennen	Startplatz	Auto	Rennergebnis/Ausfallsgrund
1997			
Montreal	11	Benetton B 197-Renault V 10	ausgefallen – gebrochene Antriebswelle
Magny-Cours	7	Benetton B 197-Renault V 10	ausgefallen – Dreher nach 60 Runden
Silverstone	8	Benetton B 197-Renault V 10	3. Platz hinter Villeneuve, Alesi
1998			
Melbourne	11	Benetton B 198-Mecachrome V 10	7. Platz, 1 Runde zurück
Interlagos	5	Benetton B 198-Mecachrome V 10	4. Platz, Frentzen überholt
Buenos Aires	8	Benetton B 198-Mecachrome V 10	4. Platz, schnellste Rennrunde
Imola	5	Benetton B 198-Mecachrome V 10	ausgefallen – Motorschaden als 19.
Barcelona	5	Benetton B 198-Mecachrome V 10	4. Platz, 62,538 sec hinter Hakkinen
Monte Carlo	6	Benetton B 198-Mecachrome V 10	ausgefallen – Unfall nach Kollision mit Schumacher
Montreal	11	Benetton B 198-Mecachrome V 10	4. Platz nach Überschlag beim Start
Magny-Cours	10	Benetton B 198-Mecachrome V 10	5. Platz, 1 Runde zurück

Silverstone	11	Benetton B 198-Mecachrome V 10	4. Platz, 1 Runde zurück
Spielberg	17	Benetton B 198-Mecachrome V 10	9. Platz, 1 Runde zurück
Hockenheim	7	Benetton B 198-Mecachrome V 10	11. Platz, 57,995 sec hinter Hakkinen
Budapest	9	Benetton B 198-Mecachrome V 10	als 16. gewertet, Antriebsschaden
Spa	11	Benetton B 198-Mecachrome V 10	ausgefallen - Kollision mit Coulthard, Lenkungsdefekt
Monza	7	Benetton B 198-Mecachrome V 10	ausgefallen - Getriebeschaden (24.Runde)
Nürburgring	8	Benetton B 198-Mecachrome V 10	7. Platz, 1,04 min hinter Hakkinen
Suzuka	9	Benetton B 198-Mecachrome V 10	9. Platz,1 Runde zurück

1999

Melbourne	10	Benetton B 199 -Supertec V 10	ausgefallen - mit 280 km/h auf der Geraden gedreht
Interlagos	9	Benetton B 199 -Supertec V 10	7. Platz, 2 Runden zurück
Imola	17	Benetton B 199 -Supertec V 10	ausgefallen - Auffahrunfall mit de la Rosa
Monte Carlo	10	Benetton B 199 -Supertec V 10	6. Platz trotz eingerissenem Heckflügel
Barcelona	18	Benetton B 199 -Supertec V 10	11. Platz, 1 Runde hinter Hakkinen
Montreal	11	Benetton B 199 -Supertec V 10	ausgefallen - gebrochene Antriebswelle (1. Runde)
Magny-Cours	13	Benetton B 199 -Supertec V 10	ausgefallen - Acquaplaning-Unfall hinter Safety Car
Silverstone	18	Benetton B 199 -Supertec V 10	10. Platz, 72,123 sec hinter Coulthard
Spielberg	10	Benetton B 199 -Supertec V 10	5. Platz, 66,358 sec hinter Irvine
Hockenheim	13	Benetton B 199 -Supertec V 10	7. Platz, 33,333 sec hinter Irvine
Budapest	7	Benetton B 199 -Supertec V 10	7. Platz, 61,012 hinter Hakkinen
Spa	15	Benetton B 199 -Supertec V 10	14. Platz, 1,17 min hinter Coulthard
Monza	14	Benetton B 199 -Supertec V 10	ausgefallen - Getriebe- Elektronikdefekt
Nürburgring	11	Benetton B 199 -Supertec V 10	ausgefallen - Unfall, mit Diniz kollidiert
Sepang	7	Benetton B 199 -Supertec V 10	8. Platz, 60,934 sec hinter Irvine
Suzuka	15	Benetton B 199 -Supertec V 10	10. Platz, 1 Runde hinter Hakkinen

2000

Melbourne	14	Benetton B 200-Supertec V 10	7. Platz, aufgerückt durch Salo-Disqualifikation
Interlagos	13	Benetton B 200-Supertec V 10	ausgefallen - Motorprobleme
Imola	11	Benetton B 200-Supertec V 10	9. Platz, 1 Runde hinter M. Schumacher
Silverstone	20	Benetton B 200-Supertec V 10	9. Platz, 1 Runde hinter Coulthard
Barcelona	19	Benetton B 200-Supertec V 10	10. Platz, 1 Runde hinter Hakkinen
Nürburgring	15	Benetton B 200-Supertec V 10	als 12. gewertet, kollidiert mit Herbert
Monte Carlo	12	Benetton B 200-Supertec V 10	ausgefallen - Unfall in St. Devote
Montreal	14	Benetton B 200-Supertec V 10	9. Platz, Trocken-/Regen-Rennen
Magny-Cours	17	Benetton B 200-Supertec V 10	ausgefallen - von der Strecke gerutscht
Spielberg	14	Benetton B 200-Supertec V 10	10. Platz, 1 Runde hinter Hakkinen
Hockenheim	7	Benetton B 200-Supertec V 10	ausgefallen - Dreher nach Safety-Car-Phase
Budapest	11	Benetton B 200-Supertec V 10	11. Platz, 1 Runde hinter Hakkinen
Spa	19	Benetton B 200-Supertec V 10	13. Platz, 1 Runde hinter Hakkinen
Monza	13	Benetton B 200-Supertec V 10	5. Platz, nach 20 Rennen ohne WM-Punkte
Indianapolis	11	Benetton B 200-Supertec V 10	10. Platz, 1 Runde hinter M. Schumacher
Suzuka	11	Benetton B 200-Supertec V 10	ausgefallen - Dreher an 18. Stelle
Sepang	5	Benetton B 200-Supertec V 10	7. Platz, 89,314 sec hinter M. Schumacher